교양인을 위한 로스쿨

1일 1페이지
법의 역사

교양인을 위한 로스쿨
1일 1페이지 법의 역사
ⓒ이엽·권필, 2022

초판 1쇄 2022년 6월 15일 발행

지은이 이엽·권필
펴낸이 김성실
책임편집 김태현
표지디자인 양진규
제작 한영문화사

펴낸곳 시대의창 등록 제10-1756호(1999. 5. 11)
주소 03985 서울시 마포구 연희로 19-1
전화 02)335-6121 팩스 02)325-5607
전자우편 sidaebooks@daum.net
페이스북 www.faceook.com/sidaebooks
트위터 @sidaebooks

ISBN 978-89-5940-787-3 (03900)

이엽 + 권필
지음

교양인을 위한 로스쿨

1일 1페이지
법의 역사

시대의창

민주주의를 위한 피, 땀, 눈물

인류 역사를 통해 많은 법이 만들어졌고 지금도 만들어지고 있다. 어떤 법은 살아남았고 어떤 법은 역사의 뒤안길로 사라졌다. 인류의 긴 역사 흐름에서 과연 법은 어떤 길을 걸어왔는가?

한국의 대표적 역사학자 강만길은 역사가 나아가는 방향을 세 가지로 요약한다. 자유의 확대, 평화의 진전, 풍요의 증대. 법도 역사다. 지금까지 살아남은 법은 역사의 방향과 부합하는 경우다. 그래서 이 책은 세 방향에서 법의 역사를 살폈다.

법이 어떻게 자유를 확대하여왔는가.
법이 어떻게 평화를 진전시켜왔는가.
법이 어떻게 우리 삶을 풍요롭게 해왔는가.

통시적이고 거시적으로 법의 역사를 간단히 다룬 책은 아직까지 눈에 띄지 않는다. 물론 법사학의 연구 성과를 담은 전문 서적은 많다. 재판의 역사나 법철학의 역사를 다룬 단행본들도 상당하다.

이 책은 규범, 인식, 현실의 세 측면에서 오늘날까지도 영향을 끼치고 있는 주요한 법의 역사를 두루 다루었다. 국내외 수많은 학자들의 연구 성과를 압축해서 주제별로 한 페이지 전후로 정리하는 작업이 쉽지는 않았다.

세계법과 한국법을 따로 구분하지 않았다. 기계적인 분리는 옳지 않다고 보았기 때문이다. 비유컨대 세계 위인전과 한국 위인전을 따로 출간해서는 의미가 없다는 생각이다. 과연 세계사에서는 어떤 위상을 갖는지 자리매김할 필요가 있다고 보았다.

현대 한국법은 법의 세계사 전체로 보면 형성된 시간이 무척 짧다. 아직까지는 인류에 대한 영향력도 그리 크지 않다. 그렇지만 20세기 후반 민주주의를 받아들인 이후 법규범과 법 인식과 법 현실의 제반 측면에서 민주주의 법 원리가 어떻게 정착하고 성숙되어가는지를 잘 보여준다.

교통과 통신이 발달하지 않았을 때 문명권마다 법이 크게 달랐다. 수백 년 전부터 서구의 영향력이 커지면서 고대의 로마법 전통과 민주주의혁명을 통해 정립된 근대 민주주의 법 원리가 세계적으로 확산되고 있다. 2차대전 후 독립한 나라들은 봉건적 법을 극복하고 서구의 민주주의 법 원리를 받아들이는 보편적인 길을 걷고 있다. 물론 구체적인 경로와 양상은 모두 다르다.

법의 역사는 단순한 법조문의 역사가 아니다. 그 안에는 헌신적인 사람들이 있었다. 수많은 학자와 혁명가와 정치인, 특히 민주주의를 위해 희생한 분들의 피, 땀, 눈물이 곧 법의 역사다.

최대한 평면적이지 않도록 서술하려고 했다. 특히 오늘날 우리가 상식으로 알고 있는 법 지식, 법이 보장하고 있어 우리가 누릴 수 있는 권리가 어떤 역사적 과정을 통해 형성되었는지를 담고자 했다.

앞으로 법을 더 발전시키는 일은 오늘을 살아가는 우리들의 몫이다. 특히 젊은이들에게 일독을 권하고, 우리 시대의 피, 땀, 눈물을 흘려주길 당부한다.

2022년 6월
이염·권필

차 례 |

들어가며 ·· 4
민주주의를 위한 피, 땀, 눈물

Ⅰ 고대법 ·· 7
Ⅱ 중세법 ··· 35
Ⅲ 1600년대 ····································· 45
Ⅳ 1700년대 ····································· 109
Ⅴ 1800년대 ····································· 133
Ⅵ 1900년대 전반기 ························· 171
Ⅶ 1900년대 후반기 ························· 209
Ⅷ 2000년대 ····································· 253

나가며 ··· 281
법의 미래

요약 및 키워드 ································· 282
연표 ··· 306
감사의 말 ··· 320

Ⅰ 고대법

지난 수천 년 동안 많은 사람이 법에 대해 다양하게 언급해왔다. 《법의 정신》이라는 저서를 남긴 몽테스키외는 법이 사물의 본성에서 나오는 필연적인 관계라고 어렵게 표현했다. 마르크스는 법이란 자본가계급의 도구라고 단언했다. 지금도 법철학자들은 법에 관한 새로운 견해를 내놓고 있다.

　법이란 무엇인가? 법은 국가가 발생하면서 본격적으로 정립되었다. 그런 의미에서 법은 국가의 의사라고 할 수 있다. 국가를 어떻게 구성하고 운영할지, 일탈자를 어떻게 다스릴지, 국가가 신경 쓰지 않아도 되는 삶의 영역은 어디까지인지 등 인류가 국가라는 추상적 조직체를 구성한 이후 국가가 필요로 하는 규칙에 대해 일반적으로 법이라는 명칭을 붙이게 되었다.

　시대와 장소에 따라 차이는 있지만, 국가가 필요로 하는 법은 크게 세 영역으로 구분된다. 오늘날의 기준으로 말하면 헌법(행정법)과 형법이 필요했다. 그 나머지 영역에는 백성들이 알아서 할 수 있게 하되 국가가 적절하게 개입하는 민법이 필요했다. 민주주의 원칙이 사회 운영의 기본 원리가 된 이후 법의 성격이 바뀐다. 그렇지만 법이 헌법과 형법에 해당되는 공법과 민법으로 구성되는 국가의 의사라는 점은 다르지 않다.

　국가가 나타나기 전에도 규칙은 있었다. 촌장이든 추장이든 대표가 되는 사람을 중심으로 다양한 규칙을 정했고 사회가 유지되었다. 그렇지만 이를 법이라고 부르는 경우는 거의 없다.

　불과 몇백 년 전까지도 지구상에는 국가의 모습을 제대로 갖추지 못한 지역이 많았다. 서유럽도 오늘날의 국가와는 많이 달랐다. 학계에서는 오늘날과 같은 국가 체제가 서유럽에서는 베스트팔렌조약(1648)을 기점으로 성립됐다고 본다.

　한편 중국에서는 이미 기원전 진나라 때부터 엄청난 영역을 대상으로 단일한 지배권을 행사하는 국가가 성립됐다(진나라 통일은 B.C. 221). 인류사는 이미 B.C. 4000~3000년경 4대 문명의 발생을 기록하고 있는데, 고대 이집트 왕국의 경우 구약성경에 기록된 내용으로 보더라도 통치체계가 상당히 완비되어 있음을 알 수 있다.

　이제는 지구상 대부분의 땅에서 크고 작은 국가가 지배권을 확립하고 있다. 지역에 따라서는 여전히 전통적인 삶의 방식을 고수하는 곳도 있다. 그렇지만 이 역시 국가의 법을 벗어나지 않는 범위에서만 가능하다. 지금까지 역사학계의 연구 성과에 따르면, 부족보다 넓은 지역을 왕이 다스리는 국가라는 통치 형태가 생겨나면서 법이 일반화되었다고 보는 시각이 가장 적절해 보인다.

002 | 국가의 기원

국가의 기원에 관해 모든 사람의 사회계약에 의한 것이라는 견해와 지배계급의 필요에 따라 나타났다는 견해가 대립한다.

국가의 기원과 관련해서 철학적으로는 크게 두 시각이 존재한다. 사회계약설과 마르크스주의다.

사회계약설은 17세기 후반경에 정립되었다. 말 그대로 사회가 계약으로 성립되었다는 견해다. 역사학의 연구 성과에 따르면 사실 이에 들어맞는 예를 찾아보기 어렵다. 유대교와 기독교, 이슬람교의 십계명은 하나님과 사람의 계약으로 볼 수 있는 여지가 있다. 그러나 사회계약설은 신과의 계약이 아니라 이성을 가진 사람들 간의 계약을 말한다.

사회계약설은 홉스, 로크, 루소로 대표되는데, 약간씩 견해 차이가 있다. 사회계약을 맺기 이전을 자연 상태라고 한다. 홉스는 자연 상태는 만인의 만인에 대한 투쟁 상태라고 주장했다. 반면 루소는 우정과 조화가 지배한다고 했다. 홉스는 사회계약을 통해 리바이어던 같은 존재인 국가를 세워 법이 발생했다고 주장한 반면, 루소는 이미 자연 상태는 아름다운(?) 것이기에 국가를 통해 자연 상태를 회복하면 된다고 했다.

그 어떤 지역과 민족의 고대사를 뒤져보더라도 사회계약설에 부합하는 사례가 없다. 그렇지만 민주주의혁명(부르주아혁명, 시민혁명) 과정에서 사회계약설은 주요한 사상의 기치로 작용했다. 이전까지는 신을 중심으로 세상을 설명할 수밖에 없었지만, 합리적이고 이성적인 인간 스스로의 동력으로 사회를 설명할 수 있게 되었기 때문에 사실 여부와는 상관없이 힘을 가졌다.

엥겔스가 1884년 출간한 《가족, 사유재산, 국가의 기원》은 마르크스주의 시각의 대표 저작이다. 19세기 유럽에서는 오늘날 문화인류학이라고 부르는 학문 분야가 태동하였다. 당시까지 관련 분야 학문의 내용을 바탕으로 엥겔스는 가족에서 씨족, 다시 국가로 나아가는 인류의 고대사에 대한 철학적 성찰을 남길 수 있었다.

엥겔스의 저작을 필두로 마르크스주의자들은 대략 다음과 같은 국가관을 견지했다. "고대 사회에서 생산력의 증대로 잉여계급이 생겨났고 국가라는 조직 형태를 통해 다른 계급을 지배했다. 국가는 지배계급의 필요에 복무하기 때문에 평등한 인류의 이상 사회가 오면 사멸하게 된다." 국가에 대한 견해는 이들의 법에도 그대로 반영되었다.

003 | 아스트라이아 VS. 해태

그리스 로마 신화 정의의 여신 아스트라이아, 중국 초나라 때부터 법과 정의의 상징으로 쓰인 해태는 형법 위주의 고대 법 관념을 잘 보여준다.

비록 문자 기록은 남아 있지 않지만, 동서양을 막론하고 고대에도 법 관념이 있었던 게 사실이다. 대표적으로 그리스 로마 신화에 나오는 정의의 여신 아스트라이아와 요순시대의 전설 해태가 이를 알려준다. 아스트라이아는 칼이나 저울을 법전과 함께 든 여성의 모습이다. 해태는 뿔을 단 사자의 형상이다. 다른 묘사도 있다.

그리스 신화는 B.C. 2000년경 크레타 문명으로 거슬러 간다. 요순시대는 전설로만 남아 있으니 그보다도 훨씬 오래전이다. 그리스 신화 속 세상의 시원에 대한 체계적 기록은 B.C. 8세기 헤시오도스의 《신통기*Theogonia*》에서 볼 수 있다. 유적으로 뒷받침되는 중국 고대의 첫 왕조는 B.C. 1600~1046년의 상商이다.

수천 년의 세월이 흘렀지만 아스트라이아와 해태는 다양하게 재창조되어 오늘날에도 법의 상징으로 쓰인다. 국회의사당 정문에 들어서면 돌로 만든 해태 한 쌍이 있다. 아스트라이아는 대법원에서 볼 수 있다. 한복 차림에 칼 대신 법전을 들고 있다.

아스트라이아는 로마 시절의 이름이다. 그리스 신화에서는 디케Dike라고 했다. 유스티치아Justitia라고도 하는데, 저스티스justice의 어원이다. 이미 고대 이집트에는 마아트Maat라는 정의의 여신이 존재했다.

정의의 여신은 테미스의 딸이다. 테미스는 질서와 계율을 상징한다. 율법의 여신이라고도 한다. 아스트라이아는 신이 인간과 따로 하늘에서 살게 되었을 때 가장 늦게까지 인간과 함께했다.

눈을 가린 정의의 여신은 15세기 말부터 형상화되었다고 보는 시각이 일반적이다. 정의의 여신의 눈가리개는 보통 공평성을 유지하기 위한 것이라고 해석한다.

해태는 순우리말로는 해치라고 한다. 해님이 파견한 벼슬아치라는 뜻이다. 한자 해치獬豸와는 다른 뜻이라서 현대에 붙인 해석이 아닌가 싶다. 양과 기린(서양식 개념으로는 유니콘)을 합쳐놓은 상상의 동물이다.

기록에 따르면 해태는 사람들이 싸우고 있을 때 성품이 바르지 못한 사람을 받아버린다. 범죄자를 가려낸다는 기록도 있다. 조선시대 사헌부 관리들이 해태 장식을 하고 해치관을 썼다. 사헌부는 오늘날 기준으로 보면 검찰, 감사원, 국민고충처리위원회의 업무를 하던 곳이다. 해치관은 중국 초나라 때부터 법 또는 정의의 상징으로 쓰였다.

아스트라이아와 해태 모두 오늘날 시각으로 보면 형법적 사고에 바탕한다. 아스트라이아의 칼이나 해태의 뿔이 상징하는 바는 일탈자에 대한 정당한 응징이다. 정의라는 관념은 잘못을 저지른 자를 제대로 처벌함을 의미한다.

　일각에서는 저울을 든 아스트라이아가 민사관계를 의미한다고 주장한다. 개인 간의 분쟁을 해결하는 상징으로 저울을 썼다고 한다. 일리는 있으나 고대 법 관념이 형법을 위주로 했다는 점은 달라지지 않는다고 봐도 무방하다.

변호사회관 앞 법의 여신상

광화문 해태

004 함무라비법전

READ ☐ 메소포타미아 문명에서 만들어진 함무라비법전은 사적인 복수나 지나친 형벌은 금지
한다는 점에서 최소한의 인권을 보호하고자 한 의미가 있다.

고대 법이 기록으로 분명히 남아 있는 경우는 많지 않다. B.C. 4000~3000년경 4대 문명
의 흔적이 남아 있으니 이미 이때부터 법은 다양하게 형성되었다고 봐야 한다. 그렇지
만 문자로 온전히 남아 있는 가장 오래된 법은 함무라비법전에 있다.

함무라비는 고대 바빌로니아 제1왕조의 6대 왕이다. 이 법은 B.C. 1750년경의 것이
지만 거의 완전한 내용이 지금까지 전해진다. 1900년대 초 프랑스인들이 2미터가 넘는
돌기둥 법전을 발견했다. 현재 법전은 루브르박물관에 소장되어 있다. 쐐기문자로 기록
되어 전문, 후문과 함께 무려 282개 조의 조문이 남아 있다.

함무라비법 이전에도 수메르법이나 아카드법이 있었다고 전해진다. 수메르는 오늘
날의 이라크 지역에서 B.C. 3000년경 문명을 창조하였다. 12진법과 60진법을 사용했으
며 〈길가메시 서사시〉라는 홍수 전설을 남겼다. 노아의 방주의 원형이다. 당시 우르남
무법전이나 슐기법전을 편찬했다고 하지만 내용은 전혀 남아 있지 않다.

함무라비법전은 인류 최초의 법은 아니다.
그렇지만 번듯하게 전반적인 내용이 잘 보존되
어 있는 가장 오래된 기록이라는 점은 인정해
야 한다. 함무라비법전이 이전 법의 내용을 담
고 있고 이후 법에 영향을 줬다는 점도 당연히
생각해야 한다.

함무라비법전 편찬이 갖는 의미도 크다. 왕
의 말이 곧 법인 시절에 법전 편찬은 어떤 의미
를 가질까? 왕은 비록 법 위의 존재이긴 하지만
최소한 다른 사람들은, 상위 신분일지라도 일
정 정도 법에 따를 수밖에 없다.

탈리오 법칙은 함무라비법전에서 가장 널리
알려진 내용이다. 라틴어로 죄를 저지른 만큼
같은 형벌을 받는다는 뜻이다. 흔히 '눈에는 눈
이에는 이'라는 말로 표현한다. 성경에도 비슷
한 표현이 있다. "생명은 생명으로 눈은 눈으로
이는 이로 … 때린 것은 때림으로 갚을 지니라

돌기둥에 내용이 새겨진 함무라비법전.
Musée du Louvre 소장.

(〈출애굽기〉21:23~25)." 한자로는 동해보복형同害報復刑이라 한다.

　오늘날의 기준으로 보면 탈리오 법칙은 무척 잔인하다. 복수를 정당화한다는 점에서 그렇다. 하지만 당시의 기준으로는 다르다. 눈을 다치게 했을 때 눈을 다치게 하는 정도까지만 처벌하라는 뜻이다. 그 전에는 무제한 복수가 허용되었기 때문에 당시로서는 상당히 혁명적 또는 진보적이었다.

　돌기둥에는 왕이 신에게 법을 받는 그림이 새겨져 있다. 하지만 법신수사상法神授思想에도 불구하고 법 내용에는 종교적 색채가 적다. 사법私法 규정이 상당히 많다는 점은 이채롭다. 운송이나 중개처럼 오늘날 상법에 해당하는 내용도 이미 담고 있다.

005 | 팔조법금

고조선의 팔조법금은 생명과 재산을 존중하는 형법으로, 민사상 손해배상이 포함된다는 점에서 흥미롭다.

역사학계에서는 기록의 신빙성에 의문을 제기하기도 하지만, 중국 옛 문헌에 따르면 고조선의 팔조법금은 B.C. 1100년경에 그 존재가 확인된다. 내용이 별로 남아 있지 않아 아쉽지만, 우리 민족이 아주 오래전부터 제대로 된 번듯한 법을 제정했다는 사실을 보여준다. 고조선 건국은 B.C. 2333년이기 때문에 1000년 이상 그 나름의 법이 존재했을 것이라고 보는 게 적절하다. 법이 기록되기 이전부터 이미 법은 적용되었을 것이다.

팔조법금은 팔조금법, 범금팔조, 금법팔조라고도 한다. 8개 조문이 있었음을 알 수 있다. 남아 있는 3개 조문은 오늘날 기준으로 하면 살인죄, 상해죄, 절도죄다. 사람을 죽이면 사형에 처한다. 형법이며 탈리오 법칙이 적용됐다. 남을 다치게 한 자는 곡물로 물어줘야 한다. 민법상 손해배상에 해당한다. 처벌은 어떻게 했을지 궁금하다. 물건을 훔치면 노비로 삼는데, 50만 전을 내면 죄를 면해 주었다.

50만 전이 과연 오늘날 화폐로 얼마인지는 정확히 알기 어렵다. 중국 한나라 때 사형수가 돈으로 속죄할 때 낸 액수와 같다는 점에서 지나치게 과하다는 시각이 있다. 일각에서는 당시 고조선으로 건너와 살던 중국인(한인)들의 재산 보호를 위해 지나친 제도를 시행했다고 보기도 한다.

3개 조문 이외에 간통을 금하는 조항이 있었으리라고 일반적으로 추론한다. 8조금법의 내용은 《한서》에 기록되어 있는데, '(법으로 인해) 백성들이 도둑질하지 않게 되고 부인들이 음란하지 않았다'는 언급이 있다. 《한서》 지리지에는 법금이 모두 60여 개 조라는 언급도 있다.

민주주의 법제는 개인의 잘못에 대해 형사처벌을 하는 경우도 있지만 돈으로 물어주게 하거나 가벼운 행정적 제재를 주기도 한다. 음주운전으로 사고를 냈을 때의 취급과 음주운전 자체에 대한 처리는 별개다. 팔조법금에서 상해를 곡물로 물어주도록 한 규정은 오늘날로 치면 민사배상에 해당한다.

006 | 십계명

종교 규범이지만 오랫동안 법 규범으로도 작동된 고대의 십계명은 살인, 절도, 간통을 금지하는 보편적인 내용을 담고 있다.

십계명은 오늘날 민주주의 법제의 기준으로 보면 법이 아니고 종교 규범이다. 오늘날 종교 규범은 종교 공동체 내에서만 적용되고 이를 벗어나면 의미가 없다. 법은 국가 내 모든 지역과 모든 사람에게 적용되기 때문에 그 성격과 범위가 다르다.

그렇지만 과거 인류의 국가 시스템은 대부분 종교와 일체화되어 있었다. 예외를 찾는다면 고대 그리스 정도다. 기독교, 불교, 유대교, 이슬람교, 유교 모두 마찬가지다. 해당 종교가 국교의 지위에 있었다. 이슬람 국가는 아직도 그렇다.

십계명이 정립되던 시기에 유대인들이 국가를 세웠다고 보기는 어렵다. 모세가 탈출한 이집트 왕국은 고대 국가로서의 체계가 잡혀 있었다. 따라서 십계명은 일종의 부족 단위의 규칙 정도로 봐야 한다. 그렇지만 십계명은 이후 유대인들의 고대 국가는 물론 현대까지도 법 위의 대원칙으로 남아 있다.

십계명을 받았다는 모세의 이야기는 〈출애굽기〉와 〈신명기〉에 잘 나온다. 돌판에 받았다고 하는데, 함무라비법전이 돌기둥이었듯이 종이를 사용하기 이전 시대였다는 점을 감안하면 그에 대한 특별한 의미 부여는 후세의 우상화 때문으로 봐야 할 듯싶다. 모세의 실존 여부부터 많은 이야기가 전설로 여겨져 신빙성이 의심된다.

하지만 사실 여부를 떠나서 십계명은 당시 유대인들의 규범 인식을 잘 반영한 문서다. 십계명의 내용은 종교적인 믿음의 영역과 세속의 영역으로 구성되어 있다.

첫 네 조항은 종교적인 내용이다. 하나님만 섬기라고 시작해서 우상 숭배를 따로 기록하고 있다. 하느님의 이름을 함부로 부르지 말고 안식일을 지키라는 내용이 이어진다. 안식일은 오늘날까지 한 주 7일 중에 하루를 쉬는 전통으로 남아 있다. 유대인들이 인류에 남긴 위대한 공적이라 할 만하다.

세속적인 규범으로는 우선 살인과 절도를 금지한다. 옛날이나 지금이나 사람을 죽이고 남의 물건을 훔치는 일은 잘못으로 단죄한다. 팔조법금에도 같은 내용이 있다. 또한 간통을 금지하고 이웃의 재물을 탐하지 말라고 했다. 나쁜 마음을 먹지 말라는 뜻으로 해석된다. 모든 거짓말을 금지하지는 않고 이웃에 대한 거짓 증언에 한정한다. 서구의 규범에서 효를 강조하는 내용을 찾기는 쉽지 않은데, 십계명 제5항은 부모를 공경하라는 내용이다.

성경이라는 위대한 인류의 문헌 자산을 통해 우리는 당시 사회상을 짐작할 수 있다. 십계명은 고대 법의식의 주요한 내용을 확인할 수 있다는 점에서 중요하다.

007 | 솔로몬의 재판

READ ☐ | 솔로몬의 재판은 그의 지혜를 보여준다는 평가를 받아왔으나, 현대 민주주의 법 관념과는 괴리가 있다.

법은 법률관계다. 법률관계는 곧 권리와 의무다. 권리와 의무는 결국 법원에 소송을 제기했을 때 판사가 판결해주느냐의 문제다. 민주주의 시대에 소송은 크게 형사소송, 민사소송, 행정소송으로 구분된다.

인류는 일찍부터 많은 재판을 문헌으로 남겨놓았다. 구약성경에 남아 있는 솔로몬의 재판은 시기적으로 가장 오래된 재판 기록이라고 할 만하다. 더구나 형사처벌 문제가 아니라 민사소송이다. 서로 자기 아이라고 주장하는 여인들의 다툼을 해결했다.

성경의 기록을 곧이곧대로 믿기는 어렵지만, 그대로 따라가 보자. 솔로몬왕은 B.C. 912년에 사망했다. 솔로몬의 재판은 재임 중에 있었으리라. 솔로몬은 다윗의 아들로 유대교 최고 전성기의 왕이다. 오늘날 이스라엘 국기에 쓰이는 육각으로 된 다윗의 별은 솔로몬 시기 왕의 문장이 되었다. 솔로몬은 구약성경 중 〈아가〉와 〈잠언〉의 저자로 알려져 있다. 물론 아니라는 설도 있다.

흔히 지혜의 왕이라는 별칭으로 솔로몬을 찬양한다. 서로 자기 아이라고 주장하는 여인들에 대한 재판은 지혜의 왕으로서 그의 면모를 잘 보여준다. 당시에는 출생 기록이 당연히 제대로 관리되지 않았을 터이다. 아마 두 여인 모두 증인도 제대로 내세우기 힘들었으리라. 사실관계를 확정하기 어려운 재판이어서, 솔로몬은 모정을 확인하는 방법을 택했다. 아이를 잘라서 나눠 주라고 결정하자 진짜 어머니가 그렇게는 할 수 없다고 양보했다는 것이다(〈열왕기상〉 3:16~28).

사실 오늘날 민주주의 법의 관점에서는 말도 안 되는 얘기다. 지혜를 발휘했다고 볼 수 있지만, 만약 아무도 양보하지 않았다면? 솔로몬이 운이 좋았다.

형사소송은 죄형법정주의에 따라 범죄로 규정되어 있지 않으면 처벌할 수 없다. 그렇지만 민사소송은 법을 찾아서 판결을 해줘야 한다. 성문법이 없으면 불문법으로 하고, 그마저도 없으면 상식에 기댄다. 민법에서는 민사재판에서 판결의 근거로 삼을 수 있는 상식을 어려운 말로 '조리'라고 한다.

2008년 대전을 시작으로 법무부는 법 교육 체험 시설로 솔로몬로파크를 만들었다. 부산과 광주에도 생겼다. 솔로몬의 수천 년 전 행동은 당시의 기준으로는 지혜지만, 오늘날의 민주주의 법과는 괴리가 크다. 어린 세대에게 법 교육의 첫 경험으로 적절한지 짚어볼 필요가 있어 보인다.

고대의 재판 기록은 그리 많지 않다. 솔로몬의 재판과 소크라테스 재판이 수천 년의 세월이 흘렀어도 유명하다. 고대 페르시아제국에서 있었던 캄비세스 재판도 빼놓을 수 없다. 유럽 중심의 세계사에서는 그다지 알려지지 않았다.

유럽 중심 서양사의 관점에서는 페르시아에 대해 다소 부정적이다. 올림픽의 대미를 장식하는 마라톤은 마라톤전투를 기념한다. B.C. 490년에 있었던 마라톤전투는 그리스(아테네)가 페르시아를 무찌른 역사적 사건이다. 작은 도시국가가 대제국 페르시아를 이겼기 때문이다.

조금 더 시간이 흘러 B.C. 330년 그리스(마케도니아)의 알렉산드로스 대왕은 페르시아를 정벌했다. 페르시아는 역사 속으로 사라지고 이후는 헬레니즘 시대로 기록된다. 알렉산드로스 대왕 사후 대제국은 마케도니아, 시리아, 이집트로 나뉘었지만, 그의 세계사적 영향력을 무시할 수는 없다.

20세기 후반 이란의 행보는 이 지역에 부정적인 인식을 덧씌웠다. 페르시아제국 영역 일부가 1935년 이란이 되었다. 1979년 호메이니의 이슬람혁명이 성공했고, 이후 이란은 이라크와 전쟁을 벌이고 반미의 선봉국가로 수시로 국제뉴스를 장악하였다.

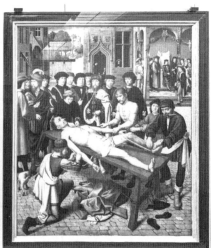

다비드가 그린 캄비세스 재판. Groeninge Museum 소장.

캄비세스 재판은 페르시아 제국의 7대 왕 캄비세스2세(B.C. 530~B.C. 522) 때 있었던 재판이다. 시삼네스의 가죽으로도 알려져 있다. 시삼네스는 당시 제국의 재판관이었다. 뇌물 사건으로 재판을 받았고, 형벌로 살가죽이 벗겨져 죽는다.

여기까지는 그즈음 동서양을 막론하고 어디에서나 있었을 법한 이야기다. 중국 소설 《삼국지연의》를 보더라도 끓는 기름에 죄인을 삶아 죽이는 등 잔인한 형벌은 많았다. 함무라비법전에서 탈리오 법칙을 정립했지만, 세계적으로 일반화되지는 않았다.

캄비세스는 시삼네스의 아들인 오타네스를 후임 재판관으로 임명해서 아버지의 가죽으로 만들어진 소파에 앉아 재판을 진행하게 했다. 캄비세스는 재판의 공정성의 가치를 일깨워주려고 했던 것으로 보인다. 캄비세스는 오타네스에게 이렇게 말했다고 한다. "누군가 그대에게 악을 행하도록 충동한다면 그의 운명을 기억하라. 그대 아버지의 운명을 내려다보고 그의 운명이 그대에게 닥치지 않도록."

캄비세스 재판이 고대 세계의 사법 현실을 잘 드러내는 상징으로 남은 데는 예술의 힘이 크다. 다비드가 1498년 남긴 그림은 처형 장면을 사실적으로 묘사하고 있다. 흐로닝언 미술관에서 소장 중이다.

십이표법

고대 로마 시기 법을 일반에게 알리는 일은 당연한 상식이 아니었다.

함무라비법전과 십계명은 돌에 새겨졌다. 사실 돌에 새겼다는 점은 중요하지 않다. 법을 일반에 공표했다는 점이 중요하다. 돌에 새기든 종이에 인쇄하든 법의 내용이 무엇인지 일반 백성들이 알 수 있었다는 점이 중요하다.

로마는 B.C. 8세기부터 역사가 시작된다. 초기에는 공화정이었지만 이후 황제정으로 바뀌었다. 395년 동서로 분열되어 서로마제국은 일찍 멸망했지만, 동로마제국은 1453년까지 이어졌다. 2000년 이상 지속된 로마제국에서 사용된 법이 오늘날 서양법의 원형이 되었다. 그렇지만 제국의 백성들은 자신들에게 적용되는 법의 구체적인 내용이 무엇인지 쉽게 알기 어려웠다.

B.C. 450년경 십이표법이 시장에 공표되었다. 돌이 아니라 동판에 새겼기 때문에 십이동판법이라고도 한다. 학자에 따라서는 상아나 목판이라고 주장하기도 하는데, 함무라비법전과 달리 원본은 남아 있지 않다.

이전까지는 법에 관한 지식을 귀족이 독점했지만, 십이표법으로 평민도 법의 내용을 알 수 있게 되었다. 이전까지 로마에 적용되던 법은 관습법이었다. 성문화되어 공표되어 있지 않다 보니 귀족들은 자신들에게 유리한 내용만 법이라고 주장하거나 입맛에 맞게 해석할 수 있었다.

십이표법의 공표 과정을 보면 함무라비법전의 전례에도 불구하고 법을 일반에 알리는 일이 당연한 절차가 아니었음을 알 수 있다.

로마법이 체계적으로 집대성되어 성문법으로 완전하게 자리잡기까지는 십이표법 이후 천 년의 시간이 필요했다. 동로마제국(비잔티움제국)의 유스티니아누스는 527년 황제에 올라 법전 편찬에 착수했다. 책임자는 트리보니아누스로 다음 해에 《칙법휘찬》을 완성했다. 함무라비법전과 십이표법을 거치면서 법의 내용을 일반에 알리는 행위의 중요성에 대한 인식이 자리 잡은 셈이다.

010 | 시민법 VS. 만민법

로마법은 로마 시민에게 적용된 시민법과 정복 지역에 적용된 만민법으로 구성되었다.

고대 로마는 엄청난 규모의 제국을 건설했다. 십이표법처럼 일반에 공개한 성문법도 있었지만 불문법도 존재했다. 성문법은 문자로 표기한 법이고, 불문법은 문서로 기록하지는 않았지만 다들 법으로 인정하며 재판의 근거가 되는 법이다.

로마에 대한 연구를 종합하면 로마법은 로마 시민과 시민이 아닌 사람들에게 다르게 적용됐다. 양자를 통틀어 로마법이라고 하지만, 식민지와 제국은 법부터 달랐다. 로마의 시민 개념은 미국의 시민권과 비슷하다. 국적(민족)을 의미한다.

로마 시민에게 적용된 법은 시민법이었다. 로마가 정복한 식민지 전역에는 만민법이 적용되었다. 만민이라고 하니 모든 사람에게 적용되는 평등한 법이라는 느낌을 주지만, 실제는 정복민에게 차별적으로 적용되는 법이었다. 일부 법사학자는 만민법이 오늘날의 국제법의 원형이 되었다고 주장하지만, 내용 면에서 연속성을 인정하기는 어렵다.

중세 시대에는 교회법 아래에 있는 로마법을 의미하는 말로 시민법이라고 쓰기도 했다. 세계사적으로 민주주의혁명 이후의 근대 민법 원칙에 입각한 법을 시민법이라고 부르는 경우도 있다. 때로는 영미법과 대비하여 대륙법 전체를 시민법으로 부르기도 한다. 로마의 시민법은 오랜 세월이 흐른 후 《시민법대전》으로 집대성된다.

시민법에 비해 만민법은 형식적 엄격성이 적용되지 않았다. 예컨대 계약 체결에서 시민법보다 완화된 조건이 적용되었다. 만민법은 구두계약만 해도 구속력이 발생한다고 보았다. 정복하여 지배하는 지역이 많아짐에 따라 로마 시민에게 적용하는 법을 정복지에 그대로 적용하기 곤란하여 다소 유연하게 운용한 관행이 만민법으로 체계화되었다고 볼 수도 있다.

만민법의 의의에 대해서는 이미 로마시대부터 논쟁이 있었다. 키케로는 만민법이 곧 자연법이라고 주장했다. 그렇지만 울피아누스는 자연법은 본능에 불과하다고 보았다. 울피아누스(170?~228)는 정치가이자 법학자였다. 엄청난 규모의 법 문헌을 저술하여 고대 로마법의 내용을 이해할 수 있게 한 사람이다. 약 300년 뒤에 유스티니아누스가 로마법을 집대성했을 때 울피아누스의 저술을 많이 참고했다.

011 | 소크라테스 재판

소크라테스는 청년들의 타락을 조장하고 국가가 공인하지 않은 신을 신봉했다는 죄목으로 유죄 판결을 받아 사형에 처해졌는데, 일종의 배심원 재판이었다.

고대의 재판과 관련해서는 소크라테스의 독배가 유명하다. 그가 '악법도 법'이라는 말을 했다는 왜곡된 내용은 독재자들에게 악용되기도 했다.

상세한 법적 기록 내용은 확인할 길이 없지만 관련 기록을 통해 유추하자면, 소크라테스는 일종의 배심 재판을 받았다. 배심원은 무려 500명이나 됐다. 배심원들은 유무죄 결정과 형량 결정을 따로 했다. 소크라테스는 280 대 220으로 유죄 판결을 받았는데, 사형에 찬성한 배심원은 더 많았다. 360 대 140.

재판 과정에서 무죄라고 판단했던 배심원들의 심기를 소크라테스가 건드렸다는 해석이 일반적이다. 그렇지만 양자를 구분해야 한다는 점에서 맞는 해석인지 의문이다. 무죄라고 생각한다고 하더라도 유죄를 전제한 형량 결정에 다시 의사를 표시해야 하는 방식이었을 가능성도 있다.

이 재판이 당시 그리스에서 일반적인 재판 제도였는지도 불확실하다. 보통 재판과 다른 특별한 정치적 심판이 아니었을까? 소크라테스는 당시 상당한 영향력을 지닌 거물이었다. 그리 보면 배심원이라는 말을 사용해도 되는지 의문이다.

소크라테스의 재판은 당시 그리스의 정치체제가 과두제에서 민주제로 바뀌고 나서 열렸다. 과두제는 30명의 참주를 성원으로 하는 일종의 위원회가 통치했다. 소크라테스는 과두제 시기 교육을 그만두라는 경고를 받았지만 무시했다. 그는 설혹 문제가 되더라도 처벌까지 가지는 않으리라고 생각했다. 500명 중에는 제자도 있었고 플라톤의 큰아버지도 있었다. 이런 배경을 살펴보면 당시 재판정은 배심원으로 구성된 법원이 아니라 과두제의 위원회를 대신한 정치적 기구였을 가능성도 있어 보인다. 평의회로 보는 시각이 더 적절해 보이기도 한다.

청년 부패 조장과 국가가 공인하지 않은 신의 신봉이 소크라테스의 죄명이다. 당시 법 규정이 파악되지 않아 오늘날의 형법 기준으로 생각해도 되는지는 의문이다.

소크라테스는 악법도 법이라는 말을 하지는 않았지만, 간수를 매수해 탈옥할 수 있었는데도 거절은 한 모양이다. 준법의식보다는 소크라테스가 견지한 도덕관념, 죽음에 대한 견해 등 더 근본적인 배경과 관련해 보아야 할 듯하다. 당시 소피스트들의 일반적 견해와는 달리 소크라테스는 절대진리가 있다고 믿었기 때문이다.

소크라테스의 행적과 사상은 대부분 플라톤이 편집하고 해석한 대로 후대에 전해졌다. 키니코스학파, 키레네학파, 메가라학파처럼 소크라테스를 계승한 사람은 많았다. 알렉산드로스 대왕에게 햇빛 가리지 말고 비키라고 했던 디오게네스가 키니코스

학파다. 그러나 대부분 잊히고 플라톤의 업적만이 인류 철학사의 큰 앞자리를 차지하고 있다.

다비드가 그린 소크라테스의 죽음. Metropolitan Museum of Art 소장.

012 | 악법도 법이다

READ ☐ 악법도 법이라는 말은 소크라테스가 하지 않았을뿐더러 그 의미가 왜곡되어 후세에
알려졌다.

소크라테스는 B.C. 470년에 태어나 B.C. 399년에 죽었다. 로마에선 십이표법이 공표되었지만, 중국에서는 아직 상앙의 변법이 나오기 전이다.

'악법도 법'이라는 말은 소크라테스가 죽기 전에 남긴 유언으로 알려져 있다. 정작 소크라테스는 이런 말을 한 적이 없다. 소크라테스는 죽기 전에 닭 한 마리를 빚졌는데 갚아달라는 취지의 말을 남겼다고 한다. 2세기경 로마 법률가 도미티우스 울피아누스가 남긴 말이 와전되었다.

"이것은 진실로 지나치게 심하다. 그러나 그게 바로 기록된 법이다Quod quidem perquam durum est, sed ita lex scripta est." 라틴어로는 'Dura lex, sed lex', 영어로는 'It is harsh, but it is the law'이다.

악법은 과연 법인가? 울피아누스 이후 2000년 가까운 시간이 흘렀지만 아직도 철학적 논쟁거리다. 사람마다 악법의 기준도 다르다. 세월이 지나면 과거에 악법이 있었다고 현재의 사람들이 대다수 동의하기도 하지만, 당대에 그러기란 쉽지 않다. 히틀러의 나치 시대, 유신독재, 미국의 흑백분리법, 현실 사회주의국가들을 생각해보라.

악법도 법이라는 명제는 20세기 후반 일부 아시아 국가에서 악용되었다. 비록 잘못된 법이라도 지켜야 한다는 논리로 이어졌는데 독재정권의 입맛에 맞았다.

소크라테스의 말로 와전된 유래는 일본의 법철학자 오다카 도모오에게서 찾는 견해가 일반적이다. 그는 소크라테스가 독배를 마신 행위를 실정법을 존중하는 시

벨기에 대법원 앞 울피아누스 동상. ⓒGamandi

민의 의무라고 해석했다.

2004년 한국의 헌법재판소는 소크라테스가 독배를 마신 행위를 준법정신을 강조하기 위한 사례로 설명한 교과서를 수정해달라고 당시 교육인적자원부에 요청했다. 헌법재판소는 소크라테스가 악법도 법이라고 말했는지를 따지지는 않았다. 다만 교과서 수정의 필요성에 대해 이렇게 설명했다.

"실질적 법치주의와 적법절차가 강조되는 오늘날의 헌법체계에서는 준법이란 정당한 법, 정당한 법 집행을 전제로 한다. 따라서 이 일화는 준법정신을 강조하기 위한 사례로서보다는 실질적 법치주의와 형식적 법치주의의 비교 토론을 위한 자료로서 소개되는 것이 보다 바람직하다."

로마 시대의 대법학자 울피아누스가 악법도 법이라고 했을 때도 반론이 있었으리라.

013 | 법가

법사상을 체계적으로 정리한 가장 오래된 문헌은 법가의 저작들이다.

함무라비법전은 현존하는 가장 오래된 법이다. 종교로는 십계명이다. 로마법은 일찍부터 발전했다. 법 규범의 내용과 상관없이 이론적인 측면에서 법사상(법 인식)을 체계적으로 정리한 가장 오래된 문헌은 법가의 저작들이다.

법가는 이미 기원전 3세기에 중국 대륙을 통일한 진의 공식 국가 이데올로기였다. 법가의 내용은 춘추전국시대에 다른 사상들과 함께 체계화되었다. 중국에서 춘추전국시대는 B.C. 770년을 기점으로 삼는다.

춘추전국시대라는 말은 책 이름에서 비롯됐다. 《춘추》는 공자가 지은 역사책이다. 노나라의 역사를 다뤘다. 이후 유가의 기본 경전 중 하나가 되었다. 《전국책》은 한나라 때 유향이 지었다. 싸우는 나라들의 책략이라는 뜻이다.

법가, 유가와 함께 묵가, 도가, 음양가, 명가 같은 다양한 사상이 출현했다. 당시 활약했던 이론가들의 저서가 원전 그대로 많이 남아 있다. 다른 지역의 고대 사상들과는 다르다. 이론가들의 관점에서 이 시대를 제자백가시대라고도 한다. 제자諸子는 여러 학자라는 뜻이고, 백가百家는 수많은 일가라는 뜻이다. 다양한 학파들이 그만큼 많았다.

성경과 불경의 경우 종교적인 차원에서 고대의 신념체계를 집대성했다. 법가를 비롯한 춘추전국시대의 제자백가 사상은 다소 다르다. 고대 그리스 철학처럼 세상의 다양한 측면을 다양하게 체계화했다.

법가는 중국의 춘추전국시대에 진나라에서 국가 이데올로기로 채택되어 중국의 영역을 오늘날 광역으로 확정하는 이론적 무기가 되었다. 대표 인물로는 상앙, 이사, 한비자가 있다. 상앙과 이사는 진의 재상이었다. 한비자는 비록 비극적 최후를 맞이하지만, 진시황을 감탄시킨 책 《한비자》를 남겼다.

상앙은 진의 재상이 되어 법가에 바탕한 과감한 개혁 조치를 취했다. 진시황의 통일보다 130년이나 앞선 일이다. 중국사는 상앙의 변법으로 기록한다. 후진국이었던 진을 법을 바꾸어 강력한 국가로 탈바꿈시키고 결국 이를 중국 통일의 기초로 만들었다.

이사는 진시황 사후 실권을 쥔 조고의 농간을 벗어나지 못해 진의 몰락을 막지 못했다. 그렇지만 통일 과정에서 중요한 정책을 제시하여 결국 통일을 달성했다. 법가에 기반을 둔 승리였다.

진을 대체한 한나라는 법가를 버리고 유가를 국가의 공식 이데올로기로 채택했다. 그렇지만 중국과 중국의 영향을 받은 나라들은 공식 이데올로기 유가와 함께 실질적으로는 법가 원칙에 따라 나라를 통치할 수밖에 없었다.

014 | 한비자

법가를 서구 민주주의 법사상의 형식적 법치주의 이론과 비교해보면, 성문법에 의거해 통치해야 한다는 점과 인간을 악하게 보는 철학적 전제는 유사하다.

한비자

법가의 이론가들은 많다. 그렇지만 가장 대표적인 문헌을 집대성한 사람은 한비자다. 한비자의 이름은 한비다. 보통 중국은 성만 따서 위대한 사람에게 '자'자를 붙이는데 한비자는 특이한 경우다. 공자의 경우 공구가 본명이다.

《한비자》는 법가를 집대성한 저술의 이름이기도 하다. 한비자 이전에 법가의 계보를 거슬러 가면 이극, 신불해, 신도 같은 사람이 등장한다. 한비자 이전 법가는 법치, 세치, 술치로 나뉘어 있었다. 한비자는 셋을 합쳤다.

법은 오늘날 개념으로 하면 성문법이다. 백성을 다스리기 위해서는 객관성이 있어야 한다는 뜻이다. 술은 신하를 통제하는 방법이다. 군주가 속마음은 감추고 생사여탈권을 행사해야 한다고 했다. 세는 군주의 위세를 의미한다. 신불해는 술을, 상앙은 법을, 신도는 세를 중시했다. 한비자가 법치, 술치, 세치를 법가 사상으로 통일했다.

한비자를 읽은 진시황은 한비자를 만나 천하통일의 길을 들으려고 했다. 진시황이 특히 감탄한 부분은 오두다. 오두는 다섯 가지 좀벌레를 말한다. 나라를 좀 먹는 좀벌레를 강력한 논조로 설파했다. 여기에는 유가도 포함된다.

진시황은 이사를 통해 한비자를 만났지만, 이사는 한비자를 모함하고, 결국 한비자는 죽임을 당한다. 진시황의 심복이던 이사는 한비자와는 어릴 적 동문이었다. 이사와 한비자는 모두 유가의 대표 이론가 순자의 제자였는데, 스승과는 다른 길을 걸었다. 한비자가 현실 정치에서 뜻을 폈다면 법가의 후일담은 크게 달라졌을 수도 있다.

중국과 중국의 영향을 받은 아시아에서 법가의 위상은 낮다. 진의 중국 통일이 법가의 힘으로 가능했지만, 한나라 이후 유가를 공식 이데올로기로 삼았기 때문이다. 법가에 기반을 둔 잔혹한 진나라 통치의 트라우마는 수천 년이 지난 오늘도 그대로 역사적으로 유지되고 있다.

과학적 사고에 입각한 근현대 사회과학의 관점에서도 법가는 그리 많이 연구되지는 못했다. 성급한 면은 있지만 법가는 대체로 민주주의 법사상에서 형식적 법치주의 시대와 비교된다는 평가를 내릴만하다.

일반적으로 한비자는 동양의 마키아벨리로 불린다. 군주의 권한을 강조한 통치의 방법론이라는 점에서는 일맥상통한다. 그렇지만 사상의 내용을 살펴보면 형식적 법치주의 이론과 유사한 면도 있다. 무엇보다 성문법에 의거하여 통치를 해야 한다는 점에서 그렇다. 철학적 전제도 비슷하다. 한비자는 사람은 일반적으로 이해타산적이고 악에 기운다고 보았다. 이 전제는 민주주의 법사상에서 권력 분립으로 이어졌다. 하지만 한비자는 이를 왕권 강화의 철학적 전제로 삼았다.

형벌을 통해 가혹한 통치를 시행했지만 바탕이 되는 믿음은 근대 이후 민주주의 국가와 달랐다. 형벌은 사회적 죄악을 없애려는 목적이었다. 이를 통해 결국 형벌도 없어진다고 보았다. 칸트의 영구평화론과는 다르지만 법가는 천하를 통일하면 전쟁이 없어진다고 보았다.

한비자가 법가 사상을 집대성한 시기는 전국시대였다. 전쟁하는 나라들의 시대였다. 법가의 출발점도 다른 제자백가 사상처럼 전쟁의 시대에 국가가 나아갈 길, 곧 책략 제시였다. 법가는 천하를 통일하는 사상이 되었지만, 이후 중국에서는 법가의 의도가 관철되지 못했다. 2000년의 세월이 흘러 서구의 민주주의 법사상이 들어오면서 법가는 재조명을 받게 되지만 제대로 된 재평가에는 여전히 많은 시간이 필요해 보인다.

015 | 율령 반포

삼국시대 율령의 반포는 한반도에서 법이 일찍이 체계적으로 정비되었음을 보여주는 사례다.

법은 강력한 군주의 지배가 확립된 이후 정립되는 과정을 거친다. 함무라비법전이 그렇고 로마법의 편찬도 그렇다. 한편 강력한 법이 왕권을 확립하고 나라를 발전시키기도 한다. 중국의 법가가 대표적이다.

법이 체계적으로 정비되는 시기는 지역과 민족마다 차이가 있다. 온전한 기록이 남아 있지 않은 곳이 대부분이다. 한반도에서는 3세기에서 6세기에 걸쳐 삼국이 율령을 반포한다. 백제가 가장 빨랐다. 고이왕은 3세기에 율령을 반포했다. 고구려는 4세기 소수림왕, 신라는 6세기 법흥왕 때였다.

율령 반포를 통해 삼국은 중앙집권 체제를 정비했고, 왕권을 강화했다. 법흥왕은 소수림왕을 벤치마킹했다. 소수림왕은 불교를 받아들이고 국립교육기관으로 태학을 설립했다. 법흥왕도 불교를 공인했고 화랑제도를 출범시켰다. 고대 국가 성립은 가장 늦었지만, 신라가 삼국을 통일했다. 675년의 일이다.

오늘날의 기준으로 보면 '율'은 형법이고 '령'은 행정법(헌법)이다. 율령격식이라는 말도 쓴다. 격과 식은 요즘 말로 하면 개정법이나 시행규칙 정도에 해당한다. 부족 단위를 넘어 국가가 사회를 이루는 기본 단위가 되면 공법이 필요하다. 국가를 어떻게 구성하고 운영할지, 어떤 행위를 일탈로 처벌할지를 정해야 하기 때문이다.

역사학계에서는 삼국의 율령은 중국의 영향을 받았다고 보는 듯하다. 당나라의《당육전》은 당시 율령의 내용이 어땠는지를 잘 확인할 수 있는 문헌이다. 신라의 삼국통일보다 늦은 738년에 편찬되긴 했지만, 과거 당 율령의 내용을 반영하였다.

그런데 중국의 율령 정비 완성을 수나라 때인 6세기 말로 보는 시각도 있어서 한반도의 삼국이 더 빨랐을 가능성도 있어 보인다. 고대 한반도와 중국의 법이 과연 어떻게 서로 영향을 미쳤는지에 대해서도 엄밀하게 분석할 필요가 있어 보인다. 아직까지 정확하게 밝혀진 바가 없다.

율령격식을 통한 율령 통치 체제는 이후 중국 역사에서 약간의 변화를 겪기도 하지만 청나라까지 이어졌다. 하지만 로마법처럼 체계적으로 정비한 법전은 남아 있지 않아서 여러 역사 문헌의 내용들을 종합해 내용을 재구성하여 이해하고 있다. 률, 곧 형법은《당률》과《대명률》처럼 별도로 체계화되기도 했다.

016 | 로마법대전

고대의 법 중에서 오늘날까지 가장 큰 영향을 미치는 로마법은 유스티니아누스 대제 시절에 체계적으로 집대성되었다.

고대에도 많은 법이 존재했지만 오늘날까지 가장 큰 영향을 미치는 법은 로마법이다. 로마법은 유스티니아누스 대제 시절에 체계적으로 집대성되었다. 527년에 제위에 올라 529년부터 534년까지 《구칙법휘찬》, 《50인의 결정》, 《학설휘찬》, 《법학제요》, 《개정칙법휘찬》을 연이어 편찬했다.

유스티니아누스 대제가 내린 칙법도 사후인 565년에 《신칙법》이라는 명칭으로 편찬되었다. 《신칙법》을 제외한 모든 작업은 트리보니아누스가 진두지휘하였다. 《로마법대전》보다 일찍 게르만인들이 법전을 편찬한 모양이나 제대로 남아 있지 않다. 유스티니아누스는 옛 로마법의 명성을 부활시키고자 했다.

16세기판 《학설휘찬》 표지

유스티니아누스 시절 편찬된 법전과 사후의 신칙법을 모두 묶어 《로마법대전》 또는 《시민법대전》이라 한다. 《로마법대전》이라는 명칭은 프랑스 로마법학자 디오니시우스 고토프레두스가 명명했다. 17세기 《교회법대전》이 명칭을 빌렸다.

휘彙는 무리 또는 모은다는 의미다. 한자어로 많이 쓰이지 않고 '어휘' 정도의 말에서만 쓰인다. 찬纂도 모은다는 뜻으로 '편찬'에 쓰인다. 서양의 개념을 어려운 한자말로 번역했다. '휘찬'은 로마법을 의미할 때 외에는 다른 용법이 없다.

칙법은 황제의 법이라는 말로 보통은 칙령이라고 한다. 로마제국 시대를 언급할 때만 주로 쓴다. 유스티니아누스 이전 시절 황제의 법을 모아 《구칙법휘찬》을 편찬하고, 이를 수정하여 《개정칙법휘찬》이 되었다.

《학설휘찬》은 학설을 모은 책이다. 《50인의 결정》은 《학설휘찬》을 편찬하기 전에 주요 로마법 학자들의 견해를 정리한 것이다. 법은 늘 해석이 분분한데, 서로 다른 해석을 통일했다. 《법학제요》는 법학을 처음 공부하는 사람들을 위한 용도였다. 제요는 요점을 추려낸다는 뜻이다. 학자들의 학설 중에 주요한 내용만 따로 편집했다고 보면 된다.

이 시절 편찬한 많은 법전 중에 《학설휘찬》이 가장 중요하다. 당시까지 로마의 불문법을 집대성했다. 성문법이 없는 경우 불문법을 적용하는데, 유스티니아누스는 《학설휘찬》에 실린 내용만 재판에서 인용할 수 있도록 했다. 《학설휘찬》은 회전會典 (Pandectae)이라고도 한다.

《학설휘찬》의 편찬을 위해 그때까지 발간된 법학자들의 저술 중 2000여 권을 모았고, 그중 15만 행을 골라냈다. 최종적으로 추려진 내용 중 40%는 울피아누스의 저서에서 나왔다.

《로마법대전》 편찬 전에도 로마에서는 법전을 집대성하려는 시도가 있었다. 역사 기록 상으로는 그레고리우스 칙법집, 헤르모게니아누스 칙법집, 테오도시우스의 칙법집 등을 찾을 수 있으나 제대로 전해지지 않는다. 《구칙법휘찬》과 《50인의 결정》도 후세에 전해지지는 않는다.

6세기의 《로마법대전》은 오늘날까지도 인류사에 큰 영향을 미치고 있다. 11세기 볼로냐대학에서 로마법 연구가 본격적으로 진행되어 서양 중세법에서 중요한 자리를 차지하게 된다. 15~16세기에는 독일에 전면적으로 계수되었다. 이에 따라 로마법은 고유의 게르만법과 함께 이후 대륙법계의 중요한 내용이 된다.

근대의 민법은 나폴레옹의 민법전 제정을 통해 본격화되지만, 이론적으로는 독일에서 크게 발전했다. 로마법의 영향을 크게 받았음은 물론이다. 역사가 예링은 로마가 정치제도, 기독교와 함께 법을 통해 세 번이나 세계를 정복했다고 말한 바 있다.

017 | 당률

| 당률은 이후 명률로 이어졌고 한반도와 베트남, 동아시아에 영향을 미쳤다.

당률은 당나라의 형법을 의미한다. 당나라는 618년 건국됐다. 앞선 수나라는 다시 중국을 통일했지만 반세기도 넘기지 못하고 무너졌다.

당나라는 907년까지 약 300년간 유지된다. 당이 건국되고 얼마 지나지 않아 한반도에서도 신라가 삼국을 통일했다. 옛 고구려 영토에서는 발해가 건국되어 우리 민족의 광역이 나뉘게 된다. 당나라가 망할 즈음 한반도에서도 고려가 건국되어 신라를 대체했다. 당나라는 오랜 기간을 통치한 만큼 이후 중국사는 물론 중국의 영향권 하에 있던 아시아 나라들에도 많은 영향을 끼쳤다.

당률이 처음 정비된 때는 624년으로 알려져 있다. 12장 500항목에 걸쳐 있는 만큼 내용도 많다. 건국된 지 불과 6년 만에 형법을 체계화했다. 당나라의 형법인 당률은 이후 명나라의 명률로 이어졌고 한반도는 물론 베트남에도 영향을 미쳤다.

베트남은 15세기 후반 흥덕형률을 제정했다. 베트남 고유의 규정도 있지만 당률과 명률의 영향을 받았다. 아쉽게도 당률 법조문이 온전하게 남아 있지는 않고, 652년 출간된 《당률소의》를 통해 내용을 알 수 있다. 《당률소의》는 당률에 대한 주석을 단 책이다. 태위 벼슬을 하던 장손무기가 주도하여 편찬했다. 조선 시대 발간된 《경국대전》도 뿌리를 거슬러 가면 당률에 이른다.

송나라 때 과거제도가 본격화되기는 했지만 수나라와 당나라 시기에도 과거가 실시됐다. 당나라 과거제도에는 법과 관련된 명법과가 있었다. 명법과 급제를 위해서는 《당률소의》를 반드시 공부해야 했다.

우리나라도 조선 세종 때 《당률소의》를 주자소에서 인쇄해 전국에 배포했다는 기록이 있다. 《당률소의》는 율학 취재 시험 과목의 하나였다. 1430년의 일이다. 과거와 달리 하급관리를 뽑는 시험을 취재라 한다. 명률과 《무원록》도 시험 과목이었다.

018 │ 이네법전

READ ☐ 　게르만법은 로마법과 함께 서구 유럽 국가 법의 원형이 되었다.

《로마법대전》의 편찬, 당률의 정비는 당시 로마법과 중국법을 체계적으로 집대성한 작업이었다. 문헌이 제대로 남아 있지 않아 중요성은 떨어지지만, 게르만법의 편찬도 빠뜨릴 수 없다. 오늘날까지의 영향력을 간과할 수 없기 때문이다.

게르만족이 세운 프랑크왕국은 7세기 말에 《이네법전》을 편찬했다. 프랑크왕국은 이후 프랑스, 독일, 이탈리아, 네덜란드, 영국 같은 유럽 주요 나라들의 뿌리가 된 나라이다. 게르만족은 서게르만족, 동게르만족, 북게르만족으로 구분된다. 5세기 중엽에 영국으로 이동한 서게르만족이 곧 앵글로색슨족이며 이들은 오늘날 영국의 기원이 되었다. 《이네법전》 이외에도 《살리카법전》, 《리부아리아법전》 등이 편찬되어 전해진다.

게르만법은 로마법과 함께 서구법의 양대 기둥으로 인정받는다. 서구법은 영미법과 대륙법으로 구분하는데, 영미법이든 대륙법이든 정도의 차이는 있지만 로마법과 게르만법의 요소들을 모두 포함하고 있다. 곧 서구 유럽 국가의 법은 민족 고유의 관습법에 로마법을 더했다고 보면 된다.

독일의 경우 16세기에 전면적으로 로마법을 계수했고, 고유의 게르만법보다 로마법을 더 중시하였다. 영미법도 로마법을 받아들이긴 했지만, 상대적으로 민족 고유의 관습법이 더 발달했다.

게르만법은 비슷한 시기에 집대성된 로마법에 비하면 조악하다고 볼 수도 있다. 로마법은 도시, 상인 중심의 성문법이었다. 게르만법은 농촌, 농민 중심의 관습법을 따랐다는 평가가 일반적이다. 《이네법전》도 그 내용이 명확하진 않다. 《이네법전》 이외에도 각 부족별로 관습법을 수집해서 법전을 만들었다.

로마에 비해 게르만족에 대한 역사적 평가는 후하지 않다. 마치 중국이 이웃 민족들을 모두 오랑캐로 보는 시각과 비슷하다. 로마제국을 중심으로 한 서양사는 게르만족을 '침입'이나 '이동' 정도로 서술할 뿐이다. 역사 기록이 더 발굴되면 게르만법에 대한 평가도 달라질 수 있을 것이다.

019 프랑크왕국 교회법전

READ ☐ 프랑크왕국에서 교회법전을 통해 교회법의 첫 공포가 이루어진 이후 세속법과 교회법
은 서로 영향을 주면서 발전했다.

종교, 특히 기독교의 입장에서 국가의 법은 세속의 영역이다. 로마제국은 기독교를 탄
압하다가 공인했고(313) 결국 국교로 채택했다(392). 공인한 지 100년도 지나지 않아 국
교가 됐다. 세속법 정비와 비슷한 시기에 교회법 정비도 이루어졌다.

제대로 된 전면적인 집대성은 수백 년 뒤의 일이지만(《그라시아노 법령집》, 1140년경),
774년 로마 교회가 공인한 교회법 법령집이 공포되었다.《프랑크왕국 교회법전Dionysio-
Hadriana》이다. 첫 교회법 공포는 로마제국이 아니라 게르만족의 프랑크왕국에서 진행
됐다.

프랑크왕국은 기독교를 받아들인 게르만족의 첫 통일 국가였다. 원래 게르만족은 다
신교를 신봉했다. 게르만족의 이동 이후 로마는 동서로 갈라졌다. 이후 로마 교황은 서
로마제국을 대신한 게르만족의 국가들에 영향을 미치고 때로는 협력, 때로는 갈등하는
시대상이 펼쳐졌다.

교회법은 카논법이라고도 한다. 넓은 의미로는 종교분리(종교개혁) 이후 개신교도
포함하지만 보통은 가톨릭법을 의미한다. 로마의 공인, 국교화 이전까지 가톨릭교회는
유대교의 율법을 거의 그대로 따랐다. 예수가 새 술을 새 부대에 담으라고 했지만, 오랜
전통이 쉽사리 바뀔 수는 없었다.

로마제국의 지배적 종교가 된 이후에는 로마법을 수용해서 교회 조직이 형성되었다.
교회법의 많은 부분이 알고 보면 로마제국의 제도였다. 주교제도, 교회재판소 같은 기
본 제도들이 모두 로마법에서 비롯했다.

로마가 동서로 갈라지고 게르만족의 영향이 커지면서 교회법에도 게르만법이 반영
됐다. 속죄제도나 교회보호권이 대표적이다. 첫 교회법의 정비가 게르만족의 프랑크왕
국에서 진행된 사정도 무시할 수 없다.

로마법과 게르만법이 교회법에 영향을 준 만큼 교회법도 이후 로마법과 게르만법에
영향을 미친다.

II 중세법

020 | 그라시아노 법령집

교회법 통일의 첫걸음을 내딛었다고 평가받는 《그리시아노 법령집》은 이후 다른 교회법들의 편찬 모델이 되었다.

《프랑크왕국 교회법전》을 정리한 지 300~400년 후 교회법이 집대성된다. 1140년경의 《그라시아노 법령집》을 통해서다. 전통적 교회법을 체계적으로 모았다. 가톨릭사에서는 교회법 통일의 첫걸음을 내딛었다고 평가한다.

그라시아노는 볼로냐대학 교수이자 성직자였다. 《그라시아노 법령집》은 모두 101개의 조항과 36개의 사례로 정리되어 있다. 사제 서품 관련 조항(5개)까지 포함하여 세 부분으로 구성됐다. 법령집 자체의 완성도에 의미가 있다. 이후 다른 교회법의 편찬에 모델이 되었다는 점에서 의미가 더 커진다.

이후에도 교회법은 지속적으로 편찬된다. 《그라시아노 법령집》과 이후에 집대성된 교회법을 합쳐 카논법 대전이라 한다. 교회법 대전으로 번역하기도 한다. 《그라시아노 법령집》외에 5편이 더 있다(그레고리오 9세 교칙령집, 제6집, 클레멘스집, 교황 요한 22세 추가 교황령집, 공통된 누각법조문법령집).

카논법 대전은 1918년까지 가톨릭교회에서 사용됐다. 그렇지만 20세기 이후에도 여전히 영향력을 발휘하고 있다. 세속 국가의 법에도 많은 영향을 미쳤다.

021 | 볼로냐대학의 법학 교육

READ ☐ | 서양에서 체계적인 법학 교육의 기원은 볼로냐대학이 열었다.

볼로냐대학교Università di Bologna는 이탈리아에 있다.
밀레니엄의 역사를 자랑한다. 1088년에 개교했다.
1158년 프리드리히1세의 칙령을 받았다. 실제 대학
설립이 칙령보다 70년이나 앞섰다는 점을 역사학자
조수에 카르두치가 밝혀냈다. 현재의 교훈은 "모든
학문이 퍼져 나간 곳Alma mater studiorum"이다.

볼로냐대학 실

　법의 역사에서 볼로냐대학의 의미는 세 가지다. 우
선 설립자가 법학자 이르네리오다. 이르네리오는 이
르네리우스로 쓰기도 한다. 법의 등대Lucerna Juris라
는 별명을 갖고 있다. 유스티니아누스 법전을 필두로
한 《로마법대전》의 전문가다. 《로마법대전》은 이미 6세기에 편찬되었지만, 당시 재발
견되어 볼로냐대학에서 강의되었다. 이르네리오는 유스티니아누스 법전에 주석을 단
《숨마 코디키스》를 남겼다.

　다음으로 교회법과 민법을 강의 과목으로 포함했다. 향후 볼로냐 법학의 기초가 된
다. 서양에서 체계적인 법학 교육의 기원을 볼로냐대학으로 본다.

　마지막으로 오늘날 민주주의 헌법에서 일반적으로 인정되는 대학의 자유가 이곳에
서 비롯되었다. 프리드리히1세은 칙령을 내리면서 볼로냐대학에 외부의 영향에 좌우되
지 않고 독자적으로 학문을 발전시킬 수 있는 지위를 부여했다. 세월이 흘러 볼로냐대
학의 전통은 민주주의 시대에 대학의 자유라는 기본권으로 발전했다. 1988년 〈유럽대
학대헌장〉은 모든 대학이 학생의 자유를 보장해야 한다는 조문을 넣었다.

022 | 명법과

동양에서도 일찍부터 법에 대한 교육이 진행되었으며, 과거제 도입 이후에는 법 교육을 받은 관리를 선발하였다.

서양의 체계적인 법학 교육은 11세기 볼로냐대학을 기원으로 잡는다. 동양은 서구적 의미의 법학 교육과 달랐다. 그렇지만 일찍부터 법에 대한 교육은 진행되었다. 그것이 명법과明法科다.

중국과 그 영향을 받은 나라들은 과거제도를 일찍부터 발전시켰다. 중국은 6세기까지 거슬러 올라간다. 한민족도 고려 시대 광종 때(958) 중국인 쌍기의 건의를 채택해 과거를 도입했다. 아시아의 과거제도는 오늘날까지도 고시제도로 그 잔재가 남아 있다.

과거에서는 유학 관련 과목이 가장 중요했다. 그렇지만 잡과라고 하여 실무적으로 필요한 일을 할 사람을 뽑았다. 오늘날 법률가 시험과 대응되는 잡과가 바로 명법과다. 명법업 또는 율과, 율학이라는 말도 썼다. 통역, 기술, 수학, 의학 등의 분야도 잡과로 뽑았다.

사실 명법과에 대한 연구는 거의 이루어져 있지 않다. 고려에서 명법과가 시행된 점은 분명하지만 중국과 똑같이 시행했는지는 불확실하다. 명법의 시험 과목은 율律과 영令이었다. 율령이 이 둘을 합친 말이다.

고려의 경우 1017년(현종 8년) 명법업 관련 기록이 확인된 가장 처음의 것이다. 율령박사가 교육을 담당했다는 기록도 있다. 시험은 기본 지식 테스트와 문제은행식 테스트로 나누어 진행됐다. 과거에 합격한 사람 중 청렴한 사람만 등용하기 위한 별도의 검증 조치를 둔 때도 있었다.

고려 시대의 대표적인 국립교육기관은 국자감이다. 국자감에는 법을 교육하는 형률학과가 설치됐다. 1127년의 일이다. 형률刑律을 배우는 일을 율업이라고 했다. 관련 일에 종사하는 사람에게도 같은 말을 사용했다.

법 과목의 잡과는 조선 시대에도 실시됐다. 《경국대전》에 따르면 율과 이 외에 역과·의과·음양과가 잡과로 실시됐다. 각 분야의 전문서 외에 《경국대전》을 필수과목으로 공부해야 했다.

023 | 손변의 재판

READ ☐ 고려 시대 유산은 균분상속이 일반적이었음을 보여주는 이 재판은 솔로몬의 재판에
필적하는 지혜로운 판결을 담았다.

서양에는 솔로몬의 재판, 소크라테스의 재판처럼 유명한 재판 기록이 고대부터 남아 있
다. 페르시아의 캄비세스 재판 같은 기록도 서양 사회에 일정한 영향을 미쳤다. 동양은
법가 이론이 체계적으로 집대성되었음에도 불구하고 재판 기록은 거의 남아 있지 않다.
중국도 사정은 마찬가지다. 고려 시대에 있었던 손변의 재판은 지금까지 당시 생활사를
이해하는 이야기 정도로 국한되어 언급됐는데, 사실은 법의 역사에서 특기할 만한 사건
이다.

1220년경의 재판으로, 손변은 1212년 과거에 급제했고 1225년 여진족 침입 시 공을
세웠다. 그 사이 손변이 경상도 안찰부사로 나가 있는 동안 처리한 소송(송사)으로, 내용
은 이렇다.

'남매가 부모의 유산 상속 때문에 다투고 있었다. 남동생은 어리고 누이는 이미 시집
을 갔다. 그런데 아버지는 죽기 전에 전 재산을 누나에게 물려준다는 유언을 했다. 남동
생이 부당하다고 소송을 냈다. 남동생에게는 옷 한 벌과 종이 한 장만 남겼다.'

당시 고려는 부모 별도의 유언이 없으면 재산을 자식이 똑같이 나누도록(균분) 했다.
그런데 유언이 있었으니 어떻게 판결을 해야 할지 관심사였다. 오늘날 민법에 따르면
유류분(균분했을 때 받을 수 있는 몫의 절반)을 받을 수 있지만, 그런 원칙이 확립되지 않은
때였다.

손변은 남매가 재산을 균분하도록 결정했다. 종이를 어린 동생에게 남긴 점에 주목
했다. 그 이유는 이랬다. "부모의 마음은 자식에 똑같다. 아들이 어리다고 박하게 대할
리 없다. 자라서 물려받은 종이에 소장을 써서 관청에 호소하면 제대로 유산을 받을 수
있게 하려는 의도도."

결국 누나도 부모의 뜻을 헤아려 함께 끌어안고 눈물을 흘렸다나. 오늘날의 민법상
유언이나 상속 원칙과는 상관없지만, 솔로몬에 필적하는 지혜로운 판결이었다.

024 | 분재기

 고려와 조선의 분재기에는 토지나 가옥, 노비에 대한 상속 원칙이 포함되어 있다.

READ ☐

고려와 조선의 재산 상속에 대한 기록을 분재기라고 부른다. 재산을 분배하는 기록이다. 분깃문서(分衿文書), 분금, 분기 같은 말로도 불렀다. 상을 치르고 남은 배우자와 자녀들이 협의하여 재산을 분배한 경우엔 화회문기라고 하였다. 화목하게 모여서 남긴 기록이라는 뜻이다.

고인의 뜻에 따라 재산을 분배한 경우에는 오늘날의 기준으로 일종의 유언으로 봐도 무방하다. 그렇지만 이미 나눠준 재산에 대한 기록도 포함되어 있어 현대 민법의 유언과는 차이가 있다.

고려 시대의 분재기는 많이 남아 있지 않고, 조선 시대로 넘어가면 꽤 많다. 유성룡과 이이의 분재기는 보물로 지정되어 있다. 토지나 가옥 같은 재산은 물론 노비에 대한 상속 내용도 포함되어 있다. 신분이 나뉘어 있고 노비를 물건처럼 사고파는 일은 동서양에서 공히 수천 년 동안 이어져왔다.

분재기에는 작성일자, 재산 분배의 원칙, 상속인들의 서명이 기본으로 들어갔다. 그외에도 돌아가신 분의 당부의 말씀, 보증인이 누구인지도 함께 실었다. 조선 전기까지는 분재기 작성 후 관에서 확인하는 절차도 있었다. 재산 다툼을 방지하기 위한 목적이었다.

분재 원칙은 시대별로 달랐다. 별문기라고 하여 특별한 사정이 있는 경우에 재산을 지급한 내용이 상당수 발견된다. 과거에 급제하거나 감사의 마음을 표하고 싶을 때 재산을 지급하고 관련 기록을 남기기도 했다.

손변의 재판과 분재기에서 알 수 있듯이 동양에서는 상속에 대해서 법적인 규정은 없었다. 민간에서 관습적으로 상속을 진행했고 분쟁이 있는 경우에도 오늘날의 조리(상식, 일반 법 원칙)에 의거하여 판결했다.

신사임당의 어머니 이씨가 남긴 분재기. 강릉시오죽헌시립박물관 소장.

025 마그나카르타

1215년 영국의 존왕은 귀족들의 요구에 굴복해 귀족의 권리를 보장하는 문서에 서명하였다. 이것이 오늘날 민주주의의 기원으로 평가되는 마그나카르타다.

손변의 재판이 있을 즈음, 영국에서는 민주주의 역사상 특기할 만한 대사건이 일어났다. 바로 대헌장으로 번역하는 마그나카르타다. 마그나Magna는 크다 또는 강하다라는 뜻이다. 카르타Carta는 레터letter, 곧 문서다. 1215년의 일이다.

당시 영국의 존왕은 귀족들의 요구에 굴복해 귀족의 권리를 보장하는 문서에 서명했다. 군주의 전횡에 맞서는 귀족들과 왕이 타협하여 합의서를 남긴 희귀한 사건이다. 한때의 해프닝으로 끝날 수도 있었다. 존왕은 일단 서명은 했지만 효력을 계속 부인하려고 했다.

그렇지만 마그나카르타는 약 400년 뒤 되살아났다. 귀족의 권리를 보장하는 문서는 의회, 곧 시민(부르주아지)의 권리를 요구하는 역사적 배경이 되었다. 다시 수백 년이 지나 21세기로 들어선 오늘까지도 마그나카르타는 영국의 헌법으로 유효하다.

영국은 세계에서 거의 유일한 불문헌법 국가다. 물론 단일한 문서로 된 헌법전이 없다는 뜻일 뿐, 마그나카르타부터 청교도혁명과 명예혁명을 거치는 동안 생성된 주요 문

마그나카르타 원문. British Library 소장.

서들이 헌법 역할을 하고 있다.

　내용 면에서 마그나카르타에 포함된 항목 중에는 오늘날까지도 민주주의 제도의 주축이 되는 부분이 있다. '세금을 걷을 때는 의회의 승인이 있어야 한다. 법에 따르지 않으면 신체의 자유를 구속할 수 없다'. 표현은 지금과는 달랐지만, 마그나카르타는 800여 년 전에 사상의 근본적인 혁신을 인류에게 선물했다.

　영국의 민주주의는 프랑스대혁명, 미국의 독립과 함께 오늘날 민주주의의 기원으로 꼽힌다. 영국의 민주주의는 마그나카르타를 하나의 원천으로 포함하고 있다.

　물론 세계사 전체로 보면 고대 그리스의 민주주의를 가장 먼저 기록해야 한다. 인류는 수천 년 동안 장소를 불문하고 군주가 다스리던 시대를 살았지만 유일하게 고대 그리스만 민주정이었다. 약 2000년의 세월이 흘러 고대 그리스의 민주제에 대해서 인류는 재인식하게 된다. 하지만 학술적으로는 중요할지라도, 이를 오늘날 민주주의의 기원으로 보기에는 무리가 있다.

　마그나카르타의 내용 대부분은 이미 그 전부터 영국 귀족들이 갖고 있던 특권이었다. 그렇다고 해도 민주주의와 헌법의 역사에서 마그나카르타의 중요성은 전혀 줄어들지 않는다. 1957년 미국변호사협회는 존왕이 마그나카르타에 서명한 역사적 현장인 영국 템스 강변의 러니미드에 기념관을 설립했다.

러니미드의 마그나카르타 기념비. ©Brian Slater

026 | 옥스퍼드대자문회의

마그나카르타를 인정하지 않으려 했던 영국의 헨리3세에 대항하여 설치된 옥스퍼드 대자문회의는 오늘날 민주주의 의회의 기원으로 평가받는다.

존왕은 마그나카르타에 서명했지만 곧바로 무효라고 주장했다. 귀족들의 협박 때문에 어쩔 수 없었다는 논리였다. 존왕의 아들, 헨리3세도 마그나카르타를 인정하지 않으려고 했다. 헨리3세도 아버지처럼 오늘날까지 유의미한 민주주의 발전의 족적을 남겼다. 스스로는 전혀 원하지 않았던 의회 제도의 기원이 헨리3세 시절에 비롯됐다.

헨리3세는 9세(1216)에 왕위에 올랐다. 그렇지만 충직한 신하 펨브룩 백작의 후견으로 왕권 유지에는 문제가 없었다. 펨브룩은 존왕의 왕위 등극에도 큰 역할을 한 바 있었다. 존왕 직전의 리처드1세 때에도 펨브룩은 영국 정계의 실력자였다. 헨리3세는 성년(1227)이 되어 친정을 시작하였고, 반세기를 통치하였다(1272년 사망).

귀족들과 사이는 좋을 수가 없었다. 결국 1258년 각지의 영주들이 내란을 일으켰다. 시몽 드 몽포르가 주도했다. 시몽은 헨리3세의 여동생과 결혼한 처남 매부 사이였다. 영주들은 옥스퍼드에서 대자문회의 설치를 요구했다. 이는 왕과 영주들이 각각 절반씩 지명하는 기구였다.

영주들은 군주의 권한을 제한하길 원했다. 헨리3세는 아버지처럼 굴복할 수밖에 없었다. 한때 감옥에 갇히기도 했다. 당시 대자문회의 의원들은 무장을 한 채 헨리3세를 압박했다. 당시 영주들이 요구한 내용을 옥스퍼드조항 또는 옥스퍼드조례라고 한다.

옥스퍼드조례는 대부분 군주의 권한을 제한하는 내용이다. 대자문회의를 연간 세 차례 열어야 한다, 대자문회의가 선출한 평의회(15명으로 구성)의 조언을 왕이 따라야 한다 같은 내용이다. 마그나카르타를 준수해야 한다는 내용도 포함되었다.

헨리3세와 영주 세력 간에 벌어진 내전에서 초반 승기는 시몽이 잡았다. 한동안 시몽이 주도하는 영주들의 세력이 우세했다. 시몽은 왕권을 배제하고 일종의 과두체제로 통치했다. 대자문회의가 실질적인 최고 통치기구가 되었다. 1265년 대자문회의에는 기존의 영주와 기사, 성직자들 이외에 시민 대표들도 일부 포함되었다.

그렇지만 옥스퍼드대자문회의도 곧 마그나카르타와 비슷한 운명에 처하게 된다. 귀족 세력 중 일부는 헨리3세의 복권을 위해 황태자를 앞세워 시몽에 맞섰다. 황태자 에드워드가 최종적으로 승리했고 시몽은 처형됐다. 이후 왕권은 에드워드가 실질적으로 장악했다.

옥스퍼드대자문회의(시몽 드 몽포르 의회)는 당시에는 성공적으로 지속되지 못했지만 결국 살아남았다. 대자문회의는 1295년 모범의회Model Parliament로 발전한다. 영국의 각 신분을 대표하는 의원들로 구성되었다. 이 시절의 의회를 신분제의회 또는 등족회의라고 한다. 각 신분마다 대표를 파견했기 때문이다. 1302년에는 프랑스에서도 삼부회가 열렸다. 3개 신분으로 구성된 의회였다. 이후 영국 의회는 상하원제로 나뉘었다. 상원은 성직자와 상층 귀족으로 구성된다. 하원은 하층 귀족과 시민계급을 대변한다.

역사가들은 옥스퍼드대자문회의를 오늘날 민주주의 의회의 기원으로 본다. 군주가 존재하는 상태에서 이를 견제하는 기구가 병행한다는 점을 중요하게 봤다. 영국을 제외한 유럽 다른 나라에서 의회는 지속적으로 이어지지 않았다. 절대 왕정 시대에 없어진 곳도 많다. 영국에서도 지속적으로 제대로 열리지는 못했지만, 의회제도 자체는 사라지지 않았다. 결국 시민혁명을 거치면서 19세기 이후에는 오늘날과 같은 근대적인 의회가 확립됐다.

시몽 드 몽포르 의회

027 대명률

명나라의 법률인 대명률은 조선의 태조 이성계가 모든 범죄 판결 시에 적용하라는 교서를 내리면서 조선 형법의 기본이 되었다.

동서양을 막론하고 민주주의 이전 시대에 일반 백성들의 위치에서 가장 의미가 큰 법은 형법이었다. 로마에서 민법이 상당히 발전했고 아시아에서도 손변의 재판처럼 민사 문제의 해결을 위한 법적인 원칙이 있었다. 그렇지만 범죄자를 다스리는 형법이 법의 전부인양 인식되었다.

이러한 인식은 사실 오늘날까지도 이어지고 있다. 법 없이도 살 사람이라는 말은 경찰서에 갈 필요가 없이 법을 잘 지키는 사람이라는 뜻으로 이해할 수 있다. 이 때 법은 형법을 의미한다.

형법은 지역과 시기에 따라 다양한 모습으로 나타났다. 고조선도 이미 8조금법이라는 형법이 있었다. 중세 봉건시대에 동양에서는 대명률이 큰 영향력을 가졌다. 대명률은 말 그대로 명나라의 율, 형법이다. 명나라는 1368년에 건국됐다. 한 해 전에 명나라의 창건자인 주원장은 율령직해를 공포한 바 있다. 주원장은 황제로 등극하고 나라 이름을 명으로 정하기 전에 이미 실권을 장악하고 있었다. 원나라에 맞서는 홍건적의 난이 일어난 이후 그는 송나라 계승을 표방한 바 있다.

율령직해는 여러 차례 개정되어 대명률이 되었다. 이전까지 적용되던 당률을 수정하였다. 명칭에서도 알 수 있듯이 율과 영으로 구성되어 있다. 오늘날의 기준으로 하면 형법과 헌법(행정법)이다. 편찬 작업에 참여한 사람들로는 이선장, 유유겸 등이 있다.

중국의 대명률은 곧바로 한반도에 전해졌다. 고려 말, 조선 초에 각각 개정된 판본이 들어왔다. 이성계는 1392년 조선을 건국하고 즉위하면서 모든 범죄 판결에 대명률을 적용하라는 교서를 내렸다. 대명률은 이후 조선의 형법으로 500년 동안 적용된다. 일부 실정에 맞지 않는 부분은 바꾸기도 했지만 기본 형법전으로 썼다.

1395년 정도전이 주도하여 《대명률직해》를 간행했다. 중국에서도 《대명률강해》, 《대명률부례》 같은 해설서가 발간되었다. 재밌는 사실은, 대명률이 여러 차례 개정되었는데 중국에 정작 초기 판본이 남아 있지 않다는 점이다. 중국에는 1397년판만 남아 있는데, 《대명률직해》는 1389년판을 해설한 책이다.

이전 시대에 적용되던 당률과 비교하면 형벌이 더 엄해지고, 소급 적용도 가능해졌다. 예컨대 사형의 경우 능지처사凌遲處死(능지처참)가 추가되었다. 오늘날 민주주의 형법 원칙을 기준으로 평가하면 오히려 당률보다 후퇴했다고 볼 수 있다.

028 | 형조

한민족 역사상 가장 오래 존속된 사법기관이라 평가할 만한 형조는 조선 시대에 형법을 관장하던 관청이었다.

대명률을 적용한 조선은 형조라는 명칭의 관청에서 형법을 관할했다. 형조라는 명칭이 최종적으로 자리 잡은 때는 조선 건국 직전인 1389년이다.

고려 마지막 왕인 공양왕은 전법사를 형조로 고쳤다. 형조는 이미 1298년에도 채택된 바 있었지만 언부, 전법사, 형부 등의 명칭으로 바뀌었다. 명칭뿐만 아니라 조직과 인원도 다양했다. 고려 초기에는 의형대가 관장했다. 추관, 형관 같은 명칭도 등장한다. 의형대는 고려 이전 궁예의 태봉 시절 이미 등장했다.

부족국가 형태였던 삼국 시대 초기에는 부족집회에서 재판을 담당했다. 부여의 경우 영고라는 명칭의 집회에서 재판이 이루어졌다. 고구려도 제가평의회라는 명칭으로 불린 일종의 부족장회의에서 재판을 진행했다. 백제의 경우 조정좌평이라는 관직명이 등장한다.

형조는 이조, 호조, 공조, 예조, 병조와 함께 6조를 구성한다. 세종 이후로 형조의 서열은 다섯 번째였다. 조曹는 무리, 관청을 뜻하는 말이다. 조선 시대 중앙관청의 명칭으로 쓰였다. 오늘날 법조계의 '조'가 이를 이어받은 것이다.

형조 산하기관으로는 율학청, 전옥서, 좌우포청 등이 있었다. 율학청은 율학의 교육을 맡았던 기관이다. 태조 때 설치되었다. 전옥서는 감옥을 관장했다. 포청은 포도청이라고도 하는데, 죄인을 심문했으며 화재 예방 같은 업무도 맡았다.

사극에 많이 등장하는 의금부는 형조 소속이 아니었다. 의금부는 왕명이 있을 때만 죄인을 다루는 기관이다. 반역죄(역모), 강상죄 같은 중범죄를 주로 다루었다. 강상죄는 효에 어긋나거나 신분제를 위협하는 범죄를 의미한다. 강상綱常은 삼강과 오상을 줄인 말이다. 오상을 오륜이라고도 한다. 강상죄는 삼강오륜에 어긋나는 범죄다.

형조는 법무아문으로 개편된 1894년까지 존속했다. 갑오개혁이 있기까지 무려 500년을 존속한 것이다. 역사 기네스가 있다면 가장 오래 존속한 사법기관으로 이름을 올릴 수 있지 않을까? 법무아문은 1년 뒤 법부로 다시 바뀌었다.

029 | 무원록

동양은 일찍부터 법의학이 발달하여 이를 수사에 활용하였다.

《무원록》은 원통한 사람이 없게 하는 기록이라는 말이다. 오늘날의 개념으로는 법의학 서다. 《무원록》은 중국 원나라에서 1341년에 편찬했다. 왕여라는 사람이 지었다. 원 이전 송나라에서 일어난 사건들을 종합해 법의학 지식을 정리했다.

왕여가 지은 《무원록》을 우리 조상들도 일찍부터 활용했다. 조선 시대 들어와 세종 22년(1440)에 《신주무원록》이 간행됐다. 새롭게 주를 달았다는 말이다. 최치운이 주도 했다. 영조 대에는 우리 실정에 맞도록 상당 부분을 고쳤다. 구택규와 구윤명 부자의 이름이 등장한다.

이후에도 《증수무원록언해》, 《증수무원록대전》 같은 제목으로 개정판이 계속 간행 됐다. 언해본은 우리말로 작성되었다.

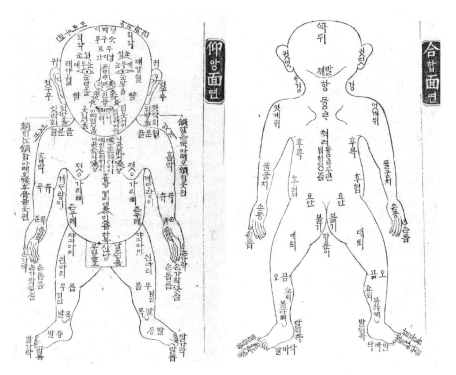

정조 시기 간행된 《증수무원록언해》. 서울대학교 규장각한국학연구원 소장.

47

동양에서 법의학은 일찍부터 발달하였다. 중국 송나라 때 이미 《세원록》,《평원록》,《결안정식》 같은 책이 있었다. 일본도 《신주무원록》을 번역하여 사용했다는 기록이 있다.

오늘날과는 상당히 달랐지만 일찍부터 법의학을 활용했다는 점에서 의의가 있다. 《무원록》에서는 시체를 검안하는 일을 검험檢驗이라 했고, 사체에 나타난 증거는 형증形證이라고 했다. 형증에서는 특히 색을 중시했다.

맞아서 사망한 경우 붉은색, 독살인 경우 푸른색, 병사는 황색, 동사는 흰색으로 구분했다. 적색, 적자색, 적흑색, 청적색처럼 붉은색은 세부적으로 더 나눴다. 색으로 사인을 확인하다 보니 때로는 범인들이 다른 색깔로 위장하기도 했다.

사극에서 비녀를 활용해 독이 들었는지 검사하는 장면을 자주 볼 수 있다. 비녀는 순은 100%로 만들어 활용하는 법물이었다. 법물은 법의학 조사를 위해 활용한 도구다.

《무원록》에는 일종의 수사 매뉴얼에 해당하는 내용도 포함되었다. 화재로 인한 사고 사인지, 살해한 후 불을 냈는지 확인하기 위해 입과 코는 물론 목구멍과 머리 뒷부분까지 확인하도록 했다.

오늘날의 개념으로는 법의학서인데, 책의 이름을 잘 지었다. 원통한 사람이 없도록 한다는 무원無寃. 어쩌면 일찍부터 과학 수사 기법이 잘 정리되어 서양에서 있었던 마녀 사냥과 같은 비극이 동양에서는 없었는지도 모를 일이다.

030 | 신문고

논란의 여지는 있지만 신문고는 과거 백성들의 법 현실을 어느 정도 짐작게 해준다.

과거 동양 사회에서 백성들의 법 현실은 어떠했을까? 1401년(태종 1년)에 설치된 신문고로는 두 가지 방향의 해석이 모두 가능하다.

권력자들로 인한 억울함이 오죽 많았으면 왕이 직접 나서서 백성들의 고통을 해석을 해결해야 했겠는가? 부정적인 해석이다. 일반적인 상소, 고발 제도 외에도 군주부터 나서서 백성의 목소리를 듣기 위해 노력했다. 긍정적인 해석이다.

신문고는 궁궐 인근에 매달아둔 북이다. 조선의 신문고는 문루에 설치했다. 우리 민족의 민본주의를 상징하는 제도로 자랑하지만 중국 춘추전국시대에 이미 기원을 찾을 수 있다. 가장 오래 된 기록은 주나라 무왕의 계신도까지 거슬러 간다.

계신도의 도鼗는 소고처럼 작은 북을 의미한다. 신하들의 의견을 들어 경계하고 삼간다는 상징적인 의미를 나타낸다. 진나라, 당나라, 송나라, 명나라 때도 기록이 있다. 명칭은 달랐다. 감간고, 등문고라는 말을 사용했다. 조선의 신문고는 송나라의 등문고를 벤치마킹했다.

신申은 알린다, 말한다는 뜻이 있다. 원한을 씻는다는 의미로도 쓴다. 신청, 신고에 같은 글자를 쓴다. 억울함을 들어주는 북 정도의 의미다. 요즘 개념으로 연결하면 민원, 고충처리다.

신문고의 실태에 대한 시각은 다양하다. 제도적 제한, 현실적 제한으로 운영이 제대로 안 되었다는 주장도 있고, 너무 무질서하게 남발되었다는 견해도 있다. 중국과 조선 모두 이런저런 제약이 많았다고 보는 쪽이 적절하지 않을까.

신문고를 울리면 왕에 직속된 의금부당직청에서 사연을 접수했다. 원래 억울함이 있을 때는 주장관과 관찰사를 거쳐 사헌부에서 해결했다. 주장관은 형벌과 감옥 관련 행정을 맡아본 기관이다. 지방의 경우 오늘날 광역단체장과 비슷한 관찰사를 거쳤다.

무고를 하는 경우에는 어떻게 되었을까? 당연히 처벌받았다. 신문고는 소송 절차를 넘어 마구 상급기관에 호소하는 무질서를 미연에 방지하려는 목적도 있었다. 예컨대 신문고를 운영하는 대신 임금의 행차를 가로막고 글을 올리는 행위를 엄격히 금지했다.

연산군 때에는 제도를 아예 없애버렸고, 영조(1771)가 다시 부활시켰다. 신문고 부활 전 규정을 정비했는데, 《속대전》을 편찬하면서 신문고 사용 범위는 상당히 축소되었다. 명칭이 승문고로 바뀐 때도 있었다.

요즘은 영화 같은 대중예술을 통해 간접 경험을 하는 경우가 많다. 영상 미디어가 본격화되기 전에는 소설가의 상상력이 중요했다. 조선 시대 지방에서 권력자와 백성의 관계는 〈춘향전〉 같은 소설이 교본이 된다. 변 사또는 악인으로 등장한다. 오늘날 드라마나 영화에 묘사되는 권력자의 모습과 크게 다르지 않다. 이몽룡은 암행어사가 되어 나쁜 권력자를 응징한다. 이 또한 오늘날의 작가적 상상력과 큰 차이가 없는 서사구조다.

작가의 창작물에 대해 그저 허구라고 무시하기는 힘들다. 문학예술이 현실을 반영한다는 점은 일반적으로 받아들여지기 때문이다. 그렇지만 대체로 자기가 속한 분야에 대한 드라마의 묘사에 대해서 불만을 갖는다. 현실과 다르다거나, 과장됐다거나, 저런 일은 없다거나. 과거 역사에 대해서도 마찬가지로 조심스럽게 판단해야 한다.

과거 봉건시대 지방의 법 현실과 관련하여 긍정적으로 해석할 수 있는 기록으로 최직지 파면 사건이 있다. 태종 10년으로 기록되어 있으니 1409년의 일이다. 실록에까지 기록되었다는 점에서 조선에서 이런 사례는 많지 않았다고 해석하는 시각이 있다.

최직지는 나주 판관 시절 관기(관청에 소속된 기생)를 때려죽였다. 관기 명화는 수청을 들라는 명을 거부했고, 매를 맞았다. 매가 지나쳤는지 3일 만에 죽었고, 가족들은 억울함을 호소했다. 억울함을 받아들여 전라도 관찰사가 판관을 파면했다. 〈춘향전〉과 비슷한 이야기다. 소설에서는 암행어사가 된 옛 연인이 나타나 구해준다. 결말이 다르다.

〈춘향전〉은 17세기 초 남원 부사를 지낸 성안의의 아들 성이성의 실화가 소설화되었다고 보는 시각이 일반적이다. 최직지의 파면은 그보다 300년 전의 일이다. 사건 이후 《경국대전》에는 관원이 기녀를 간할 수 없다는 내용이 규정됐다.

최직지의 파면은 1406년 확립된 수령칠사와 관련하여 연결해 보면 의미가 있다. 수령은 지방의 관리를 부르는 말이다. 칠사는 수령에게 요구된 일곱 가지 의무를 뜻한다. 법적으로 당시 지방관에게 요구되는 자질과 능력이 무엇이었는지 알 수 있다.

이미 고려 말(1375)에 수령오사가 있었고, 조선 초에 칠사가 되었다. 빈민 구제, 예산 절약, 명령 수행, 농사 장려, 교육, 군대, 소송과 관련된 의무가 포함되었다. 관련 내용이 일부 바뀌기는 하지만 《경국대전》에도 규정되어 인사고과 자료로 활용되었다.

조선 후기(1818) 정약용은 지방관의 임무를 다루는 저서를 지어 오늘날까지 영향을 미치고 있다. 《목민심서》라는 위대한 저술로 인해 조선의 권력자와 백성의 관계에 대한 부정적인 인식이 일반적으로 자리 잡게 되었다. 하지만 법과 현실은 언제나 괴리가 있을 수 있다는 점을 과거 역사에 대한 판단과 해석에서도 감안하여야 한다.

대중예술 등에서 드러나는 일반인들의 조선 시대에 대한 이미지는 전반적으로 썩 좋지 않다. 세종이라는 성군 시절이 잠깐 있었을 뿐 이후 당쟁과 전쟁, 세도정치로 이어지다가 식민지로 전락하는 흐름이다.

세종은 워낙 탁월하고 출중한 능력을 가진 사람이라 그 업적을 무시할 수는 없다. 특히 한글 창제는 높이 평가할 만하다. 95점 이상의 점수를 줄 수 있는 일이다. 그렇지만 그도 완벽하지는 않았고, 신분제 질서에서는 전혀 벗어나지 않았다.

세종 2년(1420) 허조의 건의로 부민고소금지법이 제정되었다. 부민은 지방의 백성을 의미한다. 일반 백성뿐 아니라 하급관리들의 상급관리에 대한 고소를 금지하는 법이다. 참고로 허조는 명재상이자 강직한 청백리로 평가받던 사람이다.

상급관리에 대해 고소 가능한 경우가 전혀 없지는 않았다. 반역죄와 살인죄에 대해서는 예외였다. 예외가 아닌데 관리를 고소한 경우에는 오히려 처벌받았다. 이 법은 나중에 《경국대전》에 포함되었다.

오늘날의 민주주의 법 원칙으로는 전혀 인정할 수 없는 법인데, 당시의 합리화 논리는 이랬다. '관리 곧, 수령과 백성은 부모자식의 관계이다. 자식이 부모를 고소할 수는 없다. 관리의 잘못이나 억울한 일은 고소하지 말고 호소하라.'

사실 이미 고려 시대부터 고을 수령을 고발한 경우 고소자를 추방하고 살던 집을 연못으로 만들던 관행이 있었다. 어떻게 보면 세종은 기존의 관행을 성문법으로 만들었을 뿐이다. 당시의 통치 이데올로기인 성리학의 기준에 따르면 전혀 문제가 될 수 없는, 오히려 아름다운 법이었다.

대명률에 비슷한 내용이 있지만, 부민고소금지법이 처벌은 더 세다. 예컨대 노비의 주인 고발에 대해서는 모두 사형에 처했다. 대명률에서는 장 100대를 치고 사형은 무고인 경우에만 진행했다.

신분과 관직에 따라 고소할 수 없다는 원칙은 부민고소금지법 말고도 고존장告尊長이라 하여 일반적으로 통용됐다. 친족의 어른이나 상관을 고발하면 오히려 문제를 제기한 사람을 처벌했다. 비록 가장의 비행이 있더라도 신고한 자는 장 100대에 처해졌다.

033 | 종모법

| 과거의 법은 신분제 질서를 벗어나지 못하는 한계가 있었다.

위대한 세종이 신분제 질서에서는 전혀 자유롭지 못했다는 점을 보여주는 다른 사례는 종모법이다. 이 또한 세종이 처음 제정한 제도는 아니기에 변명의 여지는 물론 있다. 종모법은 어머니를 따라 신분을 결정하는 법이다. 세종 14년(1432)에 시행됐다.

부모 중 어느 쪽을 따라 신분을 정할지는 그때그때 다르다. 태종 14년(1414)에는 종부법을 시행했다. 종부법을 시행하면 양인의 수가 많아진다. 종모법에 따르면 노비가 많아진다. 여성 노비와 혼인하는 남성 양인의 수가 많았기 때문이다. 《경국대전》이 제정되었을 때는 부모 중 한쪽만 노비여도 자식은 모두 노비가 되게 했다.

노비는 종이라고도 한다. 서양어를 번역할 때는 보통 노예라고 한다. 노는 남성, 비는 여성을 의미한다. '예'는 종 또는 죄인이라는 뜻이다. 인간을 신분으로 구분하는 질서는 고대부터 존재했다. 모든 인간이 법 앞에 평등하다는 원칙이 확립된 것은 얼마 되지 않았다.

고조선의 팔조법금은 이미 그 시절에 노비가 존재했다는 점을 잘 보여준다. 물건을 훔치면 노비로 삼았다. 부여는 살인죄를 저지른 자의 가족도 노비로 삼았다. 전쟁은 포로를 잡아 노비를 확보하는 대표적인 방법이었다. 빌린 돈을 갚지 못해도 노비가 되는 경우가 많았다.

공노비는 국가에 소속된 노비이다. 사노비는 개인이 소유한다. 외거노비는 외부에 거주하는 노비다. 노비이기는 하지만 재산을 가지거나 가족을 꾸릴 수도 있었다. 주인과 함께 거주하는 노비는 솔거노비라고 했다('솔' 자는 가솔을 거느린다 할 때의 글자다).

고려 시대 노비안검법은 일찍이 기록된 노비 관련 법이다. 호족들이 후삼국 혼란기에 불법적으로 양인을 노비로 삼은 경우가 많았는데, 광종은 이를 조사하여 불법적으로 소유하고 있는 노비를 해방시켰다(956). 안검은 자세히 조사한다는 뜻이다.

노비는 오늘날의 법적 개념으로는 물건이었다. 재산이었기 때문에 사고 팔 수 있었고 상속의 대상이 됐다. 노비 신분을 면할 수 있는 경우는 그리 많지 않았다. 세종 때 종모법이 시행되었던 걸 생각하면 장영실에 대한 파격적인 대우는 드라마틱하다. 천민 신분에서 면해주었을 뿐 아니라 사대부들의 반대를 무릅쓰고 벼슬까지 내렸다.

도망 노비에 대한 관리도 철저했다. 심지어 도망한 노비를 잡지 못한 관리도 처벌받았다. 오늘날 국가보안법상 불고지죄처럼, 도망 노비를 알고도 감추면 마찬가지로 처벌받았다. 절에 들어가 중이 되는 도망 노비도 있었는데, 발각되면 받아준 중이 환속되었다.

조선의 노비제 폐지는 갑오개혁(1894)에 이뤄졌다. 공노비는 한 세기 전(1801)에 해방되었다. 역사학계에서는 노비를 해방해야 한다는 적극적인 평등 의식 캠페인의 결과로 보지 않는다. 임진왜란 이후 여러 요인으로 공노비의 숫자가 대폭 줄어들어 실질적인 폐지 상태에 있었기 때문이라고 본다.

034 | 삼심제

《경국대전》에 명시된 삼심제는 현대 민주주의 형법과는 다르지만 신분제하에서도 인권을 보호하려던 시도라는 점에 의의가 있다.

신분제 질서하에서 한계는 뚜렷했지만 세종이 민본주의를 실현한 위대한 성군이라는 점은 부인하기는 어렵다. 민을 향한 세종의 관심은 형사 절차에도 반영됐다. 세종은 사형수에 대해서 세 번 심사하는 제도를 도입했다.

오늘날 민주주의 형법의 일반적인 삼심제와는 당연히 다르지만, 이전에 없던 제도를 만들었다는 점에서 의의가 있다. 세종 3년(1421)의 일이다. 후에 《경국대전》에도 명시되었고, 이후 유명무실해진 제도를 영조가 되살렸다.

세종이 도입한 사형제 삼심제는 세 번 복심 후 왕에게 아뢰게 했다. 오늘날처럼 한 번의 재판이 끝나면 상급기관으로 올려서 조사하는 제도는 아니었다. 지방의 경우 고을 수령이 한 번 조사하고, 관찰사가 파견한 차사원이 다시 조사하고, 관찰사가 직접 조사하게 했다. 명칭은 삼심제이지만 일종의 검증 제도로 볼 수 있다. 의금부가 관할하는 사형죄는 단심이었다. 의금부는 왕의 칙명에 따라 죄를 다스렸는데 왜 삼심제를 적용하지 않았는지 의문이다. 의금부라는 기관에 대한 믿음이었을까? 죄의 경중 때문이었을까?

현대에 와서 대한민국은 제헌 헌법부터 삼심제를 명문화했다. 오늘날 우리는 지방법원, 고등법원을 거쳐 대법원까지 삼심제를 당연하게 인식한다. 그렇지만 민주주의 국가에서도 일반적인 것은 아니다. 삼심제는 대륙법계 국가에서는 일반적으로 자리 잡았다. 하지만 영미법계 국가는 보통 이심제다.

삼심제의 경우 1심과 2심이 사실심이다. 대법원에서는 새로운 사실관계를 다투지 않고 법률 적용에 문제가 없는지만 다룬다. 영미법계는 배심제를 채택하고 있기 때문에 사실심을 한 번으로 끝내는 경우가 많다.

2심이 모두 고등법원으로 가지도 않는다. 사안의 경중에 따라 1심의 관할이 나뉜다. 지방법원 합의부(3명의 판사)에 배정되기도 하고 단독 판사(1명)가 맡기도 한다. 단독 판사가 1심 판결을 내린 경우 2심은 지방법원 합의부에서 담당한다.

1심으로 끝나는 재판도 많다. 선거 소송은 곧바로 대법원에 제기하여 한 번의 판결로 끝난다. 계엄이 선포된 경우에도 일부 재판은 단심으로 진행할 수 있다.

035 | 경국대전

《경국대전》은 조선의 헌법이라고 할 수 있다.

조선은 형법은 중국의 대명률을 그대로 썼지만, 헌법에 해당하는 법은 따로 만들었다. 《경국대전》이다. 법전의 편찬은 서양이나 중국보다는 다소 늦었지만 체계나 내용 면에서는 뒤지지 않는다.

대전은 큰 책 또는 큰 법이라는 뜻이다. 전典은 글자 자체로 법이라는 뜻이 있다. 경국은 나라를 다스린다는 뜻이다. 경제, 경영에 같은 경經 자를 쓴다. 《경국대전》은 나라를 다스리는 큰 법 또는 책이라는 뜻이 된다.

독일어로 verfassung, 영어로 constitution을 일본이 헌법이라고 번역했고 우리도 그대로 쓰고 있다. 우리가 개념화를 주도했다면 '대전' 같은 말을 쓰거나 '경법'처럼 신조어를 만들었을 수도 있다.

이성계는 조선 건국 후 곧바로 법전 편찬에 들어갔다. 1397년(태조 6년) 《경제육전》이 제정됐고 이후 개정본을 모두 《속육전》이라 한다. 일종의 속편 격이다. 《경국대전》은 1460년(세조 6년) 호전을 시작으로 간행되기 시작해 1466년 완성되었다. 《경국대전》도 이후 개정본이 있다. 1746년(영조 22년) 《속대전》, 1785년(정조 9년) 《대전통편》, 1865년(고종 2년) 《대전회통》으로 이어졌다.

《경국대전》은 중앙 정부의 6조 체계를 반영해 6전 체제로 편집되어 있다. 오늘날의 기준으로 6전을 구분하면 이렇다.

이전吏典은 공무원 인사다. 중앙과 지방 관리뿐만 아니라 궁중 직제도 규정했다. 호전戶典은 재정과 신분 관계 등록(호적) 그리고 세금이다. 상법과 통화도 포함한다. 예전禮典은 시험과 공문서다. 외교와

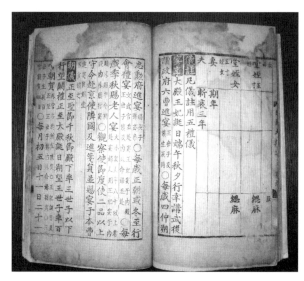

《경국대전》 권3. 문화재청 소장.

의전도 포함한다. 병전兵典은 군대, 공전工典은 도로 같은 인프라와 산업정책에 해당한다. 대명률이 기본적으로 적용되었지만, 형벌과 재판을 규정한 형전刑典이 따로 있었다.

중국 법제를 참고한 내용이 많지만 고유의 규범도 일부 반영됐다. 조선의 개국을 주도한 정도전이 남긴 《조선경국전》을 참고했다. 비록 직접 시행되지는 않았지만 정도전의 철학은 결국 법 제도 면에서 관철되었다.

신묘대전(1471), 갑오대전(1474), 을사대전(1485) 등은 《경국대전》을 시행할면서 개정함에 따라 육십갑자를 붙인 명칭이다. 을사대전은 온전한 내용이 현재까지 전해지고 있다.

036 │ 양법미의

READ ☐ 《경국대전》을 편찬하면서 견지한 양법미의라는 인식은 당시 조선의 성리학 이상과 성
인군자의 통치라는 지향을 반영한다.

《경국대전》에 대해 당시 법전 편찬자들은 과연 어떻게 생각하였을까? 양법미의良法美意
또는 양법미규良法美規라고 했다. 좋은 법, 아름다운 규칙이라는 뜻이다. 조선의 통치를
담당했던 유학자들은 백성들에게 영구히 적용할 만한 좋은 법을 만들었다는 인식을 갖
고 있었다.

양법미의는 당시 성리학의 이상, 성인군자의 통치라는 지향을 고려하면 충분히 이해
된다. 당연히 백성은 먼저 깨달은 현자들의 통치를 따라야 하는 존재이고 가르침을 받
아야 하는 대상이다. 양법미의는 공자를 기원으로 하는 유학의 가르침대로 중국 고대의
주나라를 기준으로 하고 있다.

《경국대전》에 대한 자부심은 결국 법을 함부로 바꿀 수 없다는 인식으로 이어졌다.
《경국대전》은 영구적으로 시행되는 법으로 인식되었을 뿐만 아니라 실제로 조선 왕조
가 끝날 때까지 지속적으로 적용되었다.

양법미의는 서양의 근대 민주주의 인권 개념이 전파되기 전에 형성된 법에 대한 인
식이다. 오늘날의 관점으로 보면 통치를 정당화하기 위한 이데올로기적 장치에 불과할
수 있다. 아직 심화된 연구가 이뤄지지 않아 단정하기는 어렵다. 양법미의 인식이 중국
에서 들어온 사상인지에 대해서도 향후 계보학적 추적이 필요하다. 오늘날 종교적 경건
성이 높은 국가공동체에서는 비슷한 현상이 나타나고 있는지에 대해서도 비교법적 연
구가 진행되지 않았다.

현자 통치 사상은 동서양이 크게 다르지 않았다. 서양에서는 플라톤이 일찍이 철인
정치를 설파했다.

037 | 국조오례의

근대 이전 동서양 모두 법 위에 종교 또는 유교가 있었고, 중국 문화권의 경우 법보다 예가 우선했다.

중국과 중국의 영향을 받은 나라들은 유학을 통치 이데올로기로 채택했기에 법 위에 유가의 가르침이 있었다. 근대 민주주의가 본격화되기 전에 종교적 가르침이 법보다 우월하거나 대등한 규범의 위상을 가진 점은 서양 봉건시대의 가톨릭체제와 상통한다.

중국 문화권의 법사상을 흔히 예주법종禮主法從이라고 한다. 예는 오늘날의 기준으로 보면 도덕규범이나 사회규범을 뜻한다. 법치보다는 예치가 우선이고 법은 주가 되는 예를 따라야 한다는 사상이다. 현실에서는《경국대전》을 비롯해 체계적인 법 편찬과 적용으로 법주예종이었을지라도 이상은 그렇지 않았다.

예는 하늘의 이치(天理)나 사람의 마음(人心)과 같은 의미로 쓰이기도 하였다. 오늘의 민주주의 법사상으로는 상식이나 일반적인 법 원칙에 해당하는 조리로 볼 수 있다. 형법의 경우 죄형법정주의에 따라 조리는 적용할 수 없고, 민법의 경우에도 실정법이 없을 때 적용된다. 그렇지만 유교에서는 예의 원칙에 따라 실정법의 적용을 배제할 수 있었다.

아주 긍정적으로 해석하면 예치 사상은 실질적 법치주의 이론과 연결할 수도 있다. 하늘의 뜻에 어긋나는 인위적인 법치는 잘못이라는 해석으로 볼 수 있기 때문이다. 예를 통한 통치는 곧 덕치로 이어진다. 플라톤의 철인정치론과도 일맥상통하는 지점이다.

이상적인 목표는 그렇지 않았을지라도 현실에서 예치는 형식에 치중하는 부작용을 남기기도 했다. 17세기 후반 조선의 예송논쟁이 대표적인 예라 할 수 있다. 예송은 예절과 관련한 다툼 또는 논란을 의미한다. 왕과 왕비의 죽음 이후 상복 입을 기간을 둘러싸고 벌어진 권력투쟁을 오늘의 시각에서는 이해하기가 쉽지 않다.

예치 사상에 따라 예를 다하는 형식, 예에 따른 절차, 곧 의례와 의식을 규정하는 책들이 편찬되었다. 조선의 경우 국가 차원의 의례는 1474년(성종 5년)《국조오례의》로 정리됐다. 국조는 중국 조정에 대비한 조공국의 조정을 의미한다. 오례는 길례·가례·빈례·군례·흉례다.

길례와 흉례는 제사다. 제사마다 성격이 달라 구분되었다. 장례는 흉례에 포함되었다. 가례는 혼례를 의미한다. 빈례는 오늘날 외교 의전에 해당한다. 군례는 군대의 제반의식을 의미한다.

《국제오례의》도《국조속오례의》(1744),《국조오례통편》(1788)처럼 다수의 후속편이 발간되었다. 국가의 기본 예전(예에 관한 법)으로 작용했지만, 조선 고유의 창작품은 아니다.

　서문을 쓴 강희맹은 중국의 《두씨통전》에 고유의 전해지는 풍속을 더해 정리했다고 밝혔다. 《두씨통전》은 당나라 때 재상을 지낸 두우가 편찬했다. 두우는 812년까지 살았는데, 8세기 후반에 책의 편찬을 마무리했을 것으로 추측한다.

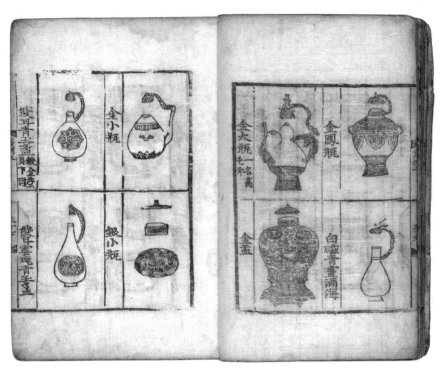

《국조오례의》 시행을 위한 참고 서적, 《국조오례의서례》. 국립박물관 소장.

토르데시야스조약

토르데시야스조약은 근대 이전의 국제법으로 오늘날까지 영향력을 미치고 있다.

법은 보통 한 국가 내에서 적용되는 국내법을 기본으로 본다. 국가 간의 약속을 조약이라고 하는데, 이는 국제법이다. 근대 국제법의 정립은 세월이 더 흘러 베스트팔렌조약 때에 이뤄진다. 그렇지만 근대국가 체제가 성립되기 전에도 일종의 국제법이 존재했다. 오늘날까지 유의미한 조약은 그리 많지 않은데 토르데시야스조약은 특기할 만하다.

토르데시야스조약은 바다에 국경을 그은 국제법이다. 15세기 후반 에스파냐와 포르투갈을 필두로 유럽은 전 세계로 진출한다. 말이 좋아 진출이지 제국주의적인 침략이었다. 유럽의 제국주의는 그야말로 전 세계로 뻗어 나갔다. 이후 네덜란드와 영국으로 패권 국가가 바뀐다.

토르데시야스는 에스파냐 북서부에 있는 지명이다. 초기 유럽의 제국주의 침략을 주도하던 에스파냐와 포르투갈은 토르데시야스에서 전 지구상의 바다에 대한 국경선을 확정했다. 1494년의 일이다. 1506년에는 교황에게 승인까지 받았다.

제국주의적 침략으로 곳곳에서 충돌하던 두 나라는 서로 반대 방향으로 진출하도록 합의했다. 지구를 반 바퀴씩 돌아 서로 만나게 되는 지점이 토르데시야스 경계선이다. 오늘날 남미 대륙에서 브라질이 유일하게 포르투갈어를 쓰고, 다른 나라들은 스페인어를 쓰는 이유다. 오늘의 브라질 지역은 1530년 포르투갈의 식민지가 되었다.

다른 지역에 대해서도 포르투갈과 에스파냐는 교황의 승인하에 제멋대로 나눠 가졌다. 아프리카는 기니를 기준으로 남북을 구분해 장악했다. 세월이 더 흘러 영국과 네덜란드, 프랑스가 제국주의 침략에 나서면서 토르데시야스조약은 무의미해졌다.

조약 자체는 무의미해졌지만, 당시 제국주의 국가들 사이에서 통용된 영토와 관련된 원칙은 대부분 그대로 살아남았다. 제국주의 침략이 활발하던 시절 특정 국가가 영토로 보유하지 않은 지역은 먼저 차지하는 국가의 영토가 된다고 보았다. 선점의 법리다. 아시아나 아프리카의 많은 나라들이 당시 유럽의 국가 체제에 비춰볼 때 국가적 위상을 인정하기 어려웠다.

오늘날 일본이 아직까지도 독도를 자기네 땅이라고 주장하는 이유도 여기에 있다. 사람이 살지 않고 그 누구의 영토도 아닌 독도를 19세기에 일본이 먼저 영유의사로 점유해 일본 영토가 되었다는 주장이다.

국제법의 민주화는 20세기 후반에 와서야 겨우 시작된다. 1980년대 국제법 중 해양법의 일부 개정이 있었지만, 아직 갈 길은 멀다.

039 | 민본주의

READ ☐ 민주주의는 개인주의에 기반하고 민본주의는 사회를 이해관계가 일치된 하나의 공동
체로 본다는 점에서 철학적 전제가 근본적으로 다르다.

유교의 영향을 받은 조선의 정치사상에 대해 민본주의라는 개념으로 설명하는 견해가
일반적이다. 서구식 민주주의와 유사하다고 본다. 오늘날 중국의 관변 학자들은 서구의
정치체제보다 우월한 시스템을 창출했다는 주장을 한다. 표현은 다르지만 결국 따져보
면 민본주의 사상과 연결될 수 있다.

민주주의와 민본주의는 비슷해서 헷갈리기 쉽다. democracy 같은 서양 언어는 민이
주인이라는 한자말의 의미가 잘 드러나지 않는다. 민본民本은 백성이 근본이라는 뜻으
로 사전적인 의미로는 더 멋있게 보인다.

양자를 비슷하게 보는 논거는 많다. 예컨대 사간원 제도를 오늘날의 언론 기능으로
연결하는 식이다. 사간원은 임금에게 간하는 부서다. 간한다는 말은 잘못을 지적하고
고치게 한다는 뜻이다.

그렇지만 이런 식으로 내용이나 형식면에서 유사한 점을 따져 들어가게 되면 시간적
차이를 불문하고 동서양 정치체제를 구분할 수 없게 된다.

민주주의와 민본주의는 본질이 다르다. 바탕이 되는 철학적 전제에 차이가 있다. 민
주주의는 왕을 중심으로 하는 앙시앵레짐을 벗어나면서 개인주의에 기반을 뒀다. 모든
사람의 이해관계는 일치하지 않는다. 그렇기 때문에 법과 국가가 필요하다는 것이다.

민본주의는 사회를 이해관계가 일치된 하나의 공동체로 보는 철학이다. 민주주의혁
명이 있기 전 서양의 정치사상도 마찬가지다. 19세기에 정립된 사회주의이론은 다시
집단을 강조하는 경향으로 회귀했다. 자본주의를 철폐하기 위한 철학적 전제가 필요했
고, 개인주의에 기반을 둔 민주주의 정치철학을 부정할 수밖에 없었다.

백성의 뜻은 곧 하늘의 뜻이라는 말은 민본주의를 잘 반영한다. 조선 말, 한반도의 지
역 범위를 벗어나 국제 정세까지 뒤흔든 동학도 민본주의에서 벗어나지 않았다. 동학이
내세운 인내천 사상은 사람이 곧 하늘이라는 뜻이다.

성군의 존재는 민본주의의 성공을 위해서 필수적이다. 세종 시대에 대한 미화는 민
본주의를 옹호하는 실례다. 동양의 민본주의는 결국 위대한 현인이 다스려야 한다는 플
라톤의 철인정치론과 맥이 닿는다.

민본사상의 기원은 중국의 전설 속의 왕조인 우임금까지 거슬러 간다. 다섯 가지 유
교 경전 중 하나인 《서경》에 기록된 민유방본民惟邦本, 즉 백성이 오로지 나라의 근본이
라는 말이다.

조선의 민본주의를 잘 보여주는 예가 이황의 《성학십도》다. 1568년 이황은 선조가

즉위하자 상소를 올렸다. 군왕의 도에 관한 내용을 추렸다. 열 가지 도표를 함께 그려 상소문을 작성했다. 성학은 유학을 의미한다. 유학은 성인군자가 다스리는 세상을 지향한다. 모든 사람을 성인으로 만드는 학문이 유학이다.

《성학십도》는 천민합일사상과 경민사상의 두 기둥으로 이루어져 있다고 설명한다. 하늘과 백성이 하나라는 말이지만, 왕은 1명이라는 의미를 포함한다. 경민사상은 백성을 경애한다는 뜻이다.

040 | 서원향약

| 향약의 일반화는 조선의 통치 이데올로기인 성리학이 전 사회로 깊숙이 확산되었음을 의미한다.

이황의 《성학십도》는 민본주의를 중앙 차원에서 잘 보여주는 예다. 지방에는 쌍벽을 이루는 대학자 이이의 《서원향약》이 있다. 향약에 대해서 여러 설명이 가능하지만 결국 근본 전제가 된 철학은 민본주의라고 해도 틀리지 않다.

향약은 향촌 사회 곧 지방의 자치적인 규약이다. 향약의 일반화는 조선이 건국과 함께 채택한 통치 이데올로기인 성리학이 전 사회로 깊숙이 확산되었다는 뜻이기도 하다. 《서원향약》은 이이가 1571년 정리했다.

성리학의 도입은 고려 후반(1289) 안향이 주자의 책을 손수 옮겨 적어온 때를 기원으로 삼는다. 새로운 사상의 도입과 전국적인 전면화에 대략 세 세기의 시간차가 있다. 성리학을 신봉하는 새로운 정치세력은 약 100년 만에 중앙권력을 장악했고, 이후 200년 만에 지방 생활 전반까지 규정하게 된다.

명칭은 다양했다. 향규, 향헌, 동계, 촌약 등. 지역별로 시행 시기도 다르다. 조광조를 비롯한 사림파가 향약의 보급에 큰 역할을 했다. 이이 말고도 조선 후기에 보급된 향약은 많다. 이황은 《예안향약》을 남겼고, 다른 유학자들의 저술도 여럿 남아 있다. 이이는 《해주향약》도 지었다.

향약의 명칭에 정해진 기준은 없다. 《서원향약》과 《해주향약》은 지명을 땄다. 서원(청주)에서 이이는 목사(관찰사 아래 지방관)를 지냈고, 은퇴 이후 해주에서 살았다. 《해주향약》은 내용의 완전성 면에서 큰 점수를 얻고 있다.

《해주향약》은 중국의 《여씨향약》을 모델로 했다. 《여씨향약》은 11세기 초인 북송 시절에 만들어졌다. 저자는 여대충과 여대방을 비롯한 여씨들이다. 성리학을 집대성한 주자가 자신의 저술에 《여씨향약》을 수록하여 성리학의 기본 체계가 되었다.

향약은 네 가지 강령을 기본으로 한다. 덕업상권, 과실상규, 예속상교, 환난상휼. 각각 좋은 일을 서로 권장한다, 잘못은 서로 규제한다, 예의에 따른 풍속에 따라 서로 교류한다, 어려운 일은 서로 긍휼이 여겨 도와준다는 뜻이다.

강령으로 끝나지 않고 지방민들이 일사분란하게 조직적으로 편재되는 시스템이었다. 향약은 일제 식민지 시절까지 유지되었고, 오늘날까지도 사회 구성원들의 정신적인 측면에 영향력을 끼치고 있다.

041 | 산송

산송은 묘지 소송으로 풍수사상을 반영해 16세기 이후 많아졌다. 분묘기지권은 관습법이라는 이유로 법원에서 일관되게 인정받다가 최근 금지됐다.

고려와 조선 시대의 상속 재판 기록으로 가장 많은 소송은 산송이다. 산송山訟은 묘지 소송이다. 16세기 이후 더 많아졌다. 풍수사상이 반영되었기 때문이다. 성리학이 확고히 정착하면서 제반 의례를 주자가례에 맞추게 되었지만 묘지와 관련해서는 풍수를 중시했다.

자기 땅에 묘를 쓰면 상관이 없다. 남의 땅에 허락을 얻지 않았는데도 묘가 인정되는 경우가 있었다. 원래 《경국대전》에서는 금지했다. 금장이라고 했다. 분묘의 규모는 벼슬에 따라 제한됐다. 예컨대 1품은 90보, 6품 이하는 40보로 정했다.

풍수지리를 중시하게 되자 《경국대전》 규정과는 상관없이 산줄기의 흐름에 따라 묘를 썼다. 좌청룡 우백호를 확보(용호수호)하려면 남의 땅을 침범할 수밖에 없었다. 법이 제한한 규모도 당연히 넘어섰다. 심지어 남의 묘에 이장하기도 했다.

숙종 2년(1676)에는 현실을 받아들여 용호수호를 인정했고, 영조 때는 법까지 개정했다. 금장에 맞서 남의 땅에 묘를 쓰는 일을 투장이라고 했다. 밤에 몰래 투장하는 경우 승야투장이라는 별도의 개념이 있었다. 투장을 해놓고 티가 나지 않도록 봉분을 만들지 않는 평장도 있었다.

고을 수령에게 산송을 제기해도 분쟁이 끝나지 않는 경우가 많았다. 상급 기관에 문제를 제기하고 소송에서 져도 이장하지 않고 버텼다. 묘 훼손을 엄격하게 처벌했기 때문에 버티면 어쩔 수 없었다.

산송은 단순히 개인 간의 토지 다툼으로 끝나지 않았다. 가문 대 가문의 대결로 비화했다. 가문이 상경하여 왕에게 호소하는 일도 있었다. 18세기가 지나면 풍수가 좋은 땅에 묘를 쓰려고 하는 욕구가 하층 신분까지 확대되었다.

좋은 땅에 조상 묘를 쓰려고 하는 바람은 현대까지 이어졌다. 민법에 명시적인 규정은 없었지만 분묘기지권은 법원에서 관습법이라는 이유로 오랫동안 인정되었다. 남의 땅에 20년 이상 봉분을 쓴 묘지를 평온하게 유지한 경우 등기 없이도 일종의 지상권이 인정되었다. 2001년 1월 13일 시행된 장사법(장사 등에 관한 법률) 개정으로 분묘기지권은 명시적으로 금지됐다.

042 | 송사소설

READ ☐   조선 시대 재판을 다룬 〈춘향전〉, 〈장화홍련전〉, 〈아랑의 전설〉, 〈망부석 재판〉 등은 민
사재판에서 훌륭한 사또(관리)를 원하는 당시의 지향을 반영한다.

조선 시대 재판을 다룬 소설을 송사소설이라고 한다. 〈춘향전〉과 〈장화홍련전〉이 대표
적이다. 밀양에 있는 아랑각은 이미 16세기 중엽에 있었던 〈아랑의 전설〉에 근거하여
지어졌다. 과거에는 공안소설이라는 말도 사용했다. 지금도 중국에서는 그렇게 부른다.

〈춘향전〉의 경우 1607년 남원 부사를 지낸 성안의의 아들 성이성의 실화로 보는 견
해가 정설로 받아들여진다. 원래는 사또의 아들이 성씨였으나 기생이 성씨로 각색되었
다는 주장이다. 성이성은 10대 때 남원에 머물렀고 30대 초반에 과거에 급제해 암행어
사를 역임했다. 술을 피에 비유하고 안주를 만백성의 기름에 비유한 이몽룡의 시와 비
슷한 표현이 성이성의 문집에 등장한다. 원래 중국의 시라는 주장도 있다.

소설에 묘사된 변 사또의 악행으로 인해 우리는 조선의 지방관에 대한 부정적인 이
미지를 갖고 있다. 그렇지만 이미 수령칠사에서 살폈듯이 사실과는 다를 수 있다. 관기
가 수청을 들지 않는 경우 목에 칼을 씌울 수 있었을까? 그렇지 않다고 보는 견해가 대
부분이다. 조선 시대 노비들이 무려 80일간의 출산 휴가를 가질 수 있었다는 기록도 있
다. 어느 정도 현실에서 지켜졌는지는 의문이지만, 함부로 당시 현실을 재단해서는 안
된다.

〈장화홍련전〉은 17세기 중반 평안도 철산 부사를 지낸 전동흘이 처리한 실제 사건을
모티브로 했다고 평가된다. 역시 송사소설로 분류된다.

전래동화로 남아 있는 송사 이야기도 상당하다. 가장 대표적인 이야기는 〈망부석 재
판〉이다. 자다가 비단을 잃어버린 사람이 있었다. 사또는 유일한 증인이 망부석이라고
하여 망부석을 잡아다 곤장을 때린다. 여기까지는 어이가 없다.

어이없는 일을 지켜보던 사람이 웃지 않을 도리가 없었는데, 사또는 더 어이없는 일
을 벌인다. 웃은 사람들에게 당장 비단을 구해오라고 명령을 내렸다. 황당한 일을 겪은
사람들은 급하게 비단을 사러 다녔다.

꽤 많은 비단이 모이자 비단을 잃어버린 장사치에게 살펴보라고 한다. 자다가 잃어
버린 비단이라고 하자, 사또는 비단을 판 사람을 잡아 절도를 추궁한다. 문제는 아주 잘
해결된다.

오늘날의 기준으로 보면 망부석 재판은 소송이라고 하기 어렵다. 재판 자체는 어이
없지만, 절도범을 잡는 수사기법으로는 아주 훌륭하다. 서양의 솔로몬 재판이나 고려시
대 손변 재판도 그렇지만, 민법 원칙이 별로 발전하지 않은 사정을 반영한 명판결이라

고 할 수 있다.

　로마법에서 민법이 발전했다고 해도 사실상 상층 계급만 누릴 수 있는 것이었다. 민주주의혁명 이후에 법 앞에 모든 인간이 평등해졌지만 수백 년이 지난 오늘날에도 돈 앞에서 민법의 평등은 실현되지 않았다. 갈 길이 멀다. 그렇게 보면 오늘날의 민사재판으로 볼 수 있는 이야기 속 판결들은 당사자들에게는 훌륭한 관리를 만난 아주 운수 좋은 날이었다고 볼 수 있다.

　중국의 공안소설 중에는 〈팽공안〉이 유명하다. 실제 인물 팽붕의 일화를 다룬 소설이다. 분량은 23권 100회에 이른다. 팽붕은 신해혁명 이후 중화민국 정부가 발간한 역사서 《청사고》에도 수록된 인물이다. 오늘날 기준으로 보면 일종의 수사 추리물에 가깝다.

043 토끼의 재판

호랑이가 자신을 구해준 나그네를 오히려 잡아먹으려고 하자 토끼가 구해준다는 내용의 전래동화는 당시 백성들이 가진 관리들에 대한 바람을 반영하고 있다.

언제 만들어졌는지 확인되지 않지만 전래동화 중 〈토끼의 재판〉은 특기할 만하다. 호랑이가 자신을 구해준 나그네를 오히려 잡아먹으려고 하자 토끼가 구해준다는 내용이다. 적반하장으로 나오는 호랑이와 함께 소와 소나무에게 물어보지만 모두 나그네 편을 들지 않았다. 판본에 따라서는 바위나 가재에게 물어보기도 한다.

사실 토끼는 어떤 판결을 내리지는 않았다. 상황을 다시 설명해달라고 하면서 호랑이에게 원래 있던 함정으로 들어가달라고 한다. 호랑이는 토끼도 자기편을 들어주리라 확신했던 모양이다. 호랑이가 함정에 뛰어들자 토끼는 나그네에게 그냥 가던 길 가시라고 했다는 이야기다.

문학적으로는 사람이 동물과 함께 나온다는 점 등에 관심을 기울일 텐데, 법적인 관점에서는 당시 백성들의 관리들에 대한 바람을 반영한 이야기로 볼 수 있다. 분쟁이 있는 경우 권력자들이 공정한 판결, 합리적인 처리를 해주기를 원하는 소망에 관한 이야기인 것이다.

〈장화홍련전〉이나 〈아랑의 전설〉도 비슷한 맥락이다. 억울하게 죽음을 당했는데 현명하고 용감한 원님이 나타나 문제를 해결해준다. 귀신이 나타나 호소한다든가, 죽은 혼령이 나비가 되어 범인을 지목한다든가 하는 점은 오늘날 과학적인 관점에서는 전혀 타당하지 않다. 하지만 판타지 요소를 제외하면 역시 백성들의 지향을 반영했다고 볼 수 있다.

재판에 등장하는 토끼가 권력자처럼 군림하는 모습이 아니라는 점도 되새겨볼 만한 지점이다. 원님이나 사또로 불린 지방관은 실제로는 무소불위의 힘을 지녔다. 그런데 토끼는 친근하며 나그네의 억울한 사정을 잘 공감하고 문제 해결도 지혜롭다. 조선 후기 대표적인 실학자 정약용의 《목민심서》까지 꺼낼 필요가 없다.

오랜 옛날이나 지금이나 선한 권력자에 대한 희망은 한결같다. 종교의 가르침이나 사회주의의 지향도 백성 또는 인민의 바람을 실현하는 능력 있고 도덕적인 지도자를 향한다.

권력자는 어버이와 같은 존재가 되고 백성을 제대로 이끌고 가르치는 역할을 한다는 효와 충의 이데올로기는 동양에서 다소 극단화되긴 했지만, 서양에서도 권력자와 민의 관계, 책무는 본질적으로 같다고 보아야 한다.

044 | 마르탱 게르의 재판

READ ☐ 1560년 프랑스 툴루즈 법원에서 있었던 마르탱 게르의 재판을 통해 동양보다 서양에서 민법과 소송법이 좀 더 발달했음을 알 수 있다.

이 시기의 소송 기록 중에 오늘날까지도 관심을 끌고 있는 것으로 프랑스 마르탱 게르의 재판이 있다. 남아 있는 내용도 상세하다. 1560년 툴루즈 법원에서 있었던 판결이다. 다른 사람 행세를 하던 사람이 결국 재판에서 밝혀져 교수형을 받았다.

진짜 게르는 아버지를 피해 집을 떠나 에스파냐 군대에서 복무하고 있었다. 그동안 이웃마을에 살던 아르노 뒤 틸이라는 사람이 가짜 게르 행세를 했는데 부인까지도 알아차리지 못할 정도로 감쪽같았다. 진짜 게르 여부를 가리는 재판까지 가게 된 계기는 유산 상속 분쟁 때문이다. 재판은 고등법원까지 갈 정도로 복잡했는데, 부상을 입은 진짜 게르가 나타나면서 가짜임이 들통났다.

재판부에 참여했던 장 드 코라스 판사가 일종의 원전을 남겼다. 〈툴루즈 법원에서의 잊을 수 없는 판결Arrest Memorable du Parlement de Tolose〉. 많은 사람들의 관심을 끈 한 편의 사기극에 불과한 스토리는 소설로 재탄생했다. 《삼총사》와 《몽테크리스토 백작》으로 유명한 뒤마의 《두 명의 다이애나The Two Dianas》가 대표적이다.

현대에 와서 마르탱 게르의 재판은 프랑스와 미국에서 영화로 만들어졌다. 〈마르탱 게르의 귀향〉과 〈서머스비〉.

재판은 가짜 마르탱 게르가 상속을 받으려고 하면서 시작된다. 재판 증인이 무려 150명이었다. 교수형에 처해지기 직전에 가짜는 용서를 빌었다. 민사재판으로 시작해서 형사재판으로 끝났다는 말이다.

이야기 자체는 앞뒤가 맞지 않고 이해할 수 없는 측면이 많다. 당시 툴루즈의 법과 재판의 실제에 대한 깊이 있는 법사학적 관점의 연구는 없다. 법사학은 법학과 역사학이 결합된 분야인데, 필요한 공부는 많지만(예컨대 해당 언어) 실용성은 떨어지는 분야다.

그 시절 민법과 형법이 혼재된 서양법의 편린을 보여준다는 정도로 이해하면 될 듯하다. 적극적으로 평가해서 동양보다는 서양에서 민법과 소송법이 좀 더 발달했다는 점을 알 수 있다고 하면 무방하다.

045 | 베니스의 상인 재판

〈베니스의 상인〉 재판에 대한 묘사를 통해 서양에서는 계약을 중심으로 하는 민법이
이미 16세기에 상당히 발달했음을 알 수 있다.

1598년 셰익스피어의 〈베니스의 상인〉이 출판되었다. 우리나라에서 〈춘향전〉을 통해
조선 시대를 이해하듯이 〈베니스의 상인〉에 나타난 재판 묘사를 통해 그 시절 서양의
법 현실을 짐작한다.

베니스의 상인은 샤일록은 유대인이다. 중국인과 유대인이 상업에 능하다는 이야기
는 과거나 현대나 일종의 컨센서스로 통용된다. 잘 나가는(?) 유대인들에 대한 질시와
편견이 셰익스피어의 작품에도 영향을 미쳤다는 견해가 일반적이다.

잔인한 샤일록은 돈을 빌려 주면서 살 1파운드를 담보로 잡는다. 평소 눈엣가시처럼
여기던 녀석이기 때문이다. 재판이 벌어지는데, 희곡답게 주인공을 사랑하는 여성이 진
짜 판사를 대신한다. 친구를 사랑하는 여성이라는 버전도 있다.

살 1파운드는 떼어줘도 좋은데, 피를 흘려도 된다는 계약 내용은 없다는 판결. 샤일
록은 울며 겨자 먹기로 물러난다. 침몰한 줄 알았던 주인공의 상선은 멀쩡하게 돌아온
다는 해피 엔딩.

긍정적으로 해석하면 어려운 상황에서 기지를 발휘한 지혜, 주인공과 함께하는 우정
과 사랑에 대한 묘사로 볼 수 있다. 계약, 곧 법을 활용해 복수를 하려는 악인에 대한 부
정적 평가도 뚜렷하다. 이방인 또는 소수자를 차별하는 불공정한 재판으로 보는 시각도
있다.

가치 해석은 당시의 관점으로나 오늘날에나 다양하게 할 수 있다. 법적인 측면에서
도 여러 가지로 평가할 수 있다. 서양에서 계약을 중심으로 하는 민법이 그 시절에도 상
당히 발달했음은 충분히 추론 가능하다.

무엇보다 계약의 해석과 관련하여 주목할 만하다. 샤일록의 주장과 판사의 판결 내
용이 다르다. 살을 담보로 한다는 계약이 출혈을 포함하느냐 그렇지 않느냐라는 논점이
다. 가짜 판사가 들어가서 하는 재판은 엉터리지만, 계약 내용을 둘러싸고 벌어지는 논
쟁은 민사적 사고의 발달이 전제되지 않으면 나오기 힘든 작가적 상상력이다.

오늘의 기준으로 하면 사람의 신체 일부를 떼 내어 채권 담보로 하는 계약은 당연히
무효다. 이런 법리는 셰익스피어 시절에도 이미 확립되어 있었을 가능성이 있다. 하지
만 법사학적인 연구가 뒷받침되지 않으면 확인할 수 없다. 오늘날도 그렇지만 어쨌든
소설은 소설일 뿐이다.

046 | 왕권신수설

왕은 신의 대리인이고 왕권에는 제한이 없으며 왕은 신 앞에서만 책임을 진다는 왕권
신수설은 오늘날의 시각으로는 저열해 보이지만 서양사에서 진보적인 역할을 했다.

시기가 비슷한 동양의 민본주의와 서양의 왕권신수설을 비교해보면 어떨까? 왕권신수설은 왕의 권한과 권력을 신이 줬다는 학설이다. 민본주의와 왕권신수설을 표면적으로 비교하면 민을 우선하는 민본주의가 더 좋아 보인다.

민본주의는 잘 운영되면 좋다. 이상도 나쁘지는 않다. 그런데 우리 역사에 세종 시대 이외에 성군 시대라고 할 만한 때가 있었는지 의문이다. 플라톤의 철학은 현대에 와서 닫힌 사회로 비판받았다.

고대 이집트제국의 파라오는 태양신의 점지를 받은 존재로 보았다. 현대에 와서도 일본 국기는 천황 일가를 상징하는 태양을 나타내고 있다. 북한은 초대 수령 김일성의 생일을 태양절로 기념한다. 하늘로부터 최고권력자의 지위를 받았다는 취지의 신화적 이야기는 왕권신수설의 맥락과 크게 다르지 않다.

서양에서 왕권신수설이 본격 제기된 온전한 문헌은 영국의 제임스1세가 썼다. 왕위에 오르기 전인 1598년 〈자유로운 군주국의 진정한 법〉이라는 논문을 냈다. 당시 영국은 스튜어트 왕조였는데 점차 시민의 저항이 본격화되고 의회와도 크게 대립했다.

마그나카르타 이후 영국은 지속적으로 군주의 권한을 제한하려는 귀족과 원상회복하거나 키우려는 왕의 대결이 이어졌다. 세상이 달라져서 평민들까지 가세했다. 40여 년 뒤 영국은 청교도혁명이라는 대격변을 겪게 된다. 영국사에 기록된 첫 시민혁명이다.

제임스1세는 영국과 스코틀랜드의 첫 통합군주다. 스스로를 "그레이트브리튼Great Britain"의 왕이라 칭했다. 오늘날의 영국 국기가 당시에 고안됐다. 영국의 절대왕정이 아주 강력했던 시기로 볼 수 있다. 예정된 군주였던 제임스1세는 왕권신수설을 글로 정리해 강력한 왕권을 옹호했다.

왕권신수설을 요약하면 이렇다. '왕은 신의 대리인이고 왕권에는 제한이 없다. 왕은 신 앞에서만 책임을 진다. 따라서 의회처럼 왕권을 견제하거나 제한하는 다른 세력을 인정할 수 없다.'

청교도혁명 중 필머는 《가부장권론》을 집필해(1642) 왕권신수설을 보완했다. 성경에 기록된 아담은 최초의 가부장이다. 신이 아담에게 준 권력은 다른 가부장들, 곧 왕에게 계승되었고 각지를 지배하게 됐다는 논리다. 필머가 죽고 나서(1680) 간행되었다.

프랑스는 영국보다 빨랐다. 베로아(1587)와 버클리(1600)는 《왕권론》이라는 같은 제

목의 책을 냈다. 한 세기 뒤 보쉬에는 《성서정치학》(1709)에서 참된 군주는 신이지만, 지상의 군주는 그 대리자라고 주장했다. 보쉬에에 따르면 지상의 왕은 피와 살이 있는 신이다. 보쉬에는 루이14세의 총애를 받은 학자다. 루이14세는 태양왕으로 불릴 정도로 강력한 절대왕정 시대를 상징한다.

오늘의 시각으로는 왕권신수설은 저열해 보인다. 권력자를 위한 앙시앵레짐 시대의 통치 이데올로기인 점은 분명하다. 그런데 이것이 서양사에서 진보적이고 혁명적인 역할을 한 때가 있었다. 교황 가톨릭체제에서 벗어나는 이론적 무기였기 때문이다. 군주주권론과 연결된다.

유럽은 로마가 기독교를 국교로 채택한 이후 교황을 정점으로 하여 종교가 세속의 국가와 결합했다. 각각의 민족이 국가를 구성하고 군주가 있었지만 신의 대리자인 교황의 영향력을 벗어날 수 없었다.

왕권신수설은 각국의 군주가 신으로부터 권력을 받았다고 주장하면서 교황 권력으로부터 벗어나 근대국가를 여는 이론적 무기가 됐다. 군주주권론은 군주가 대내적으로 최고, 대외적으로는 독립된 지위를 갖는다는 견해를 정립했다. 가톨릭체제를 허무는 데 기여했다. 교황이 최고이고 다른 군주들은 교황에 종속되는 위치였다는 논리를 부정했다.

047 | 낭트칙령

종교개혁 이후 기존의 지위를 위협받은 가톨릭은 개신교를 탄압했고, 이후 100여 년 동안 종교전쟁이 발생하였다. 결국 낭트칙령으로 개인의 종교 자유가 인정되었다.

제임스1세가 왕권신수설과 관련된 글을 발표했을 때 프랑스에서는 민주주의의 역사에서 특기할 만한 큰 진전이 있었다. 바로 종교의 자유를 인정한 낭트칙령이다. 얼마 지나지 않아 루이14세 때(1685) 다시 폐기되는 운명에 놓이지만, 민주주의 시대에 종교의 자유가 확고하게 정착하는 하나의 초석이 되었다.

로마가 기독교를 국교로 삼은 이후 기독교는 1000년 넘게 유럽을 지배했다. 종교개혁으로 기존의 지위를 위협받은 가톨릭은 개신교를 탄압했다. 기독교의 분리는 전쟁으로 이어졌다.

낭트칙령은 1598년 프랑스의 앙리4세가 개신교도들에게 신앙의 자유를 허용한 칙령이다. 프랑스는 앞서 30년 동안 위그노전쟁을 벌였다. 위그노는 프랑스 개신교도(칼뱅파)들을 부르는 말이다.

칙령에 대한 불만은 양측에서 모두 제기됐다. 위그노들은 자신들이 불리하다는 점에서, 가톨릭에서는 독점적인 우위를 보장받지 못한다는 점에서 갈등이 이어졌다. 그렇지만 한번 만들어진 전례는 후세에 전거가 되었다. 프랑스대혁명 이후 종교의 자유는 되돌릴 수 없는 민주주의 원칙으로 자리 잡는다.

종교분리에 따른 가톨릭과 개신교의 충돌이 다른 나라에서도 벌어졌다. 영국은 1534년 수장령에 이어 1549년부터 1662년까지 통일령이 공포됐다. 가톨릭 교황체제에서 벗어나 영국 국왕을 수장으로 하는 국교회가 성립되면서 관련 법을 정비했다.

가톨릭으로 다시 복귀하기 위한 움직임도 만만치 않았다. 메리1세는 가톨릭을 거부하는 사람들을 화형에 처하기도 했다. 메리1세는 국교회를 정립한 헨리8세의 딸이다. 메리1세를 이은 엘리자베스1세(1558~1603)는 다시 신교로 돌아섰다. 그렇지만 가톨릭을 크게 탄압하지는 않았다.

청교도혁명(1640~1660)은 개신교의 일파인 청교도 신자들이 중심이 되어 일으킨 영국의 첫 시민혁명이다. 일부 청교도들은 미주대륙으로 이주했다. 영국에서 낭트칙령과 유사한 법은 1689년 제정되었다. 관용령이다. 국교는 따로 지정되어 있지만, 개신교도들도 신앙의 자유가 인정되었다. 명예혁명(1688) 이후의 일이다.

관용령을 보통명사로 쓸 때는 낭트칙령과 로마제국 시대의 밀라노칙령(313)을 포함한다. 밀라노칙령은 모든 종교에 대해 믿을 자유와 예식에 참여할 자유가 있다고 선언했다. 세계사적으로 의미 있는 이유는 기독교에 대한 탄압이 중지되고 공인되었기 때문이다.

오늘 민주주의 사회의 종교의 자유를 기준으로 하면 밀라노칙령이 더 부합한다고 볼 수 있다. 그렇지만 로마는 100년도 되기 전에(392) 기독교를 국교로 삼았다. 이후 기독교는 과거 로마제국이 기독교를 탄압했듯이 다른 종교를 탄압했고, 밀레니엄의 시간이 흐른 뒤에야 다시 제대로 종교 자유의 싹이 텄다.

종교의 자유를 찾아 건너간 청교도가 주축이 되어 이룩된 미국 사회도 제대로 된 종교의 자유가 정착하기까지는 오랜 시간이 걸렸다. 1786년에 버지니아 의회는 신교자유법을 제정했다. 정교분리를 규정한 최초의 법률이었다.

III 1600년대

048 | 네덜란드 동인도회사 설립

| 1602년 설립된 네덜란드 동인도회사는 세계 최초의 주식회사로 식민지 경영을 담당했다.

암스테르담에 남아 있는 동인도회사 건물

1602년 네덜란드에서 동인도회사가 설립됐다. 동인도회사는 1600년에 영국에서 먼저 설립되었지만, 네덜란드 동인도회사가 더 특기할 만하다. 네덜란드 동인도회사는 국가가 관리했다. 그리고 세계 역사 최초의 주식회사다.

이전에도 인도 등 동양에 대한 무역권을 가진 회사들이 존재했다. 당시 무역회사들은 동남아에서 후추를 비롯한 특산품을 들여와 큰 부를 축적했다. 네덜란드는 난무하는 회사들의 경쟁을 정리하고 하나의 회사로 만들었다. 이후 프랑스를 비롯한 다른 유럽 국가들도 동인도회사를 창설했다.

국왕 특허장을 받은 회사 형태를 띠었지만 실질적으로는 제국주의 침략 국가기구였다. 유럽의 동인도회사들은 여러 지역을 정복하고 식민지 경영을 담당했다. 직접 지배하는 경우도 있었고 현지 세력을 내세우기도 했다. 자체적으로 군사력도 보유했다.

네덜란드 동인도회사는 17세기 중반 영국과의 전쟁에서 큰 타격을 입고 약화되기 시작했다. 그렇지만 1799년까지 존속했다. 해산하면서 지배 영토는 정부에 이양했다.

제국주의 패권이 네덜란드에서 영국으로 넘어감에 따라 영국 동인도회사의 영향력이 커졌다. 1757년 인도 벵골 지역에서 있었던 플라시전투처럼 식민지 현지인들과의 충돌이 있었지만, 동인도회사를 통한 식민지 지배는 오랫동안 계속됐다.

1773년 영국은 노스규제법을 제정해 동인도회사에 대한 감독 권한을 국왕에서 의회로 넘겼다. 총리의 이름을 딴 법이다. 인도 식민 지배 주요 원칙을 재정비했다.

영국 동인도회사의 동양 무역 독점권은 1833년에 가서야 폐지됐다. 이후에는 일종의 자유무역 원칙에 따라 자본가들은 누구나 무역에 나설 수 있었다. 회사에 대한 특허장이 취소되면 왕령 식민지가 되었다.

영국 동인도회사가 해산된 때는 1876년이다. 그렇지만 이미 1858년부터 더 이상 식민지 경영을 담당하지 않았다. 세포이의 항쟁으로 인해 인도를 영국 국왕이 직접 통치했기 때문이다.

회사의 형태로 식민지를 지배하는 방식을 일본이 답습했다. 1908년 일본은 동양척식회사법을 통과시켰다. 척식拓殖은 식민지를 개척한다는 말이다. 1917년에는 관련 법을 개정해 본점을 도쿄로 옮겼다. 조선뿐만 아니라 아시아 지역 전역으로 척식 사업을 확장했다.

그렇지만 동양척식회사는 회사가 완전히 식민지 경영을 담당한 동인도회사와는 달랐다. 한반도 지배를 위한 총독부가 별도로 존재했다.

049 | 메이플라워서약

1620년에 메이플라워호를 타고 떠난 청교도들은 플리머스에 도착하여 식민지에 본국과는 독립적인 정부 수립을 약속하는 계약을 체결했다.

낭트칙령이 발표됐지만 온전한 종교의 자유는 여전히 저 멀리 있었다. 영국의 청교도들 중 일부는 종교의 자유를 찾아 신대륙으로 떠나는 길을 택했다.

영국은 아메리카 대륙에 왕의 특허장을 발부하여 식민지를 경영하는 회사를 설립했다. 1492년 콜럼버스가 인도라고 착각한 채로 아메리카 대륙을 발견한 지 약 1세기가 경과한 시점이었다.

아메리카 대륙에 대한 영국의 식민지 경영 시도는 1585년에 시작됐다. 월터 롤리는 첫 식민지 개척을 주도하고 해당 지역을 버지니아라고 이름 붙였다. 결혼하지 않은 처녀 상태로 통치에 몰두하던 당시 영국 여왕 엘리자베스1세를 기리는 명명이었다.

로어노크섬을 영국의 아메리카 대륙 첫 식민지로 개척한 월터 롤리는 곧 행방불명됐다. 100명이 넘는 초기 개척민들도 모두 사라졌다. 아직까지도 미국 역사학계에서는 그 원인과 경과에 대한 정설을 확립하지 못했다.

새로운 식민지는 1606년 제임스1세의 특허를 받아 진행됐다. 토머스 스미스가 주도하여 버지니아 회사를 설립했다. 처음에는 런던 회사로 지었지만 식민지 지명을 따라 고쳤다. 첫 식민지 개척민들이 사라지는 바람에 실질적인 첫 개척민이 된 이들이 1607년 건설한 식민지가 바로 제임스타운이다. 당시 국왕의 이름으로 지은 명칭이다.

식민지 경영은 쉽지 않았다. 추가로 들어오는 개척민들의 식량도 해결하기 어려울 정도였다. 10여 년이 지나 담배 농사를 지으면서 상황이 나아졌지만, 개척민들 중에 3/4이 1년을 넘기지 못했다는 기록도 있다. 인디언과 관계도 좋지 못해 전쟁도 벌어졌다. 1624년에 버지니아 회사에 대한 특허장은 폐지된다.

제임스타운으로 오는 영국인들은 여행 경비를 직접 부담하면 바로 버지니아 회사의 주주가 되었다. 회사가 비용을 부담한 경우에는 7년간 일을 해야 자유로운 신분이 될 수 있었다. 버지니아 회사에 매인 일종의 기간제 계약 고용인이었다.

메이플라워호를 타고 아메리카 대륙으로 떠난 청교도들도 처음에는 버지니아로 가려고 했다. 그런데 엉뚱하게 플리머스(오늘날 매사추세츠)로 가게 되어 특허장은 무용지물이 됐다. 승선자들은 식민지에 본국과는 독립적인 관계의 정부 수립을 약속하는 계약을 체결했다. 메이플라워서약이다. 1620년 11월 11일의 일이다.

근대 민주주의 역사에서 미국의 건국은 프랑스대혁명, 영국의 명예혁명과 함께 3대 혁명으로 꼽힌다. 미국 독립은 메이플라워서약으로부터 150년 이상 지나야 이루어진다. 그렇지만 미국 정치사에 서약이 미친 영향은 엄청나다. 메이플라워 서약은 청교도 정신에 입각했다. 서약은 이후 미국사에서 좀 더 미국적인 정치사상과 제도의 연원으로 작동한다.

메이플라워호를 묘사한 그림

제대로 건설된 첫 식민지 제임스타운은 1619년 아메리카 대륙 최초의 의회를 연 바 있다. 그렇지만 제임스타운의 의회는 영국 왕의 지배하에서 자치의 성격을 가졌다. 메이플라워서약이 더 높이 평가 받는 이유다.

사실 인류 역사에서 사회계약론은 실재하지 않는 이념적 가설일 뿐이다. 메이플라워서약은 그나마 사회계약론에 가까운 역사적 증거로 볼 수 있는 여지가 있다.

메이플라워서약은 1691년까지 존속했다. 플리머스는 매사추세츠 식민지에 병합되었지만, 청교도적 사회계약의 내용은 굳건히 살아남았다.

050 | 전쟁과 평화의 법

네덜란드의 법학자 그로티우스는 《전쟁과 평화의 법》을 출간하여 자연법의 관점에서 국제법을 체계화하였다.

17세기 서양에서는 점차 민주주의혁명을 예비하는 기운이 쌓인다. 유럽의 절대왕정 체제는 전성기를 구가하는 듯 보였지만, 부르주아지가 주도하는 시민혁명을 위한 힘은 축적되고 있었다.

시민의 봉기가 계속 실패하지만 지속적으로 혁명의 역량은 성장한다. 다가오는 정치적 격변을 예비하는 이념도 선구적인 학자들의 노력으로 점차 체계를 갖춘다. 결국 수천 년 동안 당연하다고 생각했던 생각들과 일대 사상전을 벌이게 된다.

이 시기 국제법도 혁명적인 철학의 변혁을 겪는다. 그로티우스는 네덜란드 법학자다. 1625년 《전쟁과 평화의 법De Jure Belli ac Pacis》을 출간한다. 이 책으로 그는 이후 법사학에서 국제법의 아버지로 불리게 된다.

홉스, 로크, 루소로 대표되는 사회계약론의 정립은 수십 년 뒤의 일이지만, 그로티우스에게서 철학의 일단을 찾을 수 있다. 그로티우스는 법과 국가가 하늘 또는 신으로부터 기원한다고 보지 않았다. 그로티우스는 사람들의 의견이 모여 국가가 성립한다는 견해를 견지했다. 천상의 무엇이 아니라 지상에서 법과 국가의 근거를 찾은 혁명적인 견해였다.

그렇지만 그가 밝힌 국제법의 내용이 워낙 체계적이고 오늘날까지 영향력이 커서 민주주의혁명을 예비하는 계몽사상가의 반열에는 오히려 잘 올리지 않는다.

《전쟁과 평화의 법》은 모두 3권으로 되어 있다. 1권은 전쟁과 법의 개념, 2권은 방위와 징벌, 3권은 교전법규에 대한 내용이다.

그로티우스는 자연법의 관점에서 국제법을 체계화했다. 국가의 경계를 넘어 잔혹한 전쟁을 종식 또는 규제할 수 있는 법 원칙으로 자연법을 끌어왔다. 중세 시대를 지배한 스콜라 철학과는 다른 설명을 시도했다.

1609년에는 《자유해론》도 출판했다. 처음에는 익명으로 출판했다. 이 책에서 그로티우스는 바다는 영구적으로 사적인 소유의 대상이 될 수 없다고 주장했다. 태양이나 공기와 마찬가지로 특정세력이 점유할 수 없다는 논리가 적용된다고 봤다.

이러한 주장은 오늘날까지 국제법의 원칙으로 남아 있다. 해양 자유론 또는 공해 자유의 원칙이다. 당시 그로티우스의 저작에 반대하는 영국 법학자들의 반론으로는 셀덴의 《폐쇄해론》이 대표적이다.

네덜란드는 당시 해상 무역에서 압도적 우위에 있던 스페인과 포르투갈에 비해 열악한 처지였다. 스페인과 포르투갈은 바닷길에 대한 독점적인 항행권을 힘으로 관철하려고 했다.

그로티우스의 《자유해론》은 자신의 나라가 처한 입장을 타개하려는 편파적인(?) 관점에서 나온 이론이었다. 그렇지만 법의 발전은 약자에게도 동등한 권리를 보장하는 쪽으로 나아갔다. 그로티우스의 국제법은 전쟁과 바다에 대한 인류의 진보적 흐름을 대변했다.

그로티우스

051 | 권리청원

영국 시민혁명의 〈권리청원〉은 왕의 의도와는 상관없이 군주도 법 아래 있다는 원칙이 확고하게 정립된 문서가 되었다.

영국의 시민혁명은 1642년 청교도혁명으로 불타오른다. 〈권리청원〉은 이보다 14년 앞서 혁명을 예비한 민주주의 역사상 중요한 문서다.

마그나카르타 이후 영국의 왕과 귀족, 부르주아지는 밀고 당기기를 계속한다. 엘리자베스1세 이후 왕위를 계승한 왕들(제임스1세, 찰스1세)은 이전의 합의를 무시했다. 심지어 의회를 닫아버리기도 했다.

귀족과 부르주아지로 구성된 의회는 가만히 있지 않았다. 왕권을 제한하는 입법을 시도했다. 에드워드 코크는 법안을 통과시키지 말고 왕에게 청원하여 의회가 원하는 바를 쟁취하자고 제안했다. 청원 내용은 코크가 직접 기초했다. 코크는 선대 왕인 제임스1세 시절 왕권신수설에 맞서 법의 우월성, 곧 왕도 법을 따라야 한다고 주장한 법학자다.

청원이라는 형식을 통해 체면이 선 찰스1세는 이를 승인했다. 그렇지만 〈권리청원〉의 신세도 마그나카르타와 비슷했다. 결국 〈권리청원〉도 무용지물이 되면서 청교도들이 주도하는 혁명으로 나아간다.

〈권리청원〉의 내용은 마그나카르타와 큰 틀에서는 비슷하다. 과세를 하려면 의회 동의를 받아야 하고 체포할 때는 법에 의거해야 한다. 민간인에 대한 군사재판을 금지한다는 원칙도 포함되었다.

문서는 "지엄하신 국왕 폐하께"로 시작한다. 〈권리청원〉의 문장 표현은 오늘의 시각에서 보면 민주주의적으로 보기 어렵다. 그렇지만 영국법 역사에서 〈권리청원〉은 주권이 국왕이 아니라 의회에 있음을 확인한 일대 사건으로 자리매김된다.

찰스1세는 '법률과 관습에 따라 정의가 이루어지기 바란다'고 답신했다. 답신의 의도는 그렇지 않았겠지만, 군주도 법 아래에 있다는 원칙이 확고하게 정립된 문서가 되어버렸다.

원래 청원의 명분은 달랐다. 왕의 권한을 새롭게 제한하지는 않는다는 취지였다. 다만 이미 영국에 확립되어 있던 권리를 지켜달라는 것이었다. 그렇지만 군주도 이미 존재하는 권리는 법으로서 지켜야 한다는 민주주의 원칙을 되돌릴 수 없었다. 때로 역사의 수레바퀴는 당사자들의 의사와는 상관없이 굴러가기도 하는 법이다.

052 갈릴레오 재판

갈릴레오 재판은 세계관의 충돌을 다뤘다.

1633년 갈릴레오 갈릴레이는 재판을 받았다. 과학사를 깊이 탐구하지 않은 사람들의 상식은 이렇다. 가톨릭은 지구가 돈다는 지동설을 받아들일 수 없었다. 갈릴레오는 종교재판의 희생양이었다. 재판에서 자신의 주장을 철회할 수밖에 없었지만, 나오면서 '그래도 지구는 돈다'고 중얼거렸다.

소크라테스는 악법도 법이라고 한 적이 없다. 미국 첫 대통령 조지 워싱턴의 어린 시절 정직한 도끼 이야기는 전기 작가의 상상이다. 갈릴레오의 혼잣말은 사후에 발간된 저술을 종합하여 지어낸 이야기로 보인다.

갈릴레오는 이탈리아의 대학자였다. 당시 가장 유력했던 메디치 가문의 후원을 받았다. 교황청에도 갈릴레오의 지지자들이 많았다. 성직자들 중에도 지동설이 옳다고 보는 이들이 일부 있었다. 사실 당시에도 지동설은 이미 발표된 지 100년이 넘은 이론이었다. 1510년대에 코페르니쿠스가 지동설에 대한 가설을 소논문으로 작성했다.

갈릴레오 재판은 지동설에 대한 찬성 입장을 내놓은 지 무려 20년이 지나 열렸다. 이단이라는 공격을 받긴 했지만 갈릴레오를 함부로 건드리기 힘들었기 때문이다.

1632년에 펴낸 《두 가지 주요 우주 체계에 대한 대화》는 재판이 열리게 된 결정적 계기였다. 문제가 되자 갈릴레오는 지동설을 지지한 적이 없다고 주장했다.

책은 서문에서 천동설과 지동설을 공평하게 다룬다고 표명했다. 그런데 내용은 달랐다. 천동설을 주장하는 자는 어리석게, 지동설을 찬동하는 자는 합리적으로 묘사됐다. 대학자의 대중 서적은 교황청의 권력자들을 자극할 수밖에 없었다.

코페르니쿠스와 갈릴레오는 천문학 지식에 있어서 프톨레마이오스 이후 1000년 넘게 이어져온 천동설을 뒤집었다. 프톨레마이오스는 서기 100년경의 사람이다. 지금은 지동설을 당연하게 생각하기에 천동설을 엉터리라고 여긴다. 그렇지만 프톨레마이오스는 당시까지의 많지 않은 지식을 집대성해 우주에 대한 체계적인 견해를 정립한 위대한 학자였다.

지동설의 첫 주창자인 코페르니쿠스는 인류의 우주관을 변혁했다. 신의 섭리로 이 세상을 설명하는 종교적 세계관의 위상은 코페르니쿠스로 인해 근본적으로 뒤집혔다고 해도 과언이 아니다. 그런데 정작 코페르니쿠스는 지동설을 담은 책의 출판을 꺼렸다. 오히려 당시 교황 클레멘스7세가 출판을 권했다는 설도 있지만, 코페르니쿠스는 가톨릭의 성직자로 무난히 생을 마쳤다.

지동설로 인한 사상의 혁명으로 희생된 사람은 따로 있다. 갈릴레오보다 한 세대 앞

이탈리아 캄포데피리오 광장의 조르다노 브루노 동상

서 1600년에 브루노가 화형을 당했다. 브루노는 가톨릭뿐만 아니라 칼뱅파와 루터파 등 개신교에서도 환영받지 못했다.

브루노는 모든 종교가 평화롭게 공존해야 한다고 주장했다. 청년 시절에 이단적인 견해를 무려 130가지나 갖고 있다는 혐의로 고발되기도 했다. 초기 기독교 시절 예수 그리스도의 신성을 부인하여 쫓겨난 아리우스파의 견해에도 상당 부분 동조했다. 325년 니케아공의회는 아리우스파를 이단으로 규정했다.

그는 오늘의 기준으로 보면 상당히 자유로운 영혼을 가진 열린 사람이었다. 종교재판을 받고 결국 화형을 당한 그의 마지막 말은 이러했다. "형을 받는 나보다 형을 선고하는 여러분이 더 두려워하고 있다." 이성에 기초한 종교, 종교 간 공존은 지금은 상식일지 몰라도 그 시절에는 아니었다.

로베르트 벨라르미노 추기경은 브루노 재판에 재판관으로 관여했다. 한 세대가 지나 갈릴레오 재판에도 결정권을 행사했다. 코페르니쿠스의 지동설 저서를 금서 목록에 올린 사람도 역시 그였다.

대화 형식으로 된 책을 내기도 전 이미 추기경은 갈릴레오에게 지동설을 지지하지 말라고 경고한 바 있었다. 재판정에 선 갈릴레오로서는 사실 다른 선택이 없었다고 할 수 있다. 로베르트 벨라르미노 추기경은 1930년 성인으로 시성되었다.

053 | 종교재판

가톨릭의 종교재판은 개신교를 억제하기 위한 하나의 방편이었는데 화형, 마녀재판처럼 광기 어린 잔혹한 형벌로 치달아 가톨릭의 흑역사가 되었다.

갈릴레오는 로마 종교재판소에서 재판을 받았다. 1542년 교황 파울루스3세가 설치했다. 개신교를 억제하기 위한 방편이었다. 종교재판의 역사는 길다.

가톨릭의 본격적인 종교재판은 12세기까지 거슬러 올라간다. 왈도파Waldenses는 무식한 평신도 집단으로 불리며 이단 판정을 받았다. 1184년의 일이다. 종교사에서는 최초의 개신교 세력으로 높이 평가하는 시각도 있다.

왈도는 리용의 부유한 상인이었다. 하나님께 가기 위한 최선의 방법으로 청빈한 삶을 실천하고 가난한 자들을 도왔다. 개신교의 역사는 루터의 성경 번역을 비중 있게 다루지만 왈도는 자국어 성경 사용을 그 시기에 벌써 주장했다. 가톨릭의 핵심 의례인 미사를 부정했고, 연옥도 성경에 근거가 없다고 봤다.

기원전 4세기 아리우스파는 이단으로 규정되었지만, 종교재판의 형식으로 단죄되지는 않았다. 콘스탄티누스1세, 2세 때는 로마제국에서도 상당한 영향력을 가졌다.

성경은 이단자에 대해 훈계해도 듣지 않으면 내보내라고 한다(딛 3:10). 그렇지만 종교재판은 브루노의 화형처럼 잔혹한 형벌로 치달아 가톨릭의 흑역사가 되었다. 세기가 바뀔 때마다 종교재판소는 다시 설치되었고, 고문이 당연하게 여겨졌다. 대중적인 광기와 결합한 극단적인 형태의 마녀재판도 벌어졌다.

유럽의 초기 개신교도 타 종교에 대한 배척은 가톨릭과 별반 차이가 없었다. 브루노는 가톨릭을 비판했지만 칼뱅파 같은 개신교도 본질은 같다고 보았다. 오늘날 개신교는 재판 형식보다는 이론적인 단죄를 통해 이른바 이단 문제에 대처한다.

19세기가 지나면서 종교재판은 과거처럼 악명을 떨칠 수는 없었다. 각국에서 진행된 민주주의혁명에 따라 인권의식이 고양되었기 때문이다. 1908년 가톨릭은 종교재판소를 성무회의라 개칭한다. 1965년에는 신앙교리회의로 바뀐다. 방식은 바뀌었지만 가톨릭의 순수성을 유지하기 위한 노력은 계속되고 있다.

민주주의혁명 이후 종교의 자유는 점차 실질적으로 확대되어 간다. 현대 헌법학은 기본권 이론에서 사상과 양심의 자유까지 인정한다. 잘못된 행동이 아니라 잘못된 생각을 처벌할 수는 없다는 견해는 오늘날 인류의 합의점이라고 할 수 있다. 수백 년에 걸친 종교재판의 비극으로 인한 깨달음이다.

054 | 금서

특정한 도서의 발행과 배포를 금지하는 일은 가톨릭뿐만 아니라 다른 종교도 마찬가지였으며, 현대에도 국가적인 차원에서 금서를 지정하는 경우가 있다.

코페르니쿠스가 지동설을 주장한 책은 1616년 교황청에서 금서로 지정했다. 해금되는 19세기 초까지 200년이나 이어졌다.

교황청은 가톨릭 신앙에 위반되는 내용은 인쇄를 허가하지 않았다. 가톨릭의 입장에서 무단으로 출판된 책에 대해서 1571년부터 금서성성禁書聖省S. Congregatio Indicis이 금서 목록을 발행했다.

금서는 검열을 통해 지정된다. 이미 15세기 말부터 가톨릭의 교구별로 검열이 시작되었다. 1546년부터 1563년까지 열린 트리엔트공의회는 교황청 차원의 검열제도를 공식화했다. 왈도(프랑스), 위클리프(영국), 후스(보헤미아) 등으로부터 비롯된 개신교의 등장이 루터로 인해 본격화되었기 때문이다. 1564년 교황 비오4세는 금서 목록 규정을 정했다.

일부 해금된 저술도 있지만 가톨릭의 금서는 수백 년이 지난 지금까지 여전히 유효하다. 물론 민주주의혁명 이후 국가가 아닌 조직은 형벌을 부과할 수 없게 되어 과거와 같은 잔혹한 비극은 일어나지 않는다. 파문을 한다거나 종교적인 제재를 가할 뿐이다.

특정한 도서의 발행과 배포를 금지하는 일은 가톨릭뿐만 아니라 다른 종교도 마찬가지였다. 국가 역시 마찬가지다. 금서로 지정되면 대부분 단순히 발생과 배포 금지로 끝나지 않고 처벌로 이어졌다. 인류 역사에서 가장 잔혹한 금서의 비극은 중국 진시황의 분서갱유다. 책을 불태우고(焚書), 유학자들을 구덩이에 파묻었다(坑儒). 조선 시대에도 금서에 대한 탄압은 많았다. 태종 11년(1411), 세조 3년(1457), 성종 1년(1470)에 지속적으로 분서에 대한 기록이 등장한다. 연산군 10년(1504)년에는 언문으로 된 책을 모두 분서하도록 했다. 임금의 폭정을 비난하는 격서가 한글로 쓰여 있었기 때문이다. 분서 대상은 주로 도참과 비기, 불교, 양명학, 노장사상이었다. 조선의 통치 이데올로기인 성리학과 배치되는 견해를 담은 책은 유통될 수 없었다. 이 씨가 아닌 정 씨가 왕이 된다는 내용을 담은 《정감록》은 오랫동안 금서일 수밖에 없었다. 조선 후기에는 천주교 서적이 유입되었는데 곧 금서가 되었다.

대한민국은 민주화된 이후에도 북한에서 발행한 서적에 대해 소지와 탐독의 목적을 구분해 대처한다. 국가를 전복하려는 의도가 있는 경우라고 판단하는 경우에는 처벌한다. 학술적 목적인 경우에는 그렇지는 않다. 음악, 미술 같은 예술작품도 기준은 같다.

세월이 흐르면 과거의 금서들은 고전이 되는 경우가 많다. 가톨릭에서 여전히 금서

목록에 올라 있는 칸트, 루소, 몽테스키외 등의 저작들 없이 민주주의를 논할 수 없다. 우리나라 현대사에서도 독재정권이 금서로 지정했던 많은 책들이 인권과 분단 극복을 위한 현대의 고전이 되어 생명력이 이어지고 있다.

INDEX LIBRORVM
PROHIBITORVM,

CVM REGVLIS CONFECTIS
per Patres a Tridentina Synodo delectos,
auctoritate Sanctiss.D.N. Pij IIII,
Pont. Max. comprobatus.

VENETIIS, M. D. LXIIII.

1564년 베니스에서 인쇄된 금서 목록 표지

055 | 베스트팔렌조약

가톨릭과 개신교의 종교전쟁은 베스트팔렌조약으로 마무리되었는데, 국제법과 근대 국가 체제의 본격적인 기원으로서 의미가 크다.

가톨릭에 맞선 개신교의 등장은 결국 각지에서 전쟁으로 이어졌다. 세계사에서 가장 격렬한 가톨릭과 개신교의 종교전쟁은 독일의 30년전쟁으로 기록되어 있다.

종교개혁은 루터가 95개조 반박문을 낸 1517년에 본격화되었다. 독일의 일부 제후들은 가톨릭의 영향에서 벗어나 개신교를 받아들였다. 루터파의 확산은 1555년 아우크스부르크화의和議에서 공인된다.

당시 독일은 고대 로마제국을 부활시켰다고 자부한 신성로마제국 체제였다. 신성神聖이란 수식어를 붙인 이유는 기독교와 일체라고 믿었기 때문이다. 신성로마제국의 황제 카를5세는 개신교 제후들과 조약을 맺어 각 지역의 종교는 제후들이 결정할 수 있도록 허용했다.

그런데 엉뚱하게 보헤미아(오늘날 체코의 서부 지역)의 반종교개혁이 독일을 주요 무대로 한 30년전쟁으로 이어졌다. 보헤미아 출신 후스는 루터보다 1세기 전인 1415년에 이단으로 처형된 바 있다. 페르디난트2세의 가톨릭 강요에 맞서 보헤미아에서는 반란이 일어났다.

전쟁은 덴마크, 네덜란드, 스웨덴, 프랑스, 에스파냐까지 참여하는 국제전으로 번져 페르디난트2세가 사망한 이후에도 계속됐다. 1637년 신성로마제국의 새 황제 페르디난트3세가 제위에 올랐다. 4년 뒤 종전을 제의했고 다음 해부터 강화 회의가 열렸다. 조약이 체결되기까지는 4년의 시간이 더 필요했다.

1648년 드디어 베스트팔렌에서 조약을 체결했다. 페르디난트3세와 독일의 각 제후들은 물론 전쟁에 참여한 각국 대표들도 참여했다. 우선 아우크스부르크화의의 내용을 다시 승인했다. 원래 화의에서는 루터파만 공인되었지만 새 조약에서 칼뱅파도 공인을 받았다. 스위스는 독립국이 되었다. 에스파냐에 묶여 있던 네덜란드도 독립했다. 독일 각지의 제후들은 자기 지역에 대한 완전한 주권을 확보했다. 신성로마제국은 1806년까지 지속되지만 실질적으로는 이때 무너졌다.

각각의 내용도 의미가 있지만 무엇보다도 베스트팔렌조약은 국제법과 근대국가 체제의 본격적 기원으로서 의미가 크다. 1648년의 베스트팔렌조약 이후 최소한 유럽에는 각 민족이 각각의 영토를 차지하는 영토국가 시스템이 자리 잡는다. 학자들의 사상으로만 존재했던 국제법의 제반 원칙들이 현실의 살아있는 법이 되기 시작했다.

오늘날 학계 일각에서는 30년전쟁을 끝내고 평화를 가져온 베스트팔렌조약의 정신

베스트팔렌조약 체결을 묘사한 그림

을 되살려 세계 각지에서 벌어지는 분쟁을 같은 방식으로 해결하자고 주장하기도 한다. 베스트팔렌조약은 인류가 살아가는 방식에서 큰 족적을 남긴 엄청난 법적 이벤트였다.

056 | 청교도혁명

영국에서 명예혁명 이전에 프랑스대혁명과 유사한 청교도혁명이 일어나 군주와 의회가 격돌했다.

국제적으로 독일을 주전장으로 한 30년전쟁이 계속되는 동안 영국에서는 왕과 의회의 밀고 당기기가 계속됐다. 결국 의회를 장악한 청교도가 주도한 혁명이 발생했다. 청교도혁명이다. 1640년부터 군사적 충돌이 시작됐다.

세계사에서는 프랑스는 단두대의 비극, 미국은 독립전쟁을 거쳤지만 영국은 피의 희생 없이 민주주의를 이룩했다고 비교한다. 그렇지만 명예혁명에 앞서 불과 수십 년 전에 청교도혁명이 있었다.

당시 영국 국왕은 찰스1세. 왕권신수설을 내세운 제임스1세의 아들이다. 1625년 즉위했다. 왕권신수설을 믿었고 독실한 국교회 신봉자였다. 의회를 아예 폐쇄할 정도로 강경했다. 결국 찰스1세는 1649년 재판을 받고 처형됐다.

이후 공화정이 실시됐다. 올리버 크롬웰이라는 탁월한 군사 지도자 덕분에 의회파가 승리할 수 있었다. 크롬웰은 1653년 호국경이라는 지위에 올라 강력한 독재를 실시했다. 의회파의 지도자였지만 의회를 해산하기도 했고, 자신의 뜻에 맞는 이름뿐인 의회(지명의회)를 세우기도 했다.

크롬웰이 1658년 병사하지 않고 더 오래 살았더라면 영국의 역사는 달라졌을 것이다. 크롬웰 사후 2년 뒤 왕정이 복고됐다. 찰스1세의 장남이 즉위하여 찰스2세가 되었다. 크롬웰이 집권하던 기간에도 왕정 복귀 시도가 있었다.

서양 격언에 역사는 반복됐다고 했던가? 청교도혁명에서 일어난 사건들은 프랑스 혁명 과정에서도 비슷하게 재연된다. 공화정과 왕정이 몇 차례 엎치락뒤치락 했다. 프랑스는 파리 코뮌이라는 사회주의정권이 수립된 적도 있다. 크롬웰과 비슷한 역할을 한 프랑스의 독재자는 로베스피에르다.

크롬웰이 강력한 독재를 실시하면서 스스로 설치한 호국경護國卿, Lord Protector은 호민관이라고도 한다. 1653년 발표한 통치장전에 따랐다. 행정권뿐만 아니라 입법권을 의회와 함께 가졌다. 선거로 임명한다고 했지만 크롬웰 사망 후 아들이 호국경에 올랐다. 왕정 복고 후 웨스터민스터사원에 묻혔던 크롬웰의 시신은 파헤쳐졌다.

057 | 항해조례

항해조례는 해운과 무역에 관한 법률로 중상주의 경제 원리에 의거하고 있다.

크롬웰의 호국경 통치 기간 중 제정된 항해조례는 세계사에서 자주 언급된다. 조례는 오늘날의 표현으로는 법률에 해당한다. 중국은 지금도 조례라는 말을 사용한다. 크롬웰의 항해조례는 1651년에 제정됐다.

크롬웰 이전에도 해운과 무역에 관한 법은 있었다. 넓은 의미의 항해조례는 이 모두를 포함하는 말이다. 1660년, 1663년의 관련 법도 항해조례라고 한다. 영국이 아닌 다른 나라도 항해조례를 공포했다. 예컨대 스웨덴은 이미 1636년에 발트해에서 조례로 네덜란드의 무역을 규제했다.

영국의 항해조례도 주로 네덜란드를 견제하기 위한 목적이었다. 무역을 할 때 영국 배를 이용하고 영국 선원이 일하도록 하는 내용이었다. 항해조례는 네덜란드와의 전쟁을 불렀다. 유럽 패권의 판도가 스페인, 포르투갈에서 네덜란드를 거쳐 영국으로 넘어오는 과정에서 각 나라들은 다양하게 법을 만들었다.

항해조례를 정당화하는 경제사상은 중상주의다. 상업을 중시한다는 사전적 의미를 넘어 일종의 보호무역을 의미한다. 이후 유럽에서 애덤 스미스를 필두로 고전경제학 이론이 형성되면서 자유무역을 내세우게 된다. 그 이전까지 대부분의 유럽 국가들은 중상주의를 채택했다.

중상주의는 금은의 보유량이 많아지면 국부가 증대된다고 보았다. 정책적으로는 자국 산업 보호와 무역 진흥을 주된 내용으로 한다. 민주주의혁명이 진행된 이후에도 중상주의 기조는 이어졌다. 왕실 중상주의, 의회 중상주의로 구분하여 부르지만 정책의 본질은 다르지 않다.

경제학이라는 독립된 학문이 형성되고 경제에 대한 새로운 인식이 형성되지만 본격적으로 자유시장경제로 돌입하기까지는 시간이 더 필요했다. 영국의 경우 항해조례는 1849년이 되어서야 폐지된다.

중상주의는 사실 현대에까지 이어지고 있다고 해도 과언이 아니다. 19세기 후발 자본주의국가들, 20세기 신흥 공업국에 대해서 신중상주의로 규정하는 학자들이 많다.

항해조례와 같은 맥락의 국내법으로는 곡물법이 있다. 영국의 경우 17세기부터 곡물의 수출입을 규제하는 법을 제정했다. 1846년에 폐지했다. 폐지론자들은 값싼 외국 곡물을 수입하여 노동계급의 생활이 안정될 수 있다고 주장했다. 곡물법이 폐지된 이후 영국의 무역 정책은 전면적인 자유무역으로 바뀌게 된다.

058 | 짐이 곧 국가다

교회의 절대적 지배를 벗어나 각 지역마다 군주가 중심이 되는 근대국가 체제가 확고히 자리 잡았다.

프랑스 절대왕정을 상징하는 루이 14세는 "짐이 곧 국가다"라는 말을 남겼다고 알려져 있지만 사실이 아니다. 루이 14세의 유언은 이렇다. "나는 죽지만, 국가는 영원하다."

짐이 곧 국가라는 말을 볼테르가 창작했다는 주장이 있는데, 볼테르의 행적과 사상을 생각하면 신빙성이 떨어진다. 그 시대를 풍자하기 위한 표현으로 볼 여지도 있지만, 확실하진 않다.

볼테르는 프랑스대혁명을 이론적으로 뒷받침한 백과전서파를 대표하는 계몽사상가이다. 오늘날까지 똘레랑스의 대명사로 불린다. "나는 당신의 견해에 찬성하지 않는다. 그렇지만, 그렇게 말할 권리를 지키기 위해서 내 목숨도 내놓겠다." 이 말도 볼테르의 말이 아니라는 주장이 있긴 하지만, 보통 볼테르와 함께 인용된다.

태양왕은 루이14세의 별칭이다. 태양은 세상에 군림한다. 만물을 자라게 한다. 프랑스대혁명이 일어나기 100년도 훨씬 전(1648)에 발생한 프롱드의 난에서 루이14세는 죽을 위기를 넘겼다. 1661년 왕위에 즉위하여 1715년까지 반세기 이상 통치하며 왕권 강화에 전력을 기울였다.

귀족을 견제하기 위해 부르주아계급 출신의 비서관을 발탁하기도 했다. 중상주의를 대표하는 콜베르의 이름이 여기에서 등장한다. 상인 출신으로 나라의 부를 늘이기 위해 무역을 증진해야 한다는 견해를 갖고 있었다.

베르사유 궁전도 루이14세 때 지어졌다. 엄격한 궁정 에티켓을 만들어 군주의 권위를 높였다. 유방이 한나라를 건국하고 복잡한 예법을 도입하여 황제의 존귀함을 보인 일에 대비할 만하다.

루이14세는 오늘의 시각으로 보면 절대 권력의 부정적인 모습을 보여주는 전형이다. 애써 긍정적으로 평가한다면 자신의 주관적 의도와는 상관없이 민주주의혁명을 예비하는 역할을 했다. 왕권을 강화하여 귀족세력을 약화시켰고, 그 덕에 시민혁명을 통해 왕정을 타도하자 앙시앵레짐으로 복고할 수 있는 힘이 크지 않았다. 이렇게 보면 지나치게 후한 평가일까?

자신은 죽지만 국가는 영원하다는 말은 이루어졌다. 교황의 절대적 지배를 벗어나 각 지역마다 군주가 중심이 된 근대국가 체제가 확고하게 자리 잡았다. 수천 년 동안 강력한 중앙집권형 국가 체제를 유지해온 동양에서도 서양 근대국가의 철학과 제도를 수입했다.

READ ☐ | 1666년 런던에서 대화재가 발생하여 도시의 상당 부분이 파괴되면서 런던재건법이 만들어졌다.

정치적 격변과 상관없이 안전과 보건 문제는 역사를 뒤흔든다. 새로운 법을 만들고 도시의 모습을 달라지게 만든다.

1666년 런던에서 대화재가 발생했다. 1657년 도쿄 대화재, 네로 황제 시절 로마 대화재와 함께 세계 3대 화재로 꼽힌다. 인명 피해는 많지 않았지만, 불탄 도시의 면적이 무려 80%라고 한다(60%라고 하는 사람도 있다).

런던 대화재 이후 상설 소방 조직이나 도시계획 등 여러 문제에서 당시에는 해결에 실패했지만, 이후 역사에 영향을 미치는 안들을 내놓게 된다.

1684년 영국의 보험회사들은 사설 소방대를 조직한다. 민간이 주도했지만 결국 후일 정부가 상설 소방 조직을 운영하는 기틀이 된다. 프랑스의 파리 소방대가 1811년, 독일의 베를린 소방대가 1843년에 설립되는데 비교적 상당히 빠른 셈이다. 미국의 보스턴소방대(1679), 일본의 대명소방대(1643)보다는 느리다. 로마제국의 아우구스투스 황제 시절에 소방대가 조직되었다는 기록도 있긴 하다.

대화재 이후 도시 재건 방안이 다양하게 논의됐다. 존 이블린, 로버트 후크, 크리스토퍼 렌은 각각의 안을 찰스2세에게 제시했다. 화재 발생 같은 해에 런던재건법도 만들어졌다. 그렇지만 다양한 도시계획안은 실행되지 못했다. 불타버린 건물의 소유주들은 자신의 땅에 하루라도 빨리 새 건물이 들어서기를 원했다.

런던재건법은 벽돌 시공을 권장했다. 향후 화재 예방을 위해서였다. 단정하고 튼튼하다는 이유도 덧붙였다. 문틀과 창틀, 가게의 정면부는 목재로 지을 수 있도록 했다. 런던 대화재로 인해 당시 목재로 된 대건축물들이 많이 불탔다.

1677년 기념비가 세워졌다. 불이 시작된 빵집이 위치했던 푸딩 레인 거리에 아직도 기념비가 남아 있다. 기념물에는 가톨릭교도의 광란을 화재 원인으로 지적하는 문구가 새겨졌다. 스스로를 교황의 대리인이라고 지칭하며 화재를 냈다고 주장한 프랑스 출신의 로버트 휴버트는 사형에 처해졌다. 증거는 다소 불명확했다. 화재를 가톨릭 탓으로 돌린 문구는 150년이 지나서 삭제된다. 1829년 가톨릭구제법이 제정된 이후다.

060 길드홀

길드는 중세 유럽 상공업자들의 조직으로 11~12세기에 일반화되었는데 국가의 법과는 구분되는 엄격한 자치규범을 적용했다.

대화재로 도시의 절반 이상이 불탔지만 길드홀은 건재했다. 길드홀은 길드의 구성원들이 모여서 본부처럼 활용하던 건물이다. 12세기부터 길드홀은 일종의 시청 역할을 수행했다. 물론 런던 지역 전체를 관할하지는 않았다. 자치권이 부여된 특별행정구역(시티)만 해당된다. 1349년부터는 길드에서 의원과 시장까지 선출했다.

길드는 중세 유럽 상공업자들의 조직이다. 상인들의 상인길드, 수공업자들의 동직길드로 구분한다. 역사를 거슬러 올라가면 중세 초기에도 공동으로 제사를 지내거나 상호부조하는 조직에 길드라는 명칭이 붙기도 했다.

길드는 서유럽에서 11~12세기에 일반화되기 시작했다. 1100년 전후부터 길드에 특허장이 부여됐다. 이탈리아는 9세기까지 거슬러 올라가기도 한다. 독일 브레멘의 상인들은 10세기 후반 오토1세로부터 제국 내에서 교역을 자유롭게 해도 좋다는 특권을 받았다. 관세도 면제됐다.

길드의 규정은 엄격한 편이었다. 길드에 가입하지 않으면 수공업을 할 수 없었다. 원료는 공동 구매를 해야 했고, 제품도 검사 후 공정한 가격으로 팔아야 했다. 길드의 구성원인 마스터들은 도제를 거느릴 수 있었는데, 1~2명만 가능했다. 길드에 적용된 규정은 국가의 법과는 구분되는 일종의 자치규범이다. 근대국가 체제가 자리잡기 이전부터 유럽의 상인들에게 적용되었던 별도의 법체계가 이후 국제법의 주요 내용이 되었다는 시각도 있다.

오늘날 온라인 게임에서 유저들의 모임을 길드라고 한다. 초기에는 게임 개발사에서 공식으로 지원하는 시스템이 아니라 자발적으로 유저들이 형성했다. 길드 가입 시 경험치를 추가 제공하는 식으로 운영했는데, 중세 유럽의 길드와 비슷한 면이 있다.

길드에는 새로운 구성원이 들어가기 쉽지 않았다. 14세기가 넘어 서면 기존의 길드에 맞서는 조직이 새로 생겨나게 된다. 역사가들은 대체로 자본주의가 중세 길드에서 발전했다고 보지 않는다. 길드와는 상관없는 농촌 공업의 발전에서 싹텄다고 본다. 길드의 폐쇄성 때문이다.

1356년 독일 뤼베크에서 결성된 한자동맹은 길드의 기능과 우위를 잘 보여준다. 한자Hansa는 돌아다니는 상인이라는 뜻이다. 비공식 네트워크였지만 70개 이상의 도시에서 대표가 참여했다. 15세기 이후 영향력이 약화되기 시작했지만, 1669년 마지막 의회가 열릴 때까지 존속했다.

061 | 베헤모스

홉스는 자연 상태에서 사람들이 서로 싸운다고 보고, 투쟁 상태를 종식시키기 위해 리바이어던 역할을 하는 국가가 필요하다고 보았다.

1668년 홉스는 《베헤모스Behemoth》를 출간했다. 이미 1651년 홉스는 《리바이어던》을 출간한 바 있다. 리바이어던은 바다 괴물, 비히모스는 육지 괴물이다. 둘 다 성경에 나온다.

《리바이어던》이 워낙 유명해 홉스의 다른 저술들은 오히려 별로 알려지지 않았다. 《리바이어던》은 사회계약론을 제시했고, 오늘날까지 민주주의 법철학의 태두로 평가받는다.

사회계약론은 수천 년 동안 내려온 인류의 믿음을 뒤흔든 혁명적 철학이다. 이전까지는 신을 매개로 인간 사회를 설명했다. 그렇지만 사회계약론은 달랐다. '국가는 이성을 가진 인간(개인)의 계약을 통해 성립되었다. 신이 왕권을 줬다는 말(왕권신수설)은 틀렸다. 하늘은 인권을 부여했다(천부인권론).'

1651년 《리바이어던》 표지

사회계약론은 홉스 이후 로크, 루소를 거치면서 더 세련되어진다. 학자들에 따라 구체적인 내용은 다르지만 기본 틀은 같다.

국가 성립 이전 단계를 자연 상태라고 한다. 적절한 번역은 '원래의 상태'다. 사람은 원래의 상태에서 누구나 자연법적인(원래부터 인정되는) 권리를 갖는다. 생명, 자유, 재산의 보장이 핵심이다. 자연권을 보장하기 위해 사람들은 계약을 맺고 국가를 탄생시켰다. 홉스는 원래의 상태에서 사람들이 서로 싸운다고 보았지만 루소는 평화롭다고 보았다. 전제가 달랐기에 결과도 달랐다.

사람들이 서로 싸우는 원래의 상태를 홉스는 만인의 만인에 대한 투쟁 상태로 보았

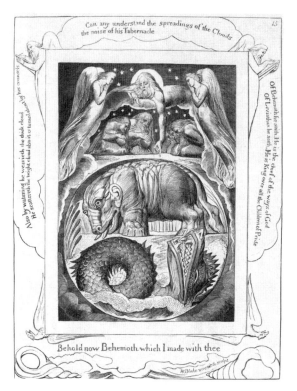

Can any understand the spreadings of the Clouds
the noise of his Tabernacle

Behold now Behemoth which I made with thee

윌리엄 블레이크가 그린 베헤모스와 리바이어던.
Museum of Fine Arts 소장.

다. 투쟁 상태를 종식하기 위해 리바이어던 역할을 하는 국가가 필요하다. 루소는 원래의 평화로운 상태로 돌아갈 수 있도록 국가를 상정했다.

어느 쪽이든 신 또는 하늘에서 국가의 성립 근거를 구할 필요가 없어졌다. 논리적 귀결로 사람은 국가를 담당하는 권력자들을 타도할 수 있었다. 계약을 어긴 경우에는 계약을 깰 수 있는 권리가 당연히 원래부터 있기 때문이다.

베헤모스는 내란을 상징한다. 홉스의 《베헤모스》는 영국의 내전을 분석한 저술이다. 반면 리바이어던은 투쟁 상태를 극복하여 영구적인 평화를 유지할 수 있는 절대적 힘을 상징한다. 신학적으로도 베헤모스보다 리바이어던이 우위에 있다. 베헤모스는 리바이어던을 찢어발기려고 하지만, 오히려 지느러미에 덮여 숨을 쉴 수 없게 된다.

홉스는 베이컨으로 대표되는 영국 경험론의 영향을 받았다. 데카르트를 비롯한 당시 유럽의 근대 철학자들과도 교류했다. 근대적 철학 사조가 만개하는 가운데 신에서 벗어난 국가에 대한 새로운 사고도 가능했을 것이다. 그렇지만 홉스는 절대왕정을 옹호했다. 신의 영향력은 벗어날 수 있었지만, 아직 현실에서 존재하는 권력에 대해서는 다른 관점으로 나아가지 못한 셈이다. 이런 관점의 차이로 인해 영국의 내란, 곧 청교도혁명은 베헤모스로 보일 수밖에 없었다.

062 | 토리당과 휘그당

영국의 토리당과 휘그당은 창립 이후 정당정치로 나아갔으며, 근대 정당의 기원으로 평가받는다.

1679년 영국에서 토리당이 창립됐다. 오늘날의 기준으로 보면 정당으로 보기는 곤란하다. 일종의 정치 그룹 또는 네트워크였다. 토리는 유적流賊, 곧 돌아다니는 도적떼를 뜻한다. 스스로를 토리라고 부르지는 않았다. 반대파에서 비난조로 붙인 명칭이다.

나중에 제임스2세가 되는 요크 공의 왕위 계승권 여부에 대해 의회에서 찬반 세력이 나뉘었다. 토리파는 요크 공의 즉위를 인정했다. 요크 공은 찰스1세의 차남이다. 찰스1세는 청교도혁명 과정에서 처형됐다. 크롬웰의 호국경 정치를 거쳐 왕정복고가 되었을 때 형이 즉위했다. 찰스2세다. 요크 공은 1685년 즉위하여 제임스2세가 되었으나, 명예혁명으로 4년 만에 폐위된다.

토리당의 반대파는 휘그당이다. 휘그는 폭도라는 뜻이다. 휘그파는 요크 공을 왕위 계승 서열에서 제외하려고 하였다. 명예혁명의 중심인물 섀프츠베리 백작을 중심으로 하는 정치세력이다. 명예혁명은 휘그당이 주도하고 토리당이 협력하여 진행됐다.

세기가 바뀌어 1700년대 초중반 영국 정치의 중심을 휘그당이 차지했다. 18세기 후반에서 19세기 초반까지는 토리당이 장악했다. 휘그당은 19세기에 자유당으로 변신했다. 신흥 상공업자들을 대변했다. 자유당의 대표 인물은 글래드스턴이다. 20세기로 넘어가면서 자유당은 군소정당으로 전락한다.

토리당은 1830년 이후 보수당이 되었다. 1900년 노동당이 창립된 이후 보수당은 실질적인 영국의 양당체제를 담당했다. 20세기 복지국가의 대명사격인 비버리지 사회보장 제도는 보수당에서 추진한 정책이다.

토리당과 휘그당은 처음에는 오늘날의 정당과 많이 달랐다. 그렇지만 이후 정당정치로 나아갔다. 법학, 정치학, 사회학에서 두 정치세력을 근대 정당의 기원으로 꼽는 이유다.

영국은 명예혁명 이후 입법부(의회)가 행정부(국왕)보다 우위에 있다는 철학이 확고히 정착된다. 입헌군주제다. 의회의 우위가 확고해진 상황에서 의회 내 정치세력의 경쟁은 곧 국가의 주요 정책 방향을 결정하게 되었다. 정당의 영향력을 **빼놓고** 근대 민주주의를 논하기는 어렵다.

063 | 인신보호법

인신보호법은 형사재판에서 범죄자도 사법부의 판단을 받을 권리가 있다는 사상이 반영되어 있다.

1679년 영국 의회는 인신보호법the Habeas Corpus Act을 통과시켰다. 오늘날의 기준으로 보면 구속적부심제도와 보석제도를 결합한 법이다. 법의 부제는 '신민의 자유 보장과 해외 구금 방지'다.

민주주의 형사소송법에 규정되어야 하는 주요 절차가 이 때 법으로 채택됐다. 형사재판은 범죄자도 행정부와 독립된 사법부의 판단을 받을 권리가 있다는 사상이 반영된 것이다. 인신보호법에서 본격적인 기원을 찾을 수 있다.

인신보호법 이후 언제 체포·구금 했는지, 이유는 무엇인지를 법원에 알리고 법원의 명령에 따라 집행해야 한다는 사상이 확고하게 정착된다. '헤비어스 코퍼스'는 영장을 뜻한다. 영미법계의 제도로 시작했지만 민주주의 국가 일반으로 퍼져나갔다.

인신보호법 제정의 직접적인 계기는 영국 국왕의 특권재판소 문제였다. 영국은 인신보호법 이전에도 영장제도가 있었다. 체포할 때 이유가 명확해야 했고 장기간 구금은 허용되지 않았다. 그런데 특권재판소에는 영장제도가 미치지 못했다. 인신보호법은 국왕의 특권재판소가 가진 특권을 폐지했다.

영국의 인신보호는 역사가 길다. 이미 마그나카르타에서 합법적이지 않은 구금에 대해서는 구조를 요청할 수 있는 권리가 누구에게나 인정되었다. 마그나카르타는 자유민은 오로지 법에 따라서 신체의 자유를 구속받는다는 원칙도 확립한 바 있다.

21세기가 되면 헤비어스 코퍼스는 동물에게까지 확대되어 적용되기 시작한다. 2014년 아르헨티나 법원은 동물권 활동가들의 주장을 받아들였다. 활동가들은 오랑우탄에게 헤비어스 코퍼스 논리를 적용했다.

당시 동물 권리 단체 변호사 폴 부옴라드레가 "다른 유인원뿐 아니라 불공평하고 독단적으로 자유를 빼앗겨 동물원과 서커스, 놀이공원, 실험연구소 등에 갇힌 다른 자각력 있는 동물들에게 새로운 길이 열렸다"라고 말했다고 보도됐다.

동물에게까지 인신 보호의 권리가 일반적으로 받아들여질 수 있을지는 미지수다. 미국에도 동물권 활동가들이 침팬지와 범고래에 인신보호권을 적용한 사례가 있지만 법원에서는 받아들이지 않았다.

동물 학대를 처벌하는 법은 일반적으로 제정되고 있다. 그렇지만 헤비어스 코퍼스 논리의 적용은 차원이 다른 문제다. 동물이 사람과 동등한 법적 주체라는 전제가 인정되어야 하기 때문이다.

064 | 펜의 헌법

READ

1682년 펜은 퀘이커교의 관용 원칙을 상당 부분 반영한 《펜실베이니아의 정치체제》를
집필했는데, 미국 건국 헌법의 모델이 되었다.

윌리엄 펜은 퀘이커 교도로 영국 국교회의 탄압을 피해 미국으로 건너갔다. 찰스2세는
펜에게 오늘날 펜실베이니아에 해당하는 지역을 영지로 주었다. 일설에는 찰스2세가
펜의 아버지에게 많은 빚을 졌기 때문이라고 한다.

펜실베이니아라는 지명은 펜의 이름을 땄다. 여기까지는 다른 미국의 식민지들과 별
다른 차별성이 없다. 종교의 자유를 찾아 신대륙으로 떠난 유럽 사람들은 많았다. 1682
년 펜은 《펜실베이니아의 정치체제》를 집필했다. 줄여서 '펜의 헌법'이라고 부른다. 이
문서는 한 세기가 지나 미국 건국 헌법의 모델이 되었다.

펜의 헌법은 퀘이커교의 관용 원칙을 상당 부분 반영하고 있다. 토지 소유주와 다른
시민의 권리, 법에 의한 지배, 선거를 통한 의회 구성과 같은 오늘날 민주주의 원칙의 많
은 내용들을 포함한다.

무엇보다 중요한 의의는 양심의 자유를 천명한 점이다. 스스로 승낙하지 않으면 타
인의 정치적 견해에 종속되지 않는다. 펜은 신앙 내용이나 예배 형태에 상관없이 양심
에 따라 믿음을 가질 수 있다고 규정했다.

비록 큰 종교전쟁은 마무리되었지만 아직 개인에게 종교의 자유가 일반적으로 주어
지지 않았던 시대였다. 전 유럽 또는 국가 내 모든 사람들이 같은 종교를 믿어야 한다는
강제가 과거의 유물이 된 정도였을 뿐이다.

퀘이커교는 오늘날의 시각에서도 상당히 근본주의적인 기독교 분파다. 군사독재 시
절 민주화운동에 헌신했던 함석헌이 교도로 알려져 있다. 일체의 권위를 부정한다. 성
서의 권위도 때로는 인정하지 않는다. 각자가 가진 내면의 목소리가 중요하다고 본다.
교회 같은 껍데기는 불필요하다는 것이다.

펜의 식민지 경영 방식은 다른 곳과는 많이 달랐다. 토지는 인디언에게 돈을 주고 구
입했다. 유럽에서 온 이주민들에게는 모두 땅을 나눠주었다. 인두권 제도다. 버지니아
에서도 비슷한 방식이 시행됐다. 인두권은 19세기까지 이어졌다. 영화 〈파 앤드 어웨
이〉를 보면 마차 경주를 통해 모든 사람에게 땅을 그냥 나눠주는 내용이 나온다. 방법은
다소 달라졌지만, 미국의 초창기 농경 자유민이 어떻게 탄생했는지를 잘 보여준다.

필라델피아는 펜이 세운 도시다. 사도 바울 시대 필라델피아 교회의 이름을 땄다. 당
시 7대 교회가 있었는데 그중 가장 우애로운 교회였다. 필라델피아는 우애의 도시로 불
리기도 한다.

99

065 | 로이즈 커피하우스

1687년 문을 연 로이즈 커피하우스는 주로 선원들의 교류 모임 장소로 쓰였는데 이곳
에서 근대적 보험으로서 해상보험이 태동했다.

초기 로이즈 커피하우스

정치적인 격변을 겪는 동안 유럽의 자본주의는 서서히 오늘날과 같은 틀을 잡아간다. 아직 산업혁명은 한 세기를 더 기다려야 하지만 농업을 기반으로 한 자본주의는 상당히 발전했다.

1687년 로이즈 커피하우스가 문을 열었다. 사무엘 로이드를 이어 아들 에드워드 로이드가 커피숍을 운영했다. 주로 항해를 나갔던 선원들이 교류하는 모임 장소로 쓰였다.

선원들은 서로 정보를 교환했다. 이 장면을 본 로이드는 중요 정보를 벽에 게시하기 시작했다. 날씨, 출항 시간, 해적 출몰지 같은 무역에 필요한 다양한 내용들이었다. 손님들은 반응은 당연히 좋았다.

1696년부터는 아예 정기 간행물을 발간했다. 〈로이즈 리스트Lloyd's List〉다. 지금도 디지털로 발행되는 영국에서 두 번째로 오래된 신문이다. 당시 2면에 불과했지만 혁신적인 시도였다. 벌써 3세기도 넘은 일이다. 교통과 통신이 그리 발달하지 않은 상황을 감안하면 당시 무역업자들에게 신문이 어떤 의미였을지 충분히 짐작이 된다. 주 3회 발행됐다.

이 과정에서 근대적 보험으로서 해상보험이 태동한다. 로이드는 종이에 보상 내용을 쓰고 아래에 서명한 후 보험료를 받았다. 오늘날 영어로 보험 청약서를 slip이라고 하고 위험 인수를 underwriting이라고 한다. 로이드가 사용한 종이(slip), 서명한 행위(underwriting)에서 유래했다.

세기가 바뀌어 1771년 로이즈협회가 결성되었다. 모임 장소로 시작한 로이즈 커피하우스가 세계 최대의 런던로이즈보험회사로 성장했다. 런던로이즈는 하나의 회사가 아니라 여러 보험사가 모인 신디케이트다. 두 세기가 더 지난 지금도 세계적 규모를 유지하고 있다.

17세기 파스칼의 확률론, 18세기 베르누이의 대수의 법칙 같은 수학의 발전은 보험

을 통계적으로 뒷받침했다. 생명보험에 필수적인 생명표를 고안한 사람은 혜성으로 유명한 천문학자 핼리다. 이에 따라 생명보험도 근대적 형태를 띠게 된다.

1762년 에퀴터블생명보험사가 설립됐다. 이 회사는 생명표에 근거해 가입자의 나이에 따라 보험료를 달리 책정했다. 생명표는 앞으로 보험가입자가 얼마나 더 살 수 있을지를 통계로 보여준다.

핼리의 첫 생명표는 폴란드의 브레슬라우라는 작은 도시 사례를 일반화해서 만들었다. 이전까지는 보험 가입자가 앞으로 얼마나 더 살지(기대여명)를 알 수가 없어 보험료가 주먹구구로 책정될 수밖에 없었다.

보험과 해상은 상업의 역사에서 일찍부터 근대적 제도로 발전했고 법 규범으로 발전했다. 상법은 총칙 이외에 상행위와 회사, 보험과 해상으로 구성된다. 우리나라 상법의 경우 2011년에 항공운송 편이 별도로 추가됐다.

국민의 권리와 의무에 영향을 미치는 사항은 의회가 제정한 법률에 따라야 한다는 원칙은 명예혁명을 통해 확립됐고 오늘날 민주주의 국가의 확고한 원칙으로 자리 잡았다.

명예혁명은 세계사에서 본격적으로 민주주의 시대를 연 사건이다. 다음 해 권리장전이 채택됐다. 군주제는 그대로 유지되었지만 영국은 명실상부한 입헌군주제 국가가 되었다. 새로 왕위에 오른 사람은 윌리엄과 메리로 부부가 함께 왕위에 올랐다. 프랑스대혁명과 미국 독립은 아직 한 세기를 더 기다려야 한다.

제임스2세는 가톨릭교도였다. 1685년 왕위에 올랐고 1688년에 신앙자유선언을 발표하여 가톨릭을 부활시키려고 하였다. 명목은 신앙의 자유였는데, 이미 영국이 개신교인 국교도로 기운 상태였기 때문이다.

메리는 제임스2세의 장녀로 개신교도였다. 왕자가 없을 때는 메리가 당연히 왕위를 계승할 것으로 여겨졌지만, 1688년 왕자가 태어났다. 당시 의회는 토리당과 휘그당으로 나뉘어 있었다. 양당 모두 제임스2세를 몰아내고 메리 부부를 왕위에 올리는 데 힘을 모았다. 사태는 내전으로 번지지 않고 제임스2세의 망명으로 종결됐다.

권리장전은 마그나카르타 이후 엎치락뒤치락 해온 의회의 권리를 확고하게 정립했다. 심지어 왕위 계승도 의회가 결정할 수 있게 했다. 권리장전의 정확한 명칭은 〈신민의 권리와 자유를 선언하고 왕위 계승을 정하는 법률〉이다. 단순한 선언이 아니라 의회에서 제정된 법이다. 고유명사로서 권리장전은 이 법을 의미한다.

법률의 제정과 무효 선언, 세금 부과, 상비군 유지 등이 모두 의회의 승인을 받아야 했다. 의회 내 토론의 자유를 보장해야 한다는 내용과 의회가 자주 소집되어야 한다는 내용도 포함되었다. 권리장전은 이후 프랑스대혁명과 미국 건국에도 큰 영향을 미쳤다.

오늘날 민주주의 사회는 입법부의 행정부에 대한 우위를 당연하게 여긴다. 국민의 권리와 의무에 영향을 미치는 사항은 의회가 제정한 법률에 따라야 한다는 원칙도 마찬가지다. 명예혁명 직후 제정된 권리장전 이후 민주주의는 이러한 원칙을 흔들 수 없다.

권리장전에는 포함되지 않았지만 의회는 이후 군 통수권까지 장악했다. 의회가 주도하는 영국의 입헌 정치는 순조롭게 발전했다. 19세기 노동자계급이 차티스트운동으로 들고 일어서기 전까지 의회 내 부르주아지의 주도권은 명실상부했다.

나중에 왕위에 오르는 조지1세의 경우 영어를 몰랐다. 정치는 전적으로 내각에 맡겼다. 의회 다수당이 내각을 맡고 군주는 실제로 통치하지 않는 책임내각제는 이렇게 확립되었다.

067 | 통치론

민주주의 법철학에서 소유권의 불가침성은 매우 중요한데, 로크는 노동을 통한 소유권도 자연법으로 본 점이 특기할 만하다.

로크는 명예혁명 이후 각광받은 정치철학자다. 대표 저술은 《통치론》, 《인간지성론》으로 1689~1690년에 연이어 출간됐다. 민주주의 법철학의 관점에서 보면 홉스를 계승하면서도 넘어섰다.

홉스와 구분되는 점은 상당히 많다. 우선 홉스와는 달리 절대왕정을 인정하지 않았다. 청교도혁명이라는 혼란한 상황에서 나온 철학과 명예혁명이라는 안정적인 상황에서 나온 철학은 다를 수밖에 없었을 것이다. 로크는 절대왕정보다 오히려 자연 상태가 낫다고 주장했다.

로크

자연 상태에서 대해서도 견해가 달랐다. 홉스는 투쟁 상태이기 때문에 극복해야 하는 단계로 보았다. 로크는 자연 상태 자체로는 문제가 되지 않는다고 보았다. 다만 각자가 다른 사람들을 처벌할 수 있는 불편한 상태로 보았다. 공정한 심판관으로 국가가 있어야 했다.

민주주의 법철학에서 소유권의 불가침성은 주요한 축의 하나다. 이와 관련하여 로크의 사상은 오늘날까지 큰 영향을 미치고 있다. 로크는 사람의 자연적 권리로 생명, 자유, 재산을 그대로 인정한다. 그런데 생명과 자유를 소유의 개념으로 포섭해서 설명했다.

루소

좁은 뜻으로 소유는 경제적 재화를 의미하지만 넓은 뜻으로는 생명과 자유도 포함된다. 살기 위해서는 자연이 제공하는 먹을거리가 필요하다. 소유권이 전제되지 않으면 인간은 생존할 수 없다. 자연은 원래는 공유물이지만 인간 각자는 노동으로 소유권을 가지게 된다. 로크는 노동을 통한 소유권도 자연법으로 보았다.

잘 알려져 있지 않지만 로크는 의사였다. 외과의사 시절 섀프츠베리 백작(수술 당시 이름은 애슐리)과 인연을 맺고 정계 핵심 인물들과 교류한다. 어려운 수술을 성공시켜 고문 의사가 되었다. 섀프츠베리는 후일 명예혁명을 추진한 휘그당의 중심인물이 된다.

수백 년이 지나도록 민주주의 법철학의 큰 산을 이루는 로크의 업적은 작은 인연에서 출발했다고 할 수 있다. 많은 저술 중에 로크의《통치론》은 프랑스혁명과 미국 건국에 큰 영향을 미쳤다. 프랑스에 로크의 저술을 전한 사람은 루소로 알려져 있다.《통치론》의 많은 부분은 왕권신수설의 태두인 로버트 필머에 대한 반론이다.

068 | 세일럼 마녀재판

유럽에서 마녀사냥은 15세기부터 광범위하게 벌어졌으며, 1782년 아인나겔티 사건이 마지막으로 기록되어 있다.

세계사의 큰 흐름은 민주주의로 나아가고 있었지만 중세적 인식은 곳곳에서 비극을 낳았다. 마녀재판은 대표적인 사례다. 종교에 대한 잘못된 견해로 인해 상당수의 여성을 마녀로 몰았다.

1692년 미국 매사추세츠주 세일럼에서 진행된 마녀재판으로 무려 25명이 희생됐다. 체포된 사람은 185명에 달했다. 유럽과 다른 곳에서도 사정은 비슷하거나 더 심각했지만, 세일럼 마녀재판은 문학예술의 소재로 지속적으로 재활용됐다. 아서 밀러의 희곡 〈시련〉이 대표적이다. 영화로도 만들어졌다.

영국 소설과 일본 애니메이션에 등장하는 해리 포터와 키키 등으로 인해 마법사나 마녀에 대한 오늘날의 이미지는 상당히 긍정적이다. 이전까지 20세기 대중문화에서는 대체로 노파의 모습으로 등장했다. 영리한 주인공한테 당하는 경우가 많다.

그렇지만 과거 중세시대에 마녀에 대한 인식은 그렇지 않았다. 유럽에서 마녀사냥은 15세기부터 광범위하게 벌어졌다. 역사에 기록된 마지막 마녀재판은 1782년 아인나겔티 사건이다. 스위스 게랄스에서 벌어진 일이다. 이외에 기록되지 못한 비극이 훨씬 더 많이 오랫동안 지속되었을 가능성도 있다.

세일럼 마녀재판의 시작은 아이러니하게도 억울한 마녀를 만들지 말자는 책에서 비롯됐다. 코튼 매더는 《마술과 귀신 들림에 관해 최근에 알려진 신의 중요한 계시》라는 책을 냈다. 원래는 진짜 마녀가 아닌데 마녀로 몰려 억울한 죽임을 당한 노파에 대한 내용이다.

책을 읽은 사람들 중에 일부가 책의 원래 의도와는 다르게 엉뚱한 사람을 마녀로 의심하게 됐다. 소문은 걷잡을 수 없이 퍼졌다. 의심을 받은 사람은 자신은 마녀가 아니고 다른 사람이 마녀라고 지목했다. 200명 가까이 체포된 배경이다. 반년이나 집단적 광기는 이어졌다. 19명이 교수형을 당했고, 그 여파로 6명이 더 희생됐다. 일부는 재판도 받지 못하고 죽었다.

마녀 소동은 신대륙 다른 지역에서도 마찬가지로 벌어졌다. 그나마 북미에선 마녀재판이 잘못이라는 인식이 조금 더 빨리 확산되었다. 당시 하버드 대학 총장 인크리스 매더가 큰 역할을 했다. 부족한 증거를 가지고 마녀로 모는 잘못을 중지해야 한다고 주장했다. 〈악령에 관한 양심의 사례들〉이라는 제목의 글을 발표했다.

069 | 칙허장

READ ☐ 칙허장(특허장)은 중세 서양에서 국왕이 발부한 허가증으로 대학, 길드, 도시 등에 자치권을 거의 영구적으로 부여한 문서이다.

서양 중세와 근세 역사에서는 칙허장Royal Charter 또는 특허장으로 번역하는 문서가 많이 등장한다. 칙서, 조서, 교서는 군주가 내리는 문서를 의미하는데 뜻이 다르다. 동양에서 칙서와 조서는 중국 황제가 내린 글에 사용했다. 중국 각지의 제후나 조선처럼 중국을 섬기는(사대) 나라의 왕이 내리는 글은 교서다.

동양의 교서와 서양의 칙허장은 성격이 다소 다르다. 교서는 일종의 명령서나 선포문이다. 임금의 뜻을 알리는 목적이다. 반면 칙허장을 발부받은 조직이나 지역은 상당한 자치권을 가질 수 있었다. 또한 일단 받게 되면 거의 영구적인 효력을 가졌다. 인증서와 임명장도 왕으로부터 부여되지만, 이 점에서 칙허장과는 성격이 달랐다.

대학뿐만 아니라 직업별로 또는 지역에 따라 칙허장이 수여되기도 했다. 역사에 기록된 최초의 칙허장은 1231년 케임브리지대학이 받았다. 일각에서는 1066년 테인타운을 꼽기도 한다. 21세기까지 칙허장 제도는 지속되고 있다. 영국 왕실의 경우 현재까지 750개의 칙허장을 부여했다.

회사법의 발전은 칙허장과 상관없이 권리가 인정되는 조직의 발생을 법적으로 보장했다. 이에 따라 입헌군주제가 유지된 나라에서도 점차 칙허장이 발부되는 사례가 줄어들게 된다.

중세 시대 도시에 대한 칙허장은 국왕의 권한이 상대적으로 약화되었음을 의미한다. 미국 식민지는 대체로 특허장을 발부받아 건설되었다. 일부 지역은 상황에 따라 왕이 직접 통치하는 식민지로 바뀌기도 했다. 매사추세츠 식민지는 1684년에 특허장이 철회되었다.

칙허장 제도는 왕실에 충성한 개인에 대한 특혜 성격으로 볼 수 있는 여지도 있었다. 그렇지만 민주주의 시대로 접어들면서 다르게 작동하게 된다. 특허장을 받은 대학은 대학의 자유를 거쳐 학문의 자유 사상을 키우는 방향으로 발전했다. 도시의 자유는 결국 부르주아지의 성장으로 이어져 민주주의혁명을 예비한다.

070 | 금난전권

금난전권은 조선의 자본주의 발전이 미약했음을 보여주는 사례로 언급되었지만, 최근의 연구 결과는 그렇지 않음을 보여준다.

유럽에서 자본주의가 본격적으로 발달한 반면 동양은 다른 길을 걸었다. 유럽의 자본주의 발전을 잘 보여주는 사례는 네덜란드의 튤립 투기이다. 반면 동양의 미약한 자본주의는 조선의 금난전권으로 확인할 수 있다.

튤립 투기는 17세기 네덜란드에서 발생했다. 튤립에 대한 투자가 과열되어 나타난 현상으로, 자본주의 발전사에서 본격적인 투기의 등장으로 기록된다. 튤립 버블이라는 말은 실재하지 않는 엄청난 가치(투기)를 상징하는 말로 지금까지도 쓰이고 있다.

금난전권은 난전을 금지할 수 있는 권리다. 육의전이 권한을 가졌다. 난전은 등록되지 않은 상인을 의미한다. 조선은 상업을 할 수 있는 권리를 시전에 부여했다. 시전 중 규모가 큰 여섯 가지를 육의전이라고 했다. 전廛은 가게 또는 전방이다.

조선은 기본적으로 상행위를 금지하고, 관의 허가를 받은 가게만 운영할 수 있었다. 허가를 받은 가게들은 다른 불법적인 상인들을 단속까지 할 수 있었던 셈이다. 허가 받은 상인들의 명단을 기록하는 문서를 전안이라고 했다. 전안 제도는 숙종 32년(1705)부터 실시되었다.

금난전권은 조선의 자본주의 미발달을 상징하는 사례로 일반적으로 이해되었다. 그렇지만 이미 당시 조선의 상업 발달을 법 제도를 기본으로 파악하면 곤란하다는 시각도 만만치 않다. 조선사 연구를 보면 자생적으로 자본주의의 맹아가 생겨나 상당한 수준으로 발달했다는 점에 대해 대체로 의견이 일치한다. 금난전권은 결국 정조 15년(1791)에 폐지됐다.

유교에서는 춘추전국시대 이후 사회의 구성요소를 사민士民으로 보았다. 선비(관리), 농민, 장인(공장工匠), 상인이다. 그런데 언제부턴가 사농공상은 순서대로 신분의 높낮이를 뜻하게 됐다. 농자천하지대본(농업이 천하의 근본) 같은 말과 결합하여 현대까지도 인식이 잔존하고 있다.

사농공상이 원래부터 신분적 서열을 뜻했는지는 불확실하다. 《관자》에서는 그저 사민은 나라의 초석이라고 했다. 20세기 들어 평등한 관계로 이해하는 견해가 대두하기 시작했다. 원불교를 창시한 소태산 대종사는 인간의 이는 네 가지 생활강령이며 상생의 은혜 관계라고 주장한 바 있다.

금난전권의 도입과 폐지는 자본주의의 발전을 과연 법으로 규제할 수 있는지에 대한 오늘날의 논의에도 일정한 시사점이 있다.

IV 1700년대

071 | 앤여왕법

READ ☐ 영국에서는 1710년 앤여왕법이 시행되면서 저작권이 보호되기 시작하였다.

저작물에 대한 창작자의 독점적인 권리는 오늘날 상식으로 받아들여진다. 저작권법의 기원은 1710년 영국의 앤여왕법으로 거슬러 올라간다. 오늘날까지 영향력 측면에서 최초의 저작권법으로 인정된다. 이미 1517년 베네치아에서 저작권법이 만들어졌다는 주장도 있다.

앤여왕법은 정해진 기간 동안 인쇄 서적을 복제할 수 있는 권리를 저작자와 취득자(권리를 넘겨받은 사람)에게 귀속하는 법이었다. 일정 기간이 지나면 누구나 활용할 수 있게 한다는 점에서 오늘날과 비슷하다.

그렇지만 영국 법원은 처음에는 이런 법리를 인정하지 않았다. 밀러 대 테일러 사건에서는 저작권의 영구적인 보유를 인정했다. 실정법인 앤여왕법은 기간을 정했지만, 저작권은 자연권에 근거하여 기간 제한이 없다고 보았기 때문이다. 원고인 밀러는 제임스 톰슨의 시를 먼저 출판한 업자이고, 테일러는 앤여왕법에 따라 나중에 출판한 업자이다.

앤여왕법 이전에 영국에서는 출판에서 인쇄 특권 제도를 시행했다. 영국 왕실의 검열이나 허가를 받지 않으면 출판을 할 수 없었다. 인쇄 특권을 가진 단체만 출판을 할 수 있었기 때문에 저작자보다 출판업자의 권리가 중요한 시절이었다.

출판에서부터 인정된 저작권은 점차 다른 분야로 확산된다. 1831년 음악에 대한 저작권이 인정되기 시작했다. 20세기에 들어서면 무용에 대한 저작권도 인정되었다. 무용은 보편적인 표기 체계가 존재하지 않았기 때문에 일찍부터 인정되지는 않았다. 1937년 레오니드 마신느는 와실리 드 바질을 상대로 소송을 냈다. 이후 안무에 대한 저작권 개념도 일반적으로 받아들여졌다.

저작권 보호에 대해서는 상당히 일찍부터 국제적 합의가 형성되었다. 1886년 베른 협약을 시작으로 1952년 세계저작권협약UCC, 1996년 세계지재권기구저작권조약WCT으로 이어졌다. 세계무역기구WTO 출범 때 지적재산권과 관련된 협정이 포함되었다.

20세기 후반에는 저작권 보호를 의미하는 카피라이트에 반대하는 카피레프트 운동이 태동한다. 소프트웨어 개발자 리처드 스톨먼은 컴퓨터 프로그램은 누구나 자유롭게 이용할 수 있어야 한다고 주장했다. 물론 저작권 제도를 전적으로 부인하지는 않는다. 소수 창작자의 지나친 독점에 반대하는 개념이다.

072 | 법의 정신

근대 민주주의 법사상에서 삼권분립이 일반화된 데에는 몽테스키외의 저서 《법의 정신》이 영향을 크게 미쳤다.

근대 민주주의 법사상에서 권력 분립은 핵심 요소 중 하나다. 존 로크의 2권 분립 이론도 있지만 일반적으로 삼권분립으로 자리 잡았다. 1748년 출판된 몽테스키외의 저술 《법의 정신*De l'esprit des lois*》에 힘입은 바 크다.

흔히 미국이 몽테스키외의 이론에 따라 세계사에서 처음으로 삼권분립 국가가 되었다고 설명한다. 그렇지만 몽테스키외의 이론은 민주주의 시대의 권력 분립론과는 상당한 차이가 있다.

권력을 나누어야 한다는 발상은 고대 그리스의 역사학자 폴리비오스까지 거슬러 올라간다. 그는 기원전 시대의 로마사를 정리하면서 혼합정체론을 내놓았다. 혼합정체론은 국가를 구성하는 인적 요소의 측면에서 정치체제를 설명한다.

군주, 귀족, 인민은 국가를 구성하는 3요소다. 정치체제는 군주정, 귀족정, 민주정의 세 가지로 나타나는데, 모두 타락할 수 있다(전제정, 과두정, 중우정). 따라서 로마처럼 세 가지가 혼합된 정체로 가야 한다.

로마는 집정관, 원로원, 민회가 공존했다. 집정관은 군주정을, 원로원은 귀족정을, 민회는 민주정을 반영한다. 3자가 권력을 나누어 갖고 서로 견제했기에 정치적으로 안정될 수 있었다는 주장이다.

몽테스키외는 군주제가 전제정치로 타락하지 않도록 하기 위해 삼권분립이 필요하다고 보았다. 행정권은 군주, 입법권은 귀족, 사법권은 인민이 갖는다.

그렇지만 이후 민주주의의 발전 궤적은 신분제를 타도하고 군주는 군림하되 통치하지 않는 존재가 되었다. 나라마다 시간적 차이는 있지만, 삼권분립은 민주제하에서 국가의 구성과 운영을 어떻게 할 것인가의 문제로 이해되었다.

《법의 정신》에 나타난 권력 분립론은 영국과 미국을 제외하면 환영받지 못했다. 교황청은 출판 3년 뒤 이 서적을 금서로 지정했다. 프랑스에서도 금서가 되

몽테스키외. Château de Versailles 소장.

111

었다. 절대왕정의 입장에서 군주의 권력이 약해지는 이론을 받아들일 수는 없었다.

책에서 말하는 법의 정신은 무엇이었나? 몽테스키외는 법을 사물의 본성에서 유래하는 필연적 관계로 보았다. 법은 세 가지로 구성된다. 만민법은 나라와 나라 사이에 적용된다(국제법). 정치법은 통치자와 피치자 사이에 적용된다(공법). 시민법은 평민들 사이에 적용된다(사법). 법의 정신은 이러한 관계의 총체이다.

몽테스키외는 각국의 구체적인 현실에서 출발하여 법의 정신을 탐구했다. 법을 선천적, 보편적으로 생각하지 않고 귀납적 방법을 채택했다. 법은 나라의 자연과 풍토, 습속과 종교, 가치관 등에 따라 결정된다. 각각의 나라마다 법의 내용과 형식이 달라질 수밖에 없다. 풍토가 법, 곧 사회에 미치는 영향을 중시했다는 점에서 인문지리학의 관점에서도 몽테스키외는 높이 평가받는다.

073 | 백과전서

백과전서는 신 중심 가치관에서 벗어나 이성에 입각해 항목을 서술했으며, 루소, 볼테르 등 뛰어난 계몽사상가들이 대거 참여했다.

1751년부터 한 세대에 걸쳐 프랑스에서 〈백과전서 또는 문인협회에 의한 과학, 기술, 공예에 관한 합리적 사전Encyclopédie, ou dictionnaire raisonné des sciences, des arts et des métiers〉이라는 제목의 시리즈가 출판된다.

백과전서百科全書라고 번역하지만, 사실 백과사전이다. 명칭은 백과사전이 아니어도 이 같은 종류의 책은 동서양을 막론하고 고대부터 만들어졌다. 서양은 로마시대 플리니의 《박물지》, 동양은 위나라 문제(조비) 때 《황람》을 최초로 꼽는다. 조선은 명종 9년 (1554) 어숙권의 《고사촬요》가 기록된 가장 오래된 것이다.

중국에서는 백과사전류의 책을 유서類書라고 하였다. 유서는 유학 경전의 내용을 발췌하고 주석을 붙인 책이다. 청나라의 〈고금도서집성〉은 무려 1만 권이라는 방대한 분량이다. 이수광의 《지봉유설》, 이익의 《성호사설》 등도 유서다.

백과사전이라는 말이 들어간 첫 백과사전은 1630년에 독일에서 간행됐다. 알스테드의 'Encyclopaedia Septem Tomis Distincta'이다. 영국은 1768년부터 브리태니커 백과사전을 발간한다.

유사한 종류의 책이 많았지만 프랑스혁명의 사상적 배경이 되었다는 점에서 백과전서는 역사적으로 높게 평가받는다. 중세의 신 중심 가치관에서 벗어나 이성에 입각한 관점에서 항목들을 서술했다.

루소, 볼테르처럼 서양철학사의 쟁쟁한 인물들이 대거 참여했다. 이들을 계몽사상가라 부른다. 계몽사상은 내용 면에서는 이미 17세기부터 확산되기 시작했다. 영국의 계몽사상은 홉스, 로크, 흄을, 프랑스는 데카르트와 볼테르를 대체로 기원으로 본다.

계몽사상은 칸트에 의해 학술적 용어로 자리 잡는다. 칸트는 1784년 《계몽이란 무엇인가》를 출간했다. 칸트에 따르면 계몽이란 자각하지 못한 미망의 상태에서 이성에 따라 깨어난다는 뜻이다. 결국 가톨릭 신학과 절대왕정에 반대하는 관점이다.

사실 백과전서는 직접적으로 혁명을 고취한 적은 없다. 집필자마다 생각의 스펙트럼도 다양했다. 백과전서파가 계몽 절대군주제를 신봉했다는 주장도 있다. 현실 정치 이슈에 대해서는 명확한 결론을 내리지 않았다는 비판도 있다.

074 | 옥스퍼드대학 영국법 강의

1753년 옥스퍼드대학에서 윌리엄 블랙스톤이 영국법 강의를 시작했고 블랙스톤의 견해는 당시 영국의 위상 덕분에 전 세계로 퍼졌다.

1753년 옥스퍼드 대학에서 윌리엄 블랙스톤은 영국법 강의를 시작했다. 역사상 최초의 영국법 강의였다. 블랙스톤은 이후 《영국법 주해》 또는 《영법석의》 등으로 번역되는 책을 남겼다.

블랙스톤의 법 이론에서 특출함이나 독창성은 거의 발견되지 않는다. 당시 영국에서 적용되던 법을 체계적으로 이론화했을 뿐이다. 그렇지만 18~19세기 영국이 세계에서 차지한 위상으로 인해 블랙스톤의 견해는 전 세계로 퍼졌다. 특히 건국 전후 미국법은 블랙스톤의 저술에 힘입은 바 크다.

영국법의 체계적인 이론화로 이후 민주주의 법제는 영미법계와 대륙법계로 대별된다. 대륙법은 독일, 프랑스 등 유럽 대륙의 여러 나라들에서 일반적으로 공유하는 법을 의미한다.

영미법계와 대륙법계는 민주주의 법 원칙에서 인정하는 본질적인 내용들을 대체로 공유하고 있다. 다만 논리적 근거나 인정 배경에 대한 설명은 다소 다르다. 예컨대 20세기 중반에 정립된 미란다 원칙의 경우, 결론은 같지만 결론에 이르는 논리가 다르다.

미란다 측에서는 미국 헌법의 적법절차 원칙을 끌어와 체포 이유, 변호사 선임권 등을 고지 받지 못했다고 주장했다. 결국 강간범 미란다는 절차 위반을 이유로 무죄 판결을 받았다. 비록 성문법에 규정되어 있지 않지만 재판부가 미란다 측의 주장을 법으로 인정했다.

영미법계는 이런 경우 사법부에서 법을 창조했다고 본다. 법이 없으면 재판 과정에서 법을 만들 수 있는 권한이 인정되기 때문이다. 반면 대륙법계는 판사들에게 이런 권한이 있다고 인정하지 않는다.

대륙법계의 법관들에게는 이미 존재하는 법 곧, 입법부가 제정한 법이나 불문법을 적용할 수 있는 권한만 인정된다. 그렇기에 불문법인 관습법을 찾고, 그마저도 없으면 조리(상식) 같은 법이 이미 존재한다고 전제하고 이를 근거로 재판한다.

영미법을 흔히 보통법common law라고 한다. 보통법은 재판소의 판결을 통해 오랫동안 축적된 판례법을 의미한다. 형평법은 보통법과는 다르지만 역시 판례법이다.

오랜 세월 형성된 보통법 원칙에 따른 판결을 했을 때 오히려 부당한 결론이 도출되는 경우가 있다. 이럴 때 법원은 완전히 새로운 기준에 따라 판결을 내릴 수 있다. 영미법은 사법부가 법을 창조할 수 있기 때문이다.

영국의 경우 19세기 후반부터는 보통법과 형평법을 모두 적용하여 판결한다. 1875년 영국 법원에 대한 대개혁 이후의 일이다. 형평법이 인정됨에 따라 사회 발전 상황에 따라 형평이나 평등 또는 정의의 원칙을 근거로 탄력적인 법리 전개가 가능해졌다.

영국은 세계에서 유일한 불문헌법 국가이다. 마그나카르타 이후 형성된 다양한 민주주의 문헌들이 모두 헌법이다. 미국은 영국의 법조 전통 위에 있으나, 성문법의 영향력이 영국보다는 크다.

075 | 왕은 잘못을 저지를 수 없다

READ □ | 윌리엄 블랙스톤은 왕의 무오류성을 영국 헌법의 필수적인 원칙이라고 설명했다.

《영국법 주해》에는 오늘날 민주주의 원칙에서는 이해하기 힘든 내용도 일부 포함하고 있다. 예컨대 왕의 무오류성을 영국 헌법의 필수적인 원칙이라고 설명했다. 사실 군주제 시절에는 당연하게 받아들여진 원칙이다. 가톨릭 교황청도 교황무류성教皇無謬性을 전제한다. 동양도 황제를 비롯하여 왕, 제후는 법 위의 존재였다.

법 위의 존재는 민주주의 사회에서는 인정되지 않는다. 대륙법과 영미법에서 이론적 설명은 다르지만 관련 원칙은 확고하게 정립된다. 독일은 법치주의 이론으로, 영국은 법의 지배 사상으로 세련화했다.

법 위의 존재로서 왕의 지위를 설명하는 이론이 면책특권 또는 주권면제다. 군주 주권 시대에는 당연히 군주가 주권을 가졌고, 주권자는 법적으로 면책됐다. 군주주권론은 교황의 유럽 지배에서 벗어나는 이론적 무기로서 진보적 역할을 했다. 그렇지만 곧 민주주의 시대의 국민주권론으로 대체된다.

국민 주권의 시대에 군주에 대한 면책 특권은 논리적으로 허용되지 않는다. 비록 국가원수로서 법적 지위가 규정되어 있더라도 과거와 같은 군주의 법적 지위는 인정되지 않는다. 국회의원들에게 인정되는 면책 특권은 행정부를 성역 없이 비판하라는 뜻일 뿐, 특별한 신분을 부여하지는 않는다. 외교관에 대해서도 마찬가지다.

명예혁명 이후 영국에서 군주제가 폐지되지 않고 오늘날까지 유지되는 큰 이유는 아마도 국왕도 법 아래 있다는 민주주의 원칙을 건드리지 않아서인지도 모른다. 영국의 군주는 군림하되 통치하지 않는다는 원칙이 확립됐다. 일종의 상징으로서 국기나 국가와 같은 역할이다.

21세기에 영국 국왕에 대한 민형사상 면책 특권은 여전히 인정되고 있을까? 그렇다. 다만 다른 왕족들에게는 해당되지 않는다.

076 | 인간 불평등 기원론

루소는 《인간 불평등 기원론》에서 인민주권과 자연상태를 주장하였는데, 사회주의 또는 공산주의 사상과 일맥상통한다.

근대 민주주의 법사상의 핵심 인물로 홉스, 로크, 루소를 든다. 루소는 가난한 시계제조 업자의 아들로 알려져 있다. 그렇지만 당시 귀족과 상층 부르주아지의 기준에 비춰 상대적으로 가난했을 뿐이다.

오늘날 돌아보면 루소의 사상은 사회주의 또는 공산주의 사상과 일맥상통한다. 1755년 출간한 《인간 불평등 기원론》은 인민주권을 주장하면서 그야말로 혁명적인 내용을 담고 있다. '사유재산으로 인해 인간의 평등한 상태가 사라졌다. 법은 사유재산제를 보호하기에 변혁되어야 한다.' 마르크스도 울고 갈만한 과격한 주장이다.

루소의 사상은 근대 민주주의 법사상의 일반적 논리와는 배치되는, 훨씬 과격한 주장이 많다. 예컨대 소유권의 보장은 민주주의의 핵심 중 하나지만 루소는 소유를 도둑질이라고 보았다. 부자들은 인민을 착취하는 자들이다.

압제자는 제거해야 한다. 그렇게 할 수 있는 권리는 정당하다. 프랑스혁명 이전에 나온 책이기에 혁명 과정에서 논리적 무기가 되었다. 절대왕정을 타도하려고 하는 부르주아지(시민)의 입장에서는 반가웠겠지만, 이후 권력을 잡은 부르주아지의 입장은 또 달라졌다.

루소도 사회계약론을 주장했다. 《사회계약론》이라는 제목의 책도 냈다. 루소는 홉스와 달랐다. '자연 상태는 오히려 조화롭고 아름답다. 따라서 사유재산으로 불평등하게 일그러진 법과 국가 이전의 상태로 돌아가야 한다.' 근대 민주주의의 소유권 보장 사상과는 배치되는 주장이었다. 자연으로 돌아가라는 루소의 일갈은 20세기 생태주의와는 전혀 관련이 없다.

루소의 삶에 대해서 부정적인 평가도 있다. 《에밀》 같은 교육학의 고전적 저작을 남겼지만 자식들을 고아원에 버린 비정한 부모였다. 루소의 사상이 결국 전체주의로 연결되었다는 시각도 있다. 버트런드 러셀은 히틀러를 루소의 후예로 봤다.

엥겔스의 《가족, 사유재산, 국가의 기원》과 대비해서 《인간 불평등 기원론》을 살펴볼 수도 있다. 1884년에 쓰인 엥겔스의 책은 당시까지의 인류학적 지식에 기초하여 불평등의 기원에 대한 철학적 성찰을 담았으며, 자본주의를 타도하는 볼셰비키혁명에 커다란 영향을 끼쳤다.

077 | 빵이 없으면 케이크를!

프랑스혁명 이전 앙시앵레짐의 부패와 사치를 상징하는 인물로 가장 유명한 마리 앙투아네트에 대해 잘못 알려진 것도 있다.

유럽의 18세기는 혁명을 향해 달려가고 있다. 근대 민주주의의 본격적인 서막은 프랑스대혁명이다.

국민의회 결성, 테니스 코트의 서약, 바스티유 습격처럼 1789년에 일어난 일들이 워낙 드라마틱하다. 그렇지만 프랑스혁명은 이후 근 한 세기를 이어간다. 에릭 홉스봄은 오랜 기간 벌어진 프랑스의 혁명과 산업혁명을 묶어 19세기를 '혁명의 시대'라고 명명했다.

프랑스 내부만 보더라도 공화정(1791)으로, 제정(나폴레옹, 1804)으로, 다시 공화정으로, 엎치락뒤치락 치열한 과정을 거쳤다. 혁명 이전의 부르봉 왕조가 부활하기도 했지만 혁명은 계속되었다. 7월혁명(1830), 2월혁명(1848)이 있었다. 사회주의 정권(파리 코뮌, 1871)을 세운 적도 있다.

국제적으로도 혁명에 반대하는 흐름과 찬성하는 흐름이 전쟁으로 이어졌다. 온 유럽이 전쟁터가 되었다. 흔히 나폴레옹 전쟁이라고 부르는데, 1815년에 메테르니히 체제가 형성될 때까지 이어졌다. 과격하고 급진적인 프랑스혁명과 같은 정치적 격변의 확산을 막으려고 했고, 일단 힘으로 봉합하는 데도 성공했다. 그렇지만 이후 19세기, 20세기 초반의 역사는 나라마다 경로는 다르지만 프랑스혁명과 유사한 정치적 과정을 겪는다.

혁명은 이전 시대에 대한 비판을 필연적으로 전제한다. 근거가 부족한 비난도 많다.

혁명 이전 프랑스를 앙시앵레짐이라고 한다. 마리 앙투아네트는 앙시앵레짐의 부패와 사치를 상징한다. 빵이 없으면 케이크를 먹으면 된다는 말은 역사의 진리처럼 남아 있다. 그러나 앙투아네트의 말은 혁명 이전 시대에 대한 지나친 부정적 평가에서 온 '가짜 뉴스'다.

위대한 사상가이자 다소는 난봉꾼이었던 루소는 《고백록》을 남겼다. '참회록'이라고 번역되기도 하는데, 관련 부분의 표현은 이렇다. '농부들이 빵이 없다고 하자 고귀한 공주께서 강구한 임시방편책이 생각났다. 브리오슈를 먹이자.' 브리오슈는 프랑스의 전통 빵이다.

《고백록》은 1766년 쓰였다. 프랑스혁명이 일어나기 훨씬 전이다. 마리 앙투아네트는 1755년에 태어났다. 프랑스 왕비가 된 시점도 《고백록》이 출간된 뒤다. 루소의 브리오슈 언급은 어느 순간부터 마리 앙투아네트의 에피소드로 와전되어 지금까지도 전해진다.

마리 앙투아네트의 처형 직전을 묘사한 그림

　마리 앙투아네트는 민주주의혁명 이전에는 법 위의 존재였다. 그렇지만 부르주아지의 시민혁명으로 처형되는 운명을 맞았다. 그 과정에서 실제적 근거가 없는 가짜뉴스까지 동원되었다.

　동양에도 비슷한 얘기가 있다. 백치황제로 알려진 진 혜제 사마충(사마의의 손자)은 "곡식이 없다면 왜 고기죽을 먹지 않느냐(何不食肉糜)?"라는 말을 했다고 한다. 《자치통감》에 기록되어 있다. 아직까지 지어낸 것이라는 주장은 없다.

범죄와 형벌에 관하여

이탈리아의 법학자 체사레 베카리아가 1764년에 발표한 《범죄와 형벌에 관하여》는 근대 형법학의 기본이 되었다.

18세기에 영국과 프랑스는 시민혁명을 거치면서 근대 민주주의 법 원리의 사상적 기초를 차례로 정립한다. 그런데 형법 분야에서 오늘날까지 근간이 되는 근대 민주주의 법 원리는 이탈리아에서 체계화되었다.

당시 이탈리아 지역은 유럽의 다른 강대국들 사이에서 큰 힘을 발휘하지 못하고 있었지만 과거 중세 시대에는 상공업이 크게 발전했고 르네상스를 꽃피운 곳이기도 하다. 피렌체의 메디치 가문이 큰 역할을 했다.

그렇지만 이후 작은 나라들이 각축하면서 근대 민족국가의 성립이 상당히 늦었다. 가리발디의 붉은 셔츠대가 1870년에 정복한 지역을 사르데냐 왕국에 바치는 이탈리아의 통일은 한 세기 이후의 일이다.

체사레 베카리아는 1764년 《범죄와 형벌에 관하여》를 발표하였다. '범죄와 형벌'로 번역하기도 한다. 이 책은 전 유럽으로 퍼져 지금까지도 근대 형법학의 기본으로 남아 있다.

민주주의 시대가 본격화되기 이전까지는 사적인 형벌의 집행이 만연했다. 특히 신분의 차이에 따라 상층계급에게는 그것이 당연한 권리였다. 그렇지만 점차 군주까지 포함해서 개인의 형벌권은 제한되고, 결국 국가로 귀속되게 된다.

베카리아의 형법 사상에서 핵심은 크게 두 가지다. '형벌은 법률로 규정되어야 한다', '형벌은 범죄와 균형을 맞추어야 한다'. 오늘날까지도 형법학에서 죄형법정주의와 지나친 형벌의 금지를 당연하게 생각하는 데는 베카리아의 공적이 컸다.

사회계약설은 베카리아 형법 사상의 전제다. 사람이 국가를 조직한 이유는 자유를 확보하기 위함이다. 형벌권은 각자가 내놓은 자유에서 나온다. 정도를 넘어서는 형벌권의 행사는 허용될 수 없다.

베카리아는 고문도 금지되어야 한다고 설파했다. 사형 또한 형벌로서 효과가 없다고 주장했다. 법학자로서뿐만 아니라 경제학자로도 베카리아는 주요한 업적을 남겼다. 공공경제Elementi di economia pubblica에서 수학을 경제 분석에 처음으로 이용했다.

079 | 토머스 페인의 《상식》

미국 독립에 큰 영향을 미친 문헌이 토머스 페인의 《상식》이다.

1776년 미국은 독립을 선포했다. 미국 독립의 정당성을 논한 문헌은 많다. 가장 대표적인 문헌이 《상식Common Sense》이다. 1776년 1월 페인이 출간했다. 7월 4일 독립선언문보다 6개월 앞선 일이다. 독립선언문의 내용은 페인의 주장과 거의 일치한다.

페인이 주장한 내용은 오늘날 민주주의에서 당연하게 인정된다. 그렇지만 당시에는 상식이 아니었다. 기득권자들이 받아들이려고 하지 않았으리라는 점은 충분히 예상할 수 있다. 독립 운동에 참여한 사람들도 처음부터 상식으로 인정하지는 않았다.

미국의 건국을 주도한 사람들은 영국에서 독립하면서도 영국과 같은 정치체제를 수립하려고 하였다. 그렇지만 페인은 영국은 전제정과 공화정이 어정쩡하게 섞인 특권층을 인정하는 체제라고 주장했다.

민주적 공화제만 대안으로 인정했기 때문에 다수 독립운동 지도자들의 생각과는 달랐다. 당시 지도자들이 "우리가 왕 없이 과연 살 수 있을까?"라는 고민을 했다는 기록도 남아 있다. 그렇지만 페인의 주장은 급속도로 확장됐다. 1년 동안 무려 50만 부, 적게 추산해도 15만 부가 팔렸다.

페인은 영국에서 태어난 사람이다. 열혈 청년 페인은 영국에서 핍박을 받았다. 이미 1772년에 〈간접세 관리들의 문제〉라는 글을 발표했다. 뇌물 같은 비리를 척결하기 위해 보수를 올리라고 주장했지만 일하던 세무서에서 해고됐다.

운 좋게도 페인은 영국에 와 있던 프랭클린을 만나 소개장을 받는다. 미국 독립 선포 2년 전에 필라델피아로 건너갔다. 기자로 일하다가 독립전쟁에 참전했다. 나중에는 프랑스혁명에도 직접 참여했다.

세계사적 영향력은 엄청났지만 개인적인 삶은 고난의 연속이었다. 선동적인 글을 지속적으로 발표했기 때문이다. 영국은 반역죄로 기소했다. 프랑스혁명 과정에서도 혁명 지도자들과 뜻이 맞지 않아 투옥되기도 했다. 독립 이후 미국에서도 좋은 대접을 받지는 못했다.

1797년 페인은 《토지 분배의 정의》를 발표하여 재산 소유의 불평등을 비판했다. 독립국 미국의 새로운 기득권층의 심기를 건드렸다. 《이성의 시대》로 인해 무신론자로 몰리기도 했다. 《상식》은 엄청나게 많이 팔렸지만 페인은 인세를 받지 않았다.

서얼허통절목

서양에서 신분제가 철폐되는 흐름으로 가던 시기 조선에서도 신분제 차별이 완화되고 있었다.

동서고금을 막론하고 법적 신분이 뚜렷이 구분되던 시대의 말로 하기 힘들 정도의 고통이 다수 기록되어 있다. 위대한 문학예술로 남은 작품에 반영된 차별은 후세 사람들이 더욱 관심을 가지게 된다.

조선의 경우 〈홍길동전〉이 대표적이다. 적자와 서자를 차별하는 법으로 인해 받은 고통을 허균은 판타지 활극으로 형상화했다. 허균이 저자가 아니라는 주장도 만만치 않다. 누가 썼든 그 시절의 고통은 감해지지 않는다.

서자는 본처가 아닌 첩의 자식을 말한다. 서와 얼은 첩의 신분이 다르다. 서庶는 첩이 양인일 때, 얼孽은 첩이 천인일 때 쓴다. 조선 전기와 중기에 서얼은 과거(대과)를 볼 수 없었다.

정조 1년(1777) 서얼허통절목이 발표됐다. 낮은 관직에만 진출하는 것이 허용되었던 서얼에 대한 차별을 없애고 높은 관직으로 진출을 허통(허락)한다는 뜻이다. 서얼이라는 점을 밝혀야 한다는 한계는 있었지만 과거를 볼 수 있게 됐다. 절목은 오늘날의 말로 하면 조목 또는 조항이다.

정조는 능력이 출중한 서얼 출신을 규장각 관리로 임용하고 우대했다. 실학자로 이름이 남아 있는 이덕무, 유득공, 박제가 등이 혜택을 본 인물들이다. 새 제도는 적서차별이 완전히 철폐되는 갑오개혁 때까지 시행되었다.

조선 시대 적서 차별은 태종 15년(1415) 서얼금고령으로 거슬러 올라간다. 이후 조금씩 제한이 풀리긴 했지만 300년 이상 유지되었다. 이방원이 서얼금고령을 내린 이유에 대해 과거에 정도전이 옹립하고 이성계가 총애한 세자 방석이 서자였기 때문이라는 설이 있다.

〈홍길동전〉의 모델이 된 실제 사건이 있다. 광해군 5년(1613) 칠서지옥이다. 일곱 명의 서자들을 감옥에 가뒀다는 뜻이다. 광해군의 동생인 영창대군을 옹립하려 한 모반 사건이다. 영창대군은 강화도에서 8세의 나이로 죽는다.

칠서지옥을 일으킨 7인 중 심우영이 허균의 제자이다. 이 때는 그냥 넘어갈 수 있었지만, 허균도 다른 역모 사건에 엮여 처형되었다. 허균은 적서 차별과 관련하여 〈유재론〉을 남겼다. 인재를 제대로 쓰지 않는 것은 하늘을 거스르는 일이며, 서얼 차별은 조선에만 있는 폐단이라고 주장했다.

081 | 김계손 형제 살인 사건

동양에서 부모의 원수를 갚는 경우는 일반적인 살인죄와 달리 취급했다.

민주주의 시대가 되면서 형벌권은 국가만 행사할 수 있게 된다. 사적인 문제에서도 자력구제 금지가 대원칙이다. 빌려준 돈을 떼였다고 힘으로 해결하면 안 된다. 민사 소송을 통해 국가의 도움을 받아 강제집행을 해야 한다.

21세기에도 '법보다 주먹이 앞선다'는 말이 통용되긴 하지만, 공식적으로 인정되지는 않는다. 국가의 형벌권과 강제집행권 독점은 민주주의 사회를 증명하는 하나의 징표다. 과거에는 사적인 복수가 허용되는 경우가 있었고, 결투가 분쟁 해결의 수단으로 받아들여지기도 했다.

서양의 경우 결투는 1세기경 게르만족의 풍습을 기원으로 보는 경우가 많다. 유럽에서 결투는 15세기에 금지되었지만 19세기까지 성행했다. 특히 상류층과 지식인들은 명예를 지키기 위해 결투를 하는 유행에 동참했다.

민주주의 이전 시대에 사적인 복수가 인정되기는 했지만 전면적으로 허용된 건 아니었다. 합당한 이유가 있어야 했다. 동양의 경우, 부모의 원수를 갚는 경우는 일반적인 살인죄와 달리 취급했다.

1788년 김계손과 김성손은 원수를 살해하고 자수했다. 〈정조실록〉에 따르면 이들의 아버지를 죽인 자가 무죄로 풀려나 어딘가로 도망쳤다. 두 아들은 1년 넘게 추적해서 복수했다. 사사로이 원수를 갚은 경우 형장 60대를 치거나 유배를 보내야 했다.

그렇지만 정조는 두 형제를 용서했을 뿐만 오히려 관리로 등용했다. 〈정조실록〉에서는 '비분강개하여 죽기는 쉽지만 차분히 죽음을 향해 나아가기는 어렵다'고 한 옛사람의 말을 인용하며 형제의 의기를 칭찬한다.

유교 경전에는 부모의 원수를 갚는 일은 오히려 의리를 행하는 것이라는 취지의 문구가 들어 있다. 명나라 때는 《대명률》에 부모의 복수에 대한 처벌은 감경한다는 내용이 공식적으로 들어갔다. 조선도 《속대전》에 관련 내용을 반영했다.

정조 대에 부모의 원수 말고도 사적인 복수를 감경한 사례는 더 있다. 김은애 사건 그리고 신여척 사건이다.

김은애는 한 동네에 살던 노파를 살해하고 자수했다. 노파로부터 음란하다는 모함을 받아 원통함을 덜기 위해서라고 주장했다. 신여척은 보리 2되 때문에 동생을 절굿공이로 때린 이웃에게 훈계를 하러 갔다가 살인까지 저지르게 된다.

정조는 이들의 원통함이 정당하다고 인정했다. 신여척에 대한 정조의 판결에 대해 정약용은 《주례》의 내용에 부합하고 정의로 사람을 죽인 경우에 해당한다고 보았다.

082 | 프랑스대혁명

READ ☐ 　프랑스혁명 과정에서 신분제가 타도되고 앙시앵레짐의 기득권을 누리던 상층계급이
　　　　　단두대에서 처형되었다.

드디어 프랑스에서 혁명의 불꽃이 타올랐다. 1789년부터 5년간 프랑스는 내전에 돌입했다. 인류사에서 프랑스대혁명에 버금가는 정치적 격변은 많았다. 수많은 왕조가 교체되었다. 때로는 역성혁명도 있었다.

그렇지만 프랑스대혁명은 사상의 혁명이 법으로 확고하게 규범화된, 그야말로 '혁명'이었다. 인류가 수천 년 동안 당연하게 생각했던 신분제는 명실상부하게 타도되었다. 앙시앵레짐의 기득권을 누리던 상층계급의 많은 사람들이 단두대에서 처형되었다.

이후 혁명은 과격하게 흘러 자코뱅당이 주도했다. 자코뱅은 과격파들이 자주 모인 수도원의 명칭이다. 온건파들은 지롱드주 출신이 많아 지롱드당으로 불렸다. 자코뱅당의 지도자 로베스피에르가 주도한 짧은 통치 기간을 공포정치라 부른다. 테러리즘에 기초한 독재정치의 원형으로 보는 시각이 많다.

테르미도르의 반동으로 공포정치는 그리 오래 가지 못했다. 로베스피에르도 1794년 처형되었다. 로베스피에르는 루소를 숭배했는데, 낡은 사회 구조를 완전히 청산하려고 했다. 소유의 평등까지도 주장했다.

이후 프랑스는 공화정이 무너지고 나폴레옹의 황제정으로, 왕정 복고로 회귀한다. 19세기 프랑스에서는 민주주의와 앙시앵레짐의 엎치락뒤치락이 계속 이어졌다. 1870년 제3공화국 수립 이후에야 공화정이 확고히 정착한다.

1871년에 짧은 기간 파리에만 한정되었던 코뮌도 있었다. 마르크스로부터 높은 평가를 받았다.

083 | 프랑스 인권선언

READE ☐ 프랑스대혁명 과정에서 수립된 국민의회는 모든 인간이 자유롭고 평등한 권리를 가지고 태어났음을 천명한 인권선언을 선포했고, 2년 뒤 프랑스 헌법에 그대로 채택되었다.

〈프랑스 인권선언〉은 혁명의 불꽃이 타오른 첫 해에 선포되었다. 혁명 과정에서 수립된 부르주아지(시민)가 주도한 국민의회는 모든 인간이 자유롭고 평등한 권리를 가지고 태어났음을 천명했다. 2년 뒤 프랑스 헌법은 인권선언의 내용을 그대로 채택했다.

〈프랑스 인권선언〉을 기초한 사람은 라파예트다. 라파예트는 귀족이었지만 시민혁명을 주도한 지도자였다. 1776년 미국의 독립선언이 발표되자 다음 해 아메리카 대륙으로 건너가 독립전쟁에도 참여했다. 미국 독립영웅으로 활약하다 다시 프랑스로 돌아와 국민의회를 주도하였다.

국민의회에 참여하기 전에는 귀족으로 구성된 신분제 의회인 명사회의 의원이었다. 원래 라파예트는 오노레 미라보와 함께 입헌왕정 수립을 희망했다. 그렇지만 혁명은 곧, 이들 초기 지도자들의 손을 떠났다. 라파예트는 세월이 흘러 1830년 7월 혁명 때에도 여전히 시민혁명의 지도자로서 활약했다.

정식 명칭은 '인간과 시민의 권리 선언'이다. 모든 인간이 자유롭고 평등한 권리를 가지고 태어났다는 점을 제1조에 못 박았다. 사회적 차별은 오로지 공공 이익에 근거해야 허용될 수 있다는 내용이 덧붙어 있다.

〈프랑스 인권선언〉에는 오늘날까지 민주주의 국가 헌법이 의거하고 있는 많은 원칙들이 담겨 있다. 자유권과 재산권(제2조), 국민주권(제3조), 법에 따른 형벌권 행사(제7조), 죄형법정주의(제8조), 무죄추정의 원칙(제9조), 사상과 표현의 자유(제11조), 권력분립(제16조),

장 자크 프랑수아 르 바르비에의 작품. Musée Canavalet 소장.

125

소유권(제17조) 등이다.

일반적으로 〈프랑스 인권선언〉의 영향에 대해서는 자유권을 중심으로 논의가 전개되어왔다. 신체 안전에 대한 권리(제2조), 공직자에게 행정에 관한 보고를 요구할 권리(제15조) 등은 비교적 최근에 관심받기 시작한 주제들로 볼 수 있다.

당시 법철학적 논의를 일부 반영한 흔적도 있다. 법을 일반의지의 표현(제6조)으로 본다, 권리를 자연권(제2조)으로 본다는 조문이 그렇다. 법이 금지할 행위의 기준으로 사회에 해로운 행위(제5조)를 제시한 점도 특기할 만하다.

시민의 부담도 몇 가지 규정하고 있다. 인권과 시민권을 보장하려면 공권력이 필요하다(제12조)는 점을 명시했다. 공권력 유지와 행정비용 조달을 위해 조세를 부과(제13조)하도록 했다. 〈프랑스 인권선언〉은 시민들이 재산 규모에 따라 조세를 부과해야 공정하다고 보았다.

084 | 프랑스혁명에 관한 성찰

영국의 에드먼드 버크는 1790년 프랑스대혁명을 비판적으로 성찰하고, 보수주의를 정치사상으로 정립하는 책을 출판했다.

프랑스대혁명 과정에서 좌파(좌익), 우파(우익)라는 말이 생겨났다. 혁명 중에 국민의회에서는 여러 당파가 경쟁했다. 진보가 왼쪽, 보수가 오른쪽에 자리 잡았다. 단순히 좌석의 위치를 의미했던 좌우는 정치적 스펙트럼을 뜻하는 보통명사가 되었다.

영국의 에드먼드 버크는 프랑스대혁명을 비판적으로 성찰하면서, 오늘날까지도 영향력이 크게 남아 있는 보수주의를 정치사상으로 정립했다. 책 제목은 상당히 길다.《프랑스혁명과 이에 관한 런던 시민단체의 움직임에 관한 고찰》.

1790년에 출간했다. 아직 혁명이 끝나지도 않았는데 팸플릿 전쟁이라고 할 만큼 논쟁이 치열했다. 버크는 혁명을 회의적으로 봤지만 찬성하는 견해도 많이 나왔다. 메리 울스턴크래프트의《인간의 권리 옹호》가 같은 해에 나왔고, 토머스 페인은 다음 해에《인간의 권리》를 출간했다.

버크는 자유와 민주주의에 대한 확고한 지지자였다. 다만 전통에 대한 존중을 중시하고 이성에 대한 맹신을 경계했다. 영국의 정치가로서 프랑스대혁명보다 한 세기 전에 진행된 명예혁명의 전통을 높이 평가할 수밖에 없었으리라.

버크의 정치적 행보를 보면 이 점은 확실하다. 아일랜드 가톨릭교도에 대한 탄압을 비난했고, 영국의 제국주의 정책도 비판적으로 바라봤다. 프랑스혁명과는 달리 미국의 독립전쟁은 지지했다. 왕권은 당연히 입헌적으로 제약되어야 한다고 보았다. 버크는 자유주의적 정치인으로 분류되기에 부족함이 없다.

다만 프랑스대혁명은 재앙으로 보았는데, 이성에 대한 철학적 관점 때문이었다. 미국 독립혁명과 영국의 명예혁명은 전통을 수호한다. 그렇지만 프랑스대혁명은 이성에 대한 과신으로 인위적인 진보를 추구한다. 오히려 전통을 파괴한다. 이성은 불완전하고 통제할 수 없어 의도치 않

에드먼드 버크

메리 울스턴크래프트   토머스 페인

은 부작용이 초래되기 마련이다. 인간이 신이 되려고 하면 결국 악마가 되고 만다는 것
이다.

철학적인 면에서 버크는 20세기 두 차례의 세계대전 이후의 포스트모더니즘의 선구
라 할 만하다. 버크는 사회를 추동하는 힘은 이성도 있지만 정념도 있다고 보았다. 정념
情念, Passion은 감정과 비슷한 철학적 개념이다.

어쨌든 후세인들의 버크에 대한 오해는 큰 문제다. 어찌 되었든 버크는 민주주의와
자유 같은 가치를 부인하지는 않았다. 오늘날 보수주의는 가치는 빠지고 인용되는 경우
가 많다. 보수주의자라고 자처하면서 법을 제안하는 사람들은 과연 스스로가 가치의 면
에서 버크의 후예인지 되돌아볼 필요가 있다.

085 | 1791년 수정헌법

미국은 독립을 선포하면서 인류 최초로 왕이 없는 시대를 열었다.

미국은 1776년 독립을 선포했다. 메이플라워호를 타고 건너간 영국인들을 시작으로 미국 지역에는 여러 식민지가 결성됐다. 독립을 선포할 즈음 식민지는 13개였다. 북미 대륙에 성립된 영국의 식민지는 다른 지역의 유럽 식민지와는 다소 성격이 달랐다.

우선 영국 본국에서 마그나카르타부터 명예혁명까지 꾸준히 민주주의가 발전했다. 또한 식민지 지역에서도 메이플라워 서약을 비롯하여 새로운 자치적 법 규범들이 생성되었다. 여러 요소들이 합쳐져서 미국은 민주주의의 새로운 실험장이 됐다.

독립을 주도한 이른바 건국의 아버지들은 왕 없이 살 수 있을까를 고민했다는 기록이 남아 있다. 수천 년 동안 군주제에서 살아온 인류는 이제 'president'를 최고 수반으로 하는 시대를 맞이하게 된다.

미국의 정치제도는 이외에도 유럽이나 다른 대륙의 국가들과는 본질적으로 다른 면이 많았다. 의회의 확고한 우위, 국가에 버금가는 주들의 연방체제, 권력에 대한 극도의 불신과 시민의 무장권까지.

1783년 파리조약을 체결하고 영국은 미국의 독립을 승인했다. 독립전쟁이 한창이던 1781년 제정된 헌법규약은 1787년 연방헌법으로 거듭났다. 1789년부터 효력이 발생했고, 이후 미국 헌법은 21세기까지 그대로 적용되고 있다.

역사는 불과 300년이지만 현실적인 규범력을 발휘하고 있는 헌법으로는 가장 오래되었다. 미국 헌법이 '수정조항'이라는 방식을 채택했기 때문이다.

대한민국의 경우 1948년 이후 70여 년의 헌정사에서 헌법을 개정할 때마다 기존 헌법을 폐기했다. 내용은 거의 그대로 이어졌지만 새로 개정한 헌법에 따른다. 다른 나라도 대부분 마찬가지다.

미국의 첫 수정헌법은 1791년에 추가되었다. 이때 추가된 10개 조를 권리장전이라고 한다. 자유권적 기본권이 연방헌법에 포함되었다.

다른 나라 헌법의 기본권 조항과 구분되는 점은 무기휴대의 권리(수정2조), 민간인 주거지에 대한 군대 주둔 금지(수정3조) 정도. 헌법이 금지하지 않는 권한은 주 또는 국민이 가진다는 내용(수정10조)도 있다. 우리 헌법처럼 헌법에 열거되지 않는 권리도 보장된다(수정9조)는 조문도 있다.

수정헌법은 노예제 폐지(수정13조), 대통령 3선 금지(수정22조)처럼 지속적으로 추가된다. 금주법을 만들 때(수정18조)도 폐지할 때(수정21조)도 수정헌법이 추가되었다. 수정헌법 21조는 수정헌법 18조를 폐지한다는 내용이다.

086 | 노예무역 폐지 결의안

영국의 윌버포스는 기독교의 복음주의 정신에 충만하여 노예제 폐지에 앞장섰으며 1792년에 그의 노예무역 폐지 결의안이 영국 의회를 통과했다.

고대사회에서 노예는 당연한 상식이었다. 노예는 사람이었지만 법적으로는 물건이었다. 소유주의 재산이었기에 사고 팔 수 있었다. 사적인 처벌이 가능한 경우도 많았다.

근대 민주주의혁명 이전에는 국가 내에서도 신분에 따라 지역에 따라 법이 다른 경우가 많았다. 법 앞에 모든 사람이 평등하다는 사상, 국가 내 모든 국민에게 같은 법을 적용한다는 사상은 인류사 전체로 보면 그리 오래 되지 않은 혁명적 발상이다.

노예 해방을 위한 18세기 영국 윌버포스의 노력은 특기할 만하다. 윌버포스는 요즘 말로 하면 금수저를 갖고 태어나 평탄한, 아니 럭셔리한 삶을 산 정치인이었다. 그런데 뜻밖에도 기독교의 복음주의 정신에 충만하여 노예제 폐지에 앞장섰다. 1792년 윌버포스의 노예무역 폐지 결의안이 영국 의회를 통과했다.

북미 대륙의 경우 식민지가 설립되면서부터 아프리카 흑인 노예가 거의 동시에 들어왔다. 1619년 버지니아 식민지에 대한 네덜란드 상인의 판매 기록이 존재한다. 유럽에서 건너간 백인들은 주로 기간제 노동자 신분이었지만, 아프리카 흑인은 노예로 팔려왔다.

노예무역은 삼각무역으로 이뤄졌다. 유럽에서 싣고 간 술과 총을 아프리카에 팔고 흑인들을 아메리카 대륙에 싣고 간다. 신대륙의 물산을 유럽에 다시 팔고 나면 엄청난 이윤이 남았다. 아프리카 출신 흑인 노예의 숫자는 정확하게는 알 수 없으나 대략 1500만 명 정도로 추정한다.

노예무역을 반대하는 목소리는 퀘이커교에서 시작됐다. 1727년 허용할 수 없는 관행이라고 선언했고, 1783년에는 협회를 설립했다. 윌버포스 이전에도 정치권에서 노예무역을 폐지하려는 움직임이 있었지만, 1772년 하틀리의 비난 동의는 통과되지 못했다.

윌버포스의 결의안 이후에도 법으로 노예무역 폐지안이 통과되기까지는 몇 년이 더 걸렸다. 1807년에야 가능했다. 이론적으로는 1786년에 발간된 클라크슨의 《노예제도·인간매매론》이 큰 역할을 했다.

덴마크는 영국보다 앞선 1802년에 노예무역을 금지했다. 미국도 1807년에 노예무역은 금지됐다. 점차 노예제 자체를 폐지하는 방향으로 역사는 전진했다.

서인도 제도의 경우 1838년 노예해방령이 통과됐다. 소유주에게 대가를 지급하고 노예를 풀어주는 내용이다. 프랑스는 1848년 2월 혁명 전후 폐지됐다. 미국은 내란(남북전쟁)을 거쳐 1863년에야 폐지됐다.

영구평화를 위하여

칸트는 《영구평화를 위하여》를 출간하여 세계적 규모에서 영구평화의 법적 상태를 이 룩하려면 어떤 조건이 필요한지 논했다.

30년전쟁 이후 구 신성로마제국 지역(유럽 중부와 동부)은 프로이센과 오스트리아로 크 게 나뉜다. 오스트리아까지 포함하여 독일을 통일하자는 주장(대독일주의)과 프로이센 을 중심으로 통일하자는 주장(소독일주의)이 19세기 후반까지 격렬히 부딪혔다. 1871년 비스마르크의 독일 통일은 소독일주의에 의거했다.

베스트팔렌조약이 체결되었지만, 이후에도 이 지역에서는 계속 전쟁이 빈발한다. 범 독일 지역 안의 각축뿐만 아니라 이웃 나라들과 견제와 야욕이 결합되었다. 전쟁, 평화 협정, 다시 전쟁, 다시 평화를 합의하는 과정이 지속된다.

칸트는 1795년 《영구평화를 위하여》를 출간했다. 그 해 4월 프로이센(프러시아)과 프 랑스의 평화협정을 비판하면서 세계적 규모에서 영구평화의 법적 상태를 이룩하려면 어떤 조건이 필요한지 논했다. 3년 전 프로이센은 프랑스대혁명에 개입하기 위해 전쟁 을 일으킨 바 있다.

칸트의 대안은 궁극적으로는 세계 정부 수립이다. 세계적 판도에서 각국이 주권을 양도하여 국제조직을 창설해야 한다고 주장했다. 그렇지만 당장에 이룩할 수 없는 목표 다. 따라서 당면해서는 모든 국가를 민주적으로 전환하고 국가 간 연맹을 만들어야 한 다고 보았다.

아울러 전쟁을 막기 위해서는 비밀 조약 및 상비군 폐지, 세계 공민법 확립 등의 조치 가 필요하다고 보았다. 세계 공민법의 주요 내용으로 모든 국가에 대한 자유로운 방문 권을 포함해야 한다고 주장했다.

당시 유럽 각지에서 근대민족국가가 성립되는 과정을 돌아보면 칸트의 견해는 일리 가 있다. 각 지역에서 근대국가가 형성되면서 지역 내 폭력 행사의 합법적 권한을 독점 했다. 국가 내에서는 평화가 달성된다. 이런 메커니즘을 세계적 차원으로 확장할 수 있 다는 논리적 결론이 가능하다.

칸트의 영구평화론은 생 피에르와 루소의 영향을 받았다. 생 피에르는 계몽된 군주 들의 연합과 국제군 창설로 영구평화를 확립할 수 있다고 보았다. 루소는 생 피에르의 견해가 추상적이고 실현가능성이 없다고 보았다. 루소는 공화국 형식을 갖춘 인민 주권 국들의 연합을 제안했다.

칸트의 영구평화론은 20세기 후반에 민주적 평화론으로 발전한다. 탈냉전 이후 미 국 외교정책이 민주적 평화론에 따르고 있다는 주장도 있다. 한편 민주적 평화론은 미국의 패권 논리를 정당화할 뿐, 칸트의 영구평화론을 왜곡했다는 시각도 있다. 통계적으로는 근대 이후 민주 국가들 간에는 전쟁이 거의 일어나지 않았다는 점이 증명되고 있다.

V 1800년대

088 | 마버리 대 매디슨 사건

왕이 법을 만들고 집행을 하고 재판도 하던 시대는 민주주의 시대로 접어들면서 정당성을 잃는다. 권력 분립 원칙에 따라 국가작용도 입법, 행정, 사법으로 나뉘었다. 입법부가 만든 법에 따라 행정을 하고 잘못이 있으면 사법부가 구제한다. 체포나 구속처럼 인권을 심각하게 제약할 때 검사는 법관의 영장을 받아야 했다. 법관은 사법부 소속이고 검사는 행정부 소속이다.

미국이 건국되고 얼마 되지 않은 1803년에 대법원이 강력한 권한을 확립한다. 사법부는 입법부가 만든 법률까지도 위헌 여부를 심사할 수 있게 된다. 마버리 대 매디슨 사건을 통해서다.

이후 민주주의 역사에 엄청난 영향을 미쳤지만, 사건 자체는 당시의 권력투쟁을 반영한 에피소드에 불과하다. 매디슨은 3대 대통령 제퍼슨이 취임한 직후 임명된 국무장관으로 공화파 소속이었다. 마버리는 전임 아담스 대통령의 임기가 끝나기 직전 컬럼비아 지구에 치안판사로 임명됐다. 반대파인 연방파 소속이었다. 아담스는 연방파의 사법부 장악을 위해 임기가 끝나는 날 법원조직법을 개정하고 판사들을 대거 임명했다.

물리적으로 임명장을 교부받지 못했을 뿐 모든 절차가 마무리된 상태였다. 새 대통령 제퍼슨은 임명장 수여를 거부했고, 마버리는 임명장을 달라는 소송을 냈다. 마버리는 1789년 제정된 사법령에 따라 대법원이 직무집행명령을 내릴 수 있기 때문에 권한을 행사하라고 요구했다.

대법원장 존 마샬은 곤란한 입장에 처했다. 법에 따라 대법원장으로서 직무집행명령을 내릴 수 있었지만 매디슨 국무장관이 임명장을 줄 리 없었다. 명령을 내리지 않으면 새 정부의 손을 들어주는 셈이 된다.

존 마샬은 고심 끝에 사법령이 위헌이라고 선언했다. 대법원의 권한을 확대 해석해서 헌법에 위배된다는 논리였다. 법률이 위헌이므로 대법원장으로서 직무집행명령을 내리지 않았고 사건은 마무리됐다. 정치적으로 존 마샬은 자신이 속해 있던 연방파에 반대되는 판결을 내린 셈이 됐다.

존 마샬은 1801년에 임명되어 1835년 사망할 때까지 대법원장 자리에 있었다. 미국 대법관은 종신직이기 때문이다. 무려 한 세대가 넘는 세월 동안 대법원장으로서 10건이 넘는 법률에 대해 위헌 결정을 했다. 존 마샬을 대법원장에 임명한 사람은 연방파 대통령 아담스였다. 사법부의 위헌 법률 심사 권한은 이제는 되돌릴 수 없는 대원칙이다.

089 | 나폴레옹법전

로마법은 시민혁명 이후 나폴레옹 법전으로 체계화되었으며, 전 세계로 확산되어 오늘날 세계 각국의 다양한 법의 뿌리가 되었다.

대혁명을 거쳐 나폴레옹이 집권한 프랑스는 1804년 법전을 정비한다. 나폴레옹법전은 유스티니아누스법전, 함무라비법전과 함께 세계 3대 법전으로 불린다.

함무라비법전은 기록으로 확인되는 가장 오래된 체계화된 법전이다. 유스티니아누스법전은 로마법을 집대성했다. 로마법은 민주주의혁명 이후 나폴레옹법전으로 다시 체계화된다.

나폴레옹법전은 전 세계로 확산되었다. 오늘날 세계 각국에 다양한 법이 있지만 그 뿌리는 결국 로마법이다. 여기에 지역과 민족, 체제에 따라 고유법의 내용이 어느 정도 반영되었을 뿐이다.

1804년 3월 2281개 조의 민법전이 공포됐고, 3년 뒤 상법전도 시행됐다. 이후 형법, 민사소송법, 형사소송법까지 모두 5개의 법전이 정비됐다. 나폴레옹은 자신이 주도한 전쟁의 승리보다 법전의 정비를 더 위대한 업적으로 생각했다고 알려져 있다.

흔히 근대 민주주의 민법의 3대 원칙으로 소유권 절대(불가침), 계약의 자유(사적 자치), 과실책임(자기 책임)을 든다. 나폴레옹법전에서 도출한 원칙이다. 19세기 사회주의의 부상과 20세기 환경운동의 영향으로 원칙은 일부 수정되지만 21세기까지도 근간은 유지되고 있다.

물론 오늘의 기준으로 보면 시대에 뒤떨어진 내용도 일부 포함하고 있다. 아내의 복종 의무, 노동조합 금지, 남자 자녀만의 상속, 식민지 노예 제도 등이다. 그렇지만 대혁명을 거치면서 정립된 민주주의 인권 원칙이 민법 원칙으로 구체화된 역사적 의의는 폄하할 수 없다.

나폴레옹 법전 이후 프랑스에는 단일한 법률제도가 적용된다. 근대민족국가는 국가 내에서의 단일한 법률 제도 적용을 하나의 특징으로 한다. 나폴레옹법전이 본격적인 계기가 되었다고 할 수 있다.

나폴레옹법전을 기초한 사람은 포르탈리스다. 가족법 분야는 직접 집필했다. 저술로 《민법전 서론》을 남겼다.

090 | 곡물법

민주주의 시대 이후의 법의 역사를 단순화하면 부르주아지의 이해관계를 보장하는 법과 이에 맞서는 법의 대립으로 볼 수 있다.

민주주의는 부르주아지가 주도하였다. 법 앞에서야 누구나 평등했지만 돈과 권력과 연줄에서 부르주아지와 다른 계급계층의 차이는 점차 두드러졌다. 부르주아지가 경제의 중심이 되는 자본주의는 산업혁명과 결합하고 경제적 격차는 더욱 두드러지기 시작한다. 물론 초기에는 앙시앵레짐의 기득권을 보장하는 법을 철폐하기 위한 부르주아지들의 노력이 있었다.

영국에서는 1660년에 곡물법이 제정되어 1804년까지 시행됐다. 법의 내용은 간단하다. 국내 소맥(밀) 가격에 따라 외국 소맥 수입 때 붙는 세금을 달리 정하도록 했다. 1815년 다시 제정된 곡물법은 소맥 가격이 많이 떨어질 때 아예 곡물 수입을 금지토록 했다.

과거에 영국은 곡물 수출국이었지만 이 즈음 곡물 수입국이 되어 있었다. 산업혁명은 한편으로 곡물 수요를 늘렸지만, 자본주의의 발전으로 인해 농업 공황도 발생하였다. 곡물법은 어느 경우든 소맥 가격의 심각한 하락을 막아 소맥 생산 지주들의 수익을 보전할 수 있게 했다.

곡물법은 한 세대 만에 결국 폐지된다. 기득권 지주층에 대한 부르주아지의 법적 승리였다. 콥덴과 브라이트는 반곡물법동맹Anti-Corn Law League을 결성하고 곡물법 철폐를 주도한 인물이다.

콥덴과 브라이트는 보호무역을 전면 반대하는 경제적 자유주의의 입장을 취했다. 아담 스미스와 리카도의 경제학 이론에 기초하였다. 아담 스미스는 경제학의 태두로 꼽히는 학자로 자유방임주의를 주장했다. 국가의 경제 관여는 최소한으로 제한되어야 한다고 했다.

콥덴은 면직물 상인이었고 브라이트는 방적업 경영주였다. 이들의 활동은 자기 자신, 곧 부르주아지의 이해를 관철하기 위한 것이었다. 이후 영국의 산업자본이 세계를 주름 잡는 계기를 마련했다.

091 | 흥부의 매품팔이

READ 아시아에서도 점차 자본주의 요소가 서서히 성장하고 노동자들도 조금씩 증가하는데, 이러한 시대 상황을 반영한 문학이 〈흥부전〉이다.

오늘날 흥부에 대한 해석은 다양하다. 우선, 양반집에서 태어나 과거의 가치를 여전히 중시하는 몰락한 선비 또는 가난한 농민으로 본다. 이렇게 보는 시각에서는 놀부를 적극적으로 평가한다. 신흥 부자(경영형 부농), 곧 자생적인 자본주의 요소의 발전에 따라 성장한 기업가적 정신의 소유자로까지 격상된다.

흥부의 다양한 날품팔이에 주목하는 이들은 이즈음 점차 늘어나던 임노동자의 상징으로 본다. 흥부는 심지어 부자가 받아야 하는 매까지 대신 맞으려고 한다. 안타깝게도 흥부는 결국 매품을 팔지 못한다. 공교롭게도 사면령이 내렸기 때문이다.

나중에 흥부는 제비 다리를 고쳐주고 구원을 받는다. 현실적인 방법으로는 경제 여건을 뒤집기 어려운 상황을 반영한 장면이라 할 수 있다. 이야기는 흥부의 착한 행동을 교훈으로 삼는 권선징악 메시지로 바뀌어 오늘날까지 전해지고 있다.

흥부전에서는 당시의 법 현실을 두루 살펴볼 수 있다. 매품팔이는 오늘날 생각하기 힘든 일이다. 조선시대에는 매품뿐만 아니라 군역(국방 의무)도 군포(옷감)를 내면 대신할 수 있었다.

형제인 흥부와 놀부의 지나친 격차는 형의 성격보다는 조선 후기로 넘어오면서 장자 위주로 바뀐 상속 제도를 탓해야 한다.

조선 초기 《경국대전》은 본처의 자식인 경우 시집간 딸도 균등하게 상속받도록 규정했다. 1476년 편찬된 〈성화보〉(안동 권씨 족보)를 보면, 딸과 외손자가 출생 순서에 따라 기록됐다. 그저 법만 그랬던 것이 아니다.

그렇지만 조선 후기에는 완전히 달라졌다. 제사를 모신다는 이유로 장손은 호의호식하며 잘 산다는 넋두리가 〈흥부전〉에 등장한다. 이 시기에 전통적인 신분제 질서가 뒤흔들리는 모습도 많이 나타났지만, 성리학 이념에 따른 신분질서가 더 강화되어 왜곡된 모습으로 고착되기도 했다.

092 | 미주리 타협

미국의 노예제 폐지는 산업혁명의 진전에 따라 본격화된 공업 중심 산업자본가들과 농촌 부르주아지들의 대결을 반영한다.

영국에서 곡물법이 농업을 근간으로 하는 지주층과 산업자본가들의 대립을 반영했다면 미국에서는 주로 노예제를 둘러싼 갈등으로 표출됐다.

노예제 폐지는 종교적, 도덕적, 사상적으로 인간의 평등을 향한 인류애적 노력의 산물로 평가할 수 있다. 그렇지만 한편으로는 산업혁명의 진전에 따라 본격화된 공업 중심 산업자본가들과 농촌 부르주아지들의 대결을 반영한다.

당시 미국 남부는 목화를 중심으로 한 농업 자본주의에 기초했다. 반면 미국 북부는 상대적으로 공업이 더 발달했다. 남부는 식민지 시절부터 노예제를 활용하여 엄청난 농업 생산력을 일궜다. 반면 북부는 법적으로 자유로운 임금노동자 대열이 필요했다.

미국은 독립 당시 13개 주였지만 점차 늘어났다. 인구 6만 명이 넘으면 새로운 주로 연방에 가입했다. 미주리주 가입 전까지 노예제를 폐지한 주와 유지한 주가 각각 11개로 같았다.

1819년 미주리주가 새로 연방에 편입하려고 할 때 노예제 폐지 문제는 첨예한 정치적 이슈가 되었다. 새로 가입하는 주가 노예제를 채택하느냐 폐지하느냐에 따라 전국적인 판도가 달라지기 때문이었다. 미주리주는 노예제 유지 주였다.

노예제 폐지들은 미주리주의 연방 편입을 반대했다. 이 문제는 이후 추가로 메인주가 편입 신청을 하면서 해결됐다. 메인주는 노예제를 폐지했기 때문에 균형이 맞았다. 각 주들은 노예제 문제에 대한 향후 기준을 정했다. 미주리 타협이라고 한다.

내용은 이렇다. 향후 노예제를 폐지 주와 유지 주의 수를 같게 유지한다. 미주리주의 경계선인 북위 36.5도를 기준으로 북쪽은 노예주를 설치하지 않는다. 당시 노예제 채택 또는 폐지 여부는 주 스스로 정했다.

어정쩡한 타협은 그리 오래 가지 못했다. 1833년에 미국노예제폐지협회가 결성되고 본격적으로 노예제 폐지를 위한 정치활동이 시작됐다. 설립자는 윌리엄 개리슨이다. 프레더릭 더글러스는 흑인 명연설가로 역사에 기록되었다.

미국 노예제는 결국 내전(남북전쟁)을 불렀고, 남부 지역은 독립국가를 선포하기도 했다. 1865년 북부의 승리로 전쟁이 끝났고, 1870년 수정헌법 13~15조가 통과됐다. 법적으로 미국의 노예제는 모든 주에서 완전히 폐지된다.

093 | 먼로주의

READ ☐ 19세기 유럽 제국주의에 맞서 약소국은 통상 수교 거부 정책을 실시했고, 미국은 먼로주의를 주창했다.

1800년대는 제국주의가 최고조에 이른 시대였다. 유럽의 강대국은 다른 대륙의 나라들에 대해 지배권을 무한정 확장하려고 하였다.

이 시절 국가 간 통상은 당사국 간의 조약 체결을 통해 이뤄졌다. 제국주의 강대국들은 약소국에 대해 불평등조약 체결을 강제했다. 그로티우스 이후 국제법 원칙이 정립되기 시작했지만 강대국들 사이에서만 적용됐다.

상선에 군대를 싣고 가 무력시위를 벌였고 때론 전쟁도 불사했다. 유럽의 제국주의 세력은 조선에도 영향력을 미치려고 시도했다. 조선의 개항은 결국 이웃 일본의 강압으로 이뤄졌다(강화도조약).

작은 나라들은 큰 나라들의 진출 또는 침략에 맞서려고 하였다. 이러한 노력은 주로 통상 수교 거부로 나타났다. 대원군의 쇄국정책은 척화비를 유적으로 남겼다. 척화는 서양과 화친을 배척한다는 뜻이다. 통상은 주로 무역을 의미한다.

독립 후 얼마 되지 않은 신생국 신세였던 미국은 이 시기 먼로주의를 발표해 일종의 통상 수교 거부 정책을 채택한다. 1823년 먼로 대통령은 아메리카 대륙과 유럽의 상호 불간섭 원칙을 천명했다.

먼로주의는 엄밀하게 구분하면 단순한 통상 수교 거부는 아니다. 점차 성장하는 미국의 국력을 바탕으로 한 아메리카 대륙에 대한 예비 패권 선포로 보아야 한다. 당시 아메리카 대륙에서는 과거 에스파냐와 포르투갈 식민지들이 차례로 독립을 선언하고 있었다.

미국의 먼로주의는 힘이 뒷받침되지 않았으면 그저 선언으로 끝나고 말았을 것이다. 당시 미국의 국력은 영국과 다시 치른 전쟁(영미전쟁)을 대등하게 수행할 정도로 성장해 있었다.

차티스트운동

민주주의가 발전하고 있었지만 보통선거가 시작되기까지는 엄청난 희생과 노력이 필요했다.

시민혁명 이후 확고하게 부르주아지가 주도권을 쥐게 된 민주주의 국가에서는 점차 노동자계급이 정치의 주역으로 성장한다. 민주주의의 발전이 앞서고 산업혁명이 본격화된 영국에서 가장 먼저 움직임이 나타났다. 차티스트운동Chartist Movement, 곧 인민헌장 People's Charter운동이다.

차티스트는 인민헌장을 주장하는 사람들이라는 뜻이다. 세계사에서 차티스트운동은 주로 노동자계급의 선거권 확보를 위한 노력을 뜻한다. 민주주의 시대는 모든 사람이 법 앞에 평등하다고 선언했지만, 1인 1표의 선거권, 곧 보통선거가 시작되기까지는 엄청난 피, 땀, 눈물이 필요했다.

영국에서는 1832년에 도시의 중산층들에게까지 선거권이 부여됐다. 집을 소유하고 연 10파운드 이상의 집 관련 세금을 내는 사람들만 국민의 대표를 선출하는 절차에 참

런던 케닝턴의 1848년 차티스트운동 집회 사진

여할 수 있었다.

영국의 노동자계급은 선거권 확대를 위한 투쟁을 전개했다. 1838년부터 10년간 벌어진 노동자들의 투쟁이 차티스트 운동이다. 인민헌장의 요구 사항은 보통선거권, 비밀투표, 선거구의 평등, 의회 선거의 매년 실시 등이었으며 재산 기준으로 후보자를 한정하는 제도의 폐지도 주장했다.

1860년대부터는 여성들이 본격적으로 선거권 확보를 위한 운동에 돌입한다. 에멀린 팽크허스트는 여성사회정치연합을 설립했다. 1913년 에밀리 와일딩 데이비슨Emily Wilding Davison은 왕이 참여한 경마대회에서 왕이 탄 말 앞으로 뛰어들며 선거권을 요구하다가 희생되기도 했다.

미국도 마찬가지로 일정한 규모 이상의 재산이 있는 사람들에게만 선거권을 부여했다. 미국 흑인의 경우 1870년까지 선거권이 없었다. 여성들은 1920년까지 기다려야 했다.

세계적으로 여성 참정권이 가장 빨리 주어진 곳은 뉴질랜드다. 1893년의 일이다. 유럽에서는 1906년 핀란드가 가장 빨랐다. 21세기가 되었지만 모든 나라에서 보통선거권이 인정되는 것은 아니다. 사우디 여성들은 2015년에야 투표권을 행사하게 됐다.

차티스트운동은 노동자계급이 본격적인 정치운동을 벌인 첫 사례로 평가된다. 이들은 부르주아지와 동일한 권리를 주장했다. 이후 노동자계급은 자본주의를 철폐하는 사회주의 운동으로 더 나아간다.

현대로마법체계

근대법학의 발전은 독일에서 본격화되었다.

민주주의 시대로 접어들면서 프랑스에서 법 규범을 집대성했다. 나폴레옹법전은 전 세계로 퍼져갔다. 그렇지만 근대 법학의 발전은 독일에서 본격화되었다. 프리드리히 사비니가 1840년부터 발간한 《현대로마법체계》는 가장 대표적인 초기 저술이다.

프리드리히 사비니는 독일의 법학자로 역사법학파의 창시자로 알려져 있다. 역사법학은 법 형성의 주체를 민족정신에서 구한다. 사비니의 《현대로마법체계》는 오늘날까지도 독일 민법학의 기초이자 국제세계 사법私法학의 기초가 되었다.

당시 법학의 대세는 자연법론이었다. 비역사적이고 추상적인 사변思辨을 통해 법의 내용을 확정하려고 하였다. 반면 사비니는 법은 인위적으로 만들어지지 않으며 이미 역사적으로 형성된 민족의 법적 확신에 따라 체계를 구성해야 한다고 보았다.

그런데 아이러니하게도 사비니에게 독일 민족의 법적 확신인 민족정신은 독일 고유의 법이 아니었다. 사비니는 로마법을 독일 민족정신의 표현으로 보았다.

당시 독일에서 자연법론을 대변한 학자는 A. 티보다. 티보는 독일 통일을 위해 통일법전을 편찬하자고 주장했다. 사비니는 이미 독일 민족은 로마법을 법적 확신으로 갖는다고 보고 이를 무시해선 안 된다고 주장했다.

민법의 특별법인 상법학의 정립에는 레빈 골트슈미트의 이름이 등장한다. 1864년부터 펴낸 《상법요강》이 대표 저술이다. 로마법을 중심으로 하고 중세 이탈리아법도 반영하여 상법의 체계를 잡았다.

사비니의 역사법학은 독일 법학의 기본 특징인 개념법학으로 나아갔다. 개념법학은 법전은 이미 논리적으로 완결되어 있다고 전제하고 구체적 사안에 적용하여 논리적 결론을 내리기만 하면 된다고 본다. 역사적 연구를 통해 민족정신의 발현으로서 법을 온전하게 정립했다는 전제가 있기 때문에 가능한 이론이다.

독일 법학은 독일 민족의 근대 국가 수립 이전에 성립됐다. 당시까지 독일은 각 지역마다 별도의 법이 적용되었다. 란트법이다. 사비니를 비롯한 독일 근대 법학은 결국 당시 란트법을 분석 대상으로 하였다.

비스마르크의 독일 통일은 1871년의 일이다. 독일민법전은 1896년에 공포되어 1900년부터 시행되었다. 일본은 독일민법전을 전면적으로 받아들였다. 일본민법은 식민지 시대는 물론이고 대한민국 정부 수립 이후에도 상당 기간 동안 그대로 적용되었다.

096 | 자베르를 위한 변명

빅토르 위고의 소설 《레미제라블》에 나오는 자베르는 오늘날까지도 냉혹한 공권력의 대명사이자 잔혹한 법 집행자로 자리매김하고 있다.

대문호 빅토르 위고는 1862년 《레미제라블》을 발표했다. 미제라블은 비참하다는 뜻이다. 주인공은 장발장이다. 장발장은 자베르에게 평생 쫓겨 다닌다. 자베르는 오늘날까지도 냉혹한 공권력의 대명사이자 잔혹한 법의 집행자로 자리매김하고 있다.

《레미제라블》은 19세기 앙시앵레짐과 부르주아지들이 엎치락뒤치락 하는 상황에서 하층계급의 비참한 삶을 대하소설로 풀어낸 그야말로 걸작이다. 한편으로 당시 부르주아지가 앙시앵레짐을 타도하고 확고하게 주도권을 장악해가는 시대를 잘 반영하고 있다.

《레미제라블》은 법에 대한 부정적인 인상을 남겼다. 법을 집행하는 공권력으로서 자베르는 냉혹하기 그지없고, 가진 자들만 편드는 편협한 인물이다. 그렇지만 달리 보면 자베르는 법을 수호하고, 엄정하게 집행해야 한다는 자신의 직업적 소명에 충실한 인물이기도 하다. 법이나 인간에 대한 진정한 성찰이 부족한 한계는 있지만 자신의 직업과 신념에 충실한 인물로, 법을 진정 지키고자 노력한 인물로 볼 수도 있다.

1887년 출판본 《레미제라블》에 수록된 자베르 삽화. State Library of Victoria 소장.

097 | 솔페리노의 회상

앙리 뒤낭이 출간한 《솔페리노의 회상》은 국제적십자운동이라는 위대한 캠페인으로
이어졌으며, 국제법의 근본 원칙에 반영되었다.

《레미제라블》이 출간되던 해에 앙리 뒤낭은 《솔페리노의 회상》을 출간했다. 《레미제라블》은 문학 그 자체로 인류의 위대한 자산이 되었다. 《솔페리노의 회상》을 알지 못하는 이들이 더 많지만, 이는 국제적십자운동이라는 위대한 캠페인으로 남았다. 국제법의 근본 원칙에 반영되어 인류에 크게 공헌했다.

앙리 뒤낭은 사업가로 식민지 미개척 지역의 개발을 위해 동분서주하였다. 솔페리노는 당시 프랑스가 오스트리아와 전쟁을 벌이던 전장이었다. 원래 뒤낭은 나폴레옹3세를 찾아가 사업 자금을 지원받으려고 하였다.

그런데 뒤낭은 솔페리노에서 수만 명의 전쟁 희생자를 보고 뜻밖에도 구호 활동에 나섰다. 당시 경험을 출판한 책이 바로 《솔페리노의 회상》이다. 이후 뒤낭은 전쟁을 하더라도 적군 부상자를 치료해주자는 획기적인 사상을 국제기구 설립으로 현실화하였다. 1863년 국제적십자사가 창립되었고 한 해 뒤에는 적십자조약이 체결되었다.

이후 뒤낭의 개인적인 삶은 평탄하지 않았다. 사업에 실패하고 국제적십자사 회장 자리에서도 물러났다. 그나마 제1회 노벨평화상 수상자로 선정되어 죽기 전에 세계적으로 공로를 인정받았다. 뒤낭의 생일인 5월 8일이 적십자의 날이 되었다.

그로티우스 이후 본격적으로 발달한 국제법은 뒤낭 같은 선구자들의 노력 덕분에 전쟁을 예방하고 평화를 유지하는 방향을 지니게 된다. 전쟁을 줄이려는 노력과 함께 전쟁이 일어난 경우 희생을 최소화하는 방향에서 각종 규범이 마련된다.

비록 적군이라 하더라도 부상자를 치료하자, 민간인의 희생은 최소화하자, 지나친 살상 무기는 사용하지 말자. 오늘날 상식이 된 원칙들이지만 당시까지만 해도 그렇지 않았다. 선구자들의 헌신적인 노력 덕분에 전쟁을 하더라도 최소한 인도주의 원칙을 견지해야 한다는 규범이 정립될 수 있었다.

전쟁 중 희생자 보호를 목적으로 하는 법을 국제인도법이라 한다. 국제적십자운동은 국제인도법의 보급과 연구를 중요한 활동 내용으로 삼고 있다. 20세기 중반이 되면 국제법은 전쟁을 완전히 불법화하는 방향으로 더욱 진전한다.

098 | 인도 총독부 법무관

영국 법사학 고전으로 평가받는 헨리 제임스 메인의 《고대법》은 법률이 어떻게 발전해왔는지에 대한 역사적 통찰을 다뤘다.

헨리 제임스 메인은 1847년부터 케임브리지대학에서 로마법을 강의했다. 이를 정리하여 1861년 《고대법》을 출판했다. 영국의 역사법학 고전으로 평가된다. 법률이 어떻게 발전해왔는지에 대한 역사적 통찰을 다뤘다. 오늘날까지도 널리 읽힌다.

메인은 다음 해부터 6년 동안 인도 총독부 법무관으로 근무했다. 인도에서 여러 가지 법안을 기초하고 통과시켰다. 귀국 후 옥스퍼드대학 교수가 되었다. 1871년에 인도 경험을 바탕으로 《촌락공동체》를 출간했다.

우리는 일제시대라는 역사적 경험이 있어 식민지에 대한 이미지가 고정되어 있다. 다 같은 식민지라는 말을 쓰지만 사실 같지 않다. 일본의 식민지로 전락한 대한제국, 영국 이주민들이 개척한 아메리카 대륙, 영국과 프랑스 같은 유럽 제국주의가 정복한 아시아, 아프리카. 식민지마다 법과 현실이 전혀 달랐다.

인도의 경우 영국은 처음 본국에서 법을 만들었다. 1773년 영국은 '유럽과 인도에서 동인도회사의 업무관리를 위한 규제 확립에 관한 법률'을 제정한다. 레귤레이팅법이다. 당시 총리의 이름을 따서 노스규제법이라고도 한다. 이전까지 동인도회사는 영국 왕의 특허장에 따라 특권을 인정받았다. 그렇지만 레귤레이팅법은 회사를 의회가 관장하도록 했다. 인도 총독부 법무관으로 메인이 파견될 즈음 인도에서 적용할 법을 현지에서 일부 제정케 하였다.

인도의 촌락공동체는 영국의 식민지로서 인도가 갖는 특징을 잘 보여준다. 오늘날까지도 국가적으로는 민주주의를 채택했지만 카스트 제도를 비롯한 인습적 영향이 강력히 남아 있는 현실을 이해할 수 있는 하나의 키워드이기도 하다. 왕조와 국가가 변해도 인도의 기본 단위는 촌락이다. 촌락 단위는 자급적이며 내부적으로 전혀 평등하지 않다.

간디는 인도인들이 가진 국가에 대한 희박한 관념과 촌락에 대한 자부심, 인도의 내부 지역감정과 종교적 차이를 제국주의 지배를 당하는 원인으로 보았다. 그래서 간디는 죽을 때까지 전 인도의 국가적 통일을 위해 헌신적인 노력을 벌였다.

영국 식민정책의 일환으로 서구 법이 도입되었고, 법의 지배 원칙이 적용되었다. 인도 형법은 1861년 제정되었다. 인도의 법은 영국의 영향과 인도 고유의 촌락공동체 요소가 혼재되어 있다. 독립 이후 인도는 영국 연방에서 탈퇴하지 않은 채 현재까지도 회원국 지위를 유지하고 있다.

099 | 8시간 노동제

국제노동자협회에서 1866년에 처음으로 8시간 노동제의 법제화를 요구했다. 같은 해 미국노동총동맹이 8시간 노동제를 내걸고 벌인 파업에서 많은 희생자가 나왔는데 이를 추모하여 노동절로 국제적으로 기리게 되었다.

노동자계급의 정치운동은 사회주의 운동으로 나아갔다. 1864년 국제노동자협회 International Working Men's Association가 결성되었다.

1848년 《공산당 선언》을 발표한 칼 마르크스와 후원자이자 동지인 프리드리히 엥겔스가 이론적으로 뒷받침하였다. 마르크스와 엥겔스는 스스로 과학적 사회주의를 표방하였다.

10여 년의 활동 후 해산하였고 후속 조직이 연이어 결성되었다. 세계사에서는 이들을 번호를 붙여 인터내셔널로 부른다. 국제노동자협회는 제1인터내셔널이다. 소련에서 사회주의혁명을 성공시키고 2년 뒤인 1919년 결성된 제3인터내셔널은 코민테른, 곧 공산주의 인터내셔널Communist International이라고 불린다.

제2인터내셔널은 프랑스대혁명 100주년을 기념하여 1889년 결성되었다. 5월 1일을 국제 노동절(1889), 3월 8일을 여성의 날(1910)로 선포하였다. 노동절과 여성의 날은 21세기에도 널리 기념되고 있다.

노동자계급의 정치운동 인터내셔널은 유럽에서 주도하였지만, 노동절은 미국에서 유래하였다. 1886년 미국노동총동맹은 8시간 노동제를 내걸고 파업을 벌였다. 경찰의 지나친 탄압으로 많은 이들이 희생됐다.

8시간 노동제는 제1인터내셔널에서 1866년에 법제화를 처음 요구하였다. 당시 자본주의는 장시간 노동과 저임금이 당연했다. 어린아이까지 공장에서 일을 시켰다. 산업혁명으로 급속도로 경제는 발전했지만, 늘어나는 노동자 대열은 열악한 처지를 감수해야만 했다.

민주주의 법 이론은 이러한 현실을 외면하였다. 자유주의 사상에 따라 국가가 관여하는 영역을 최소화해야 한다고 보았기 때문이다. 법 앞의 평등이라는 철학은 이성을 가진 자유로운 개인들의 자율적인 법률관계 형성을 이상으로 보았다.

그렇지만 노동자의 현실은 국가의 개입을 요구하였다. 결국 노동자계급은 하루 24시간을 셋으로 나눠 노동시간을 1/3 이내로만 쓰도록 법제화하는 강령을 내놓았다. 이후 노동자계급 곧 프롤레타리아트와 부르주아지의 대립에 대한 국가의 관여가 점차 강화된다.

우선 노동법은 노동시간을 포함하여 최저 근로기준을 정해 고용계약의 내용을 제한하였다. 노동법 이상의 합의는 무방하지만 법이 정한 기준에 미치지 못한 경우 허용되지 않았다.

노동자들의 단결도 점차 법적으로 인정되었다. 노동조합을 만들어(단결권), 기업과 단체로 협상하고(단체교섭권), 자신들의 요구를 관철하기 위해 실력행사(단체행동권)까지 할 수 있게 되었다.

고용되지 못한 하층민들에 대해서 국가는 복지법으로 개입하였다. 20세기 유럽의 복지국가가 한 세기를 풍미하였다. 1980년대 신자유주의가 부상하지만 복지국가의 관성은 21세기까지 여전히 이어지고 있다.

경제법도 만들어졌다. 거대 기업으로 성장한 자본가들의 독점 같은 불공정 경쟁을 금지하는 법이다. 미국에서 본격적으로 발전하였다. 20세기 중반에는 환경보호에 대한 인식이 확산되어 또 한 차례 자유주의 법사상은 수정된다.

19세기 노동자계급의 주요 강령이었던 8시간 노동제는 21세기를 살아가는 오늘까지도 완전하게 실현되지 않았고, 주 35시간 노동제를 실시하는 프랑스나 주 4일 노동제를 채택한 벨기에 정도를 제외하면 여전히 노동자들의 강령으로 남아 있다. 한국의 경우 2022년 대선에서 심상정 후보가 주 4일제 복지국가를 내세웠다.

100 | 사쓰마-조슈 동맹

사카모토 료마는 일본도 서양과 같은 근대국가 체제로 전환되어야 한다고 믿고 사쓰마-조슈 동맹을 체결했다.

서양에서 8시간 노동제의 법제화를 요구한 1866년, 일본의 사쓰마번과 조슈번은 동맹을 체결한다. 사쓰마-조슈 동맹은 이후 일본은 물론 아시아의 판도를 좌우하는 큰 물결이 된다.

번은 일본 봉건시대의 행정구역 명칭이다. 일본은 고대국가의 율령체제(나라-헤이안 시대)를 거쳐 12세기부터 약 700년 간 막번체제였다. 막번은 막부와 번이 합쳐진 말이다. 막부(바쿠후)는 무사계급이 장악한 일본의 중앙권력을 의미한다.

1871년 번을 폐지하고 현으로 행정구역을 바꿀 때까지 261개의 번이 있었다. 막부의 최고 실권자를 쇼군(將軍), 번의 우두머리를 다이묘(藩主)라고 했다. 단순한 행정구역의 조정이 아니었다. 일본의 봉건체제가 강력한 중앙집권적 근대국가 체제로 바뀌는 과정에서 나타난 변화다. 본격적인 시작이 바로 사쓰마-조슈 동맹이다.

일본의 막부체제는 크게 세 시기로 구분된다. 미나모토노 요리토모의 가마쿠라 막부(1192), 아시카가 타카우지의 무로마치 막부(1338), 도쿠가와 이에야스의 에도 막부(1603)로 이어졌다. 가마쿠라, 무로마치, 에도는 지명이다. 에도는 오늘날 도쿄다.

사쓰마번과 조슈번은 에도 막부와 대립하면서 가장 강력한 무력을 보유하고 있었다. 사카모토 료마가 아니었다면 다시 내란을 통해 네 번째 막부체제로 전환되었을지도 모를 일이다. 사카모토 료마는 사쓰마-조슈 동맹을 조직하고 내란을 막았다. 사카모토 료마는 일본도 서양과 같은 근대국가 체제로 전환되어야 한다고 믿고 정력적으로 활동했다.

결국 막부가 정권(대정大政)을 덴노(국왕)에게 돌려주는(봉환奉還) 타협안을 모두가 받아들였다. 1867년 대정봉환에 이어 다음 해에는 메이지 정부가 수립된다. 메이지(明治)는 대정을 봉환받은 제12대 국왕이다.

메이지 정부가 실시한 각종 법 제도의 개혁을 메이지 유신維新이라고 한다. 유신은 벼리(維)를 새롭게(新) 한다는 말이고, 벼리는 그물코를 꿰는 굵은 줄을 뜻한다. 낡은 제도를 완전히 새롭게 바꾼다는 뜻으로 쓰인다.

101 | 자유민권운동

위로부터의 개혁이 실시된 일본에서는 자유민권운동 같은 움직임이 있었지만 민주주의 세력의 힘은 미약했다.

19세기 말 일본의 메이지 유신과 비스마르크가 주도한 독일의 통일은 대표적인 이른바 위로부터의 개혁이다. 기존의 지배층이 민주주의의 껍데기를 받아들이고 근대국가를 정비한 후 본격적으로 제국주의 침략에 나섰다. 위로부터 개혁을 단행한 나라들에서 앙시앵레짐 지배층은 20세기 1, 2차대전이 일어나 연합국에 패배하기까지 지배권을 유지한다.

물론 내부적으로 민주주의 세력과 갈등을 겪었다. 일본에서는 미약했지만 자유민권운동이 존재했다.

일본의 자유민권운동을 대변하는 인물은 나카에 조민이다. 1865년 번의 파견유학생으로 선발되어 엘리트 교육을 받았다. 나카에 조민은 동양의 루소로 불린다. 이미 1874년부터 불란서학사를 열어 서양의 민주주의 이론을 교육했다. 1882년 루소의 사회계약론을 《민약론》이라는 제목으로 번역하여 소개하였다.

동양자유신문, 자유신문, 입헌자유신문 등 자유민권운동을 대변하는 신문에 많은 글을 냈고, 중의원으로 당선되어 정치활동을 직접 한 적도 있다. 북문신보 주필로 있을 때 갑신정변에 실패하고 일본에 망명 중이던 김옥균과 만났다.

흔히 1874년 민선의원 설립 건백서 사건을 일본 자유민권운동의 시초로 본다. 건백서는 건의서와 비슷한 말이다. 메이지 정부는 자유민권운동을 탄압했다. 1889년 공포된 일본제국헌법은 민주주의적 원칙과는 거리가 멀었다. 1890년 수립된 제국의회도 마찬가지였다.

자유민권운동이 주장한 근대적인 헌법 제정과 삼권분립은 제대로 실현되지 않았다. 당시 제정된 제국헌법을 흠정헌법이라고 한다. 흠모하고 존경의 대상이 되는 천황이 제정한 헌법이라는 뜻이다. 천황이 손수 제정하여 신민에게 내려주는 헌법인 셈이다.

제국헌법에 따르면 천황은 신성불가침의 존재다. 행정, 입법, 사법의 모든 통치권을 가졌다. 주권도 천황에게 있었다. 심지어 잘못된 통치의 책임은 보필하거나 도운 사람에게 있다는 내용도 있다. 2차대전 이후 미국 맥아더가 기초한 새로운 헌법안에서도 천황은 건드리지 않았다.

자유민권운동의 지도자들은 민권사상을 대중적으로 확산하기 위해 노래를 만들어 보급했다. 엔제츠카(演説歌)는 나중에 엔카가 되었다. 처음에 엔카는 이성간의 사랑 타령을 다룬 노래가 아니었다.

102 | 납본 제도

READ ☐ 저작권을 인정받기 위해 출판물을 의회도서관에 제출하도록 한 납본 제도는 전 세계로 확산되었다.

유럽과 미국에서는 지식의 축적과 유통에 대한 관점에 변화가 생겨났다. 15세기 구텐베르크가 발명한 활판인쇄술에 따라 상업적 출판 시장이 이미 널리 형성되어 있었다.

1870년 미국 의회도서관은 납본 제도를 도입했다. 법을 개정해 저작권을 인정받으려면 출판물을 의회도서관에 제출하도록 했다. 책이나 잡지 같은 출판물을 낸 경우 2권씩 의회도서관에 제출하는 제도는 전 세계로 확산되었다.

납본 제도의 목표는 도서관 보유 장서를 안정적으로 확충하려는 것이었다. 그렇지만 납본 제도는 민주주의가 발달하지 않은 곳에서는 검열 수단으로 악용되었다.

미국 의회도서관은 건국 이후 얼마 지나지 않은 시기인 1800년에 설립됐다. 권력 분립이라는 민주주의 법사상에 따른 의회도서관의 설립 목적과 운영 원칙은 이전의 도서관과 달랐다. 국민의 대표인 입법부가 행정부와는 별도로 정보를 수집할 수 있어야 한다고 보았다. 그래야 독립적으로 행정부를 감시하고 견제할 수 있기 때문이다.

동서양을 막론하고 고대부터 도서관에 해당하는 기관은 존재했다. 고대 그리스의 알렉산드리아도서관은 무려 70만 권의 장서를 소장하고 있었다고 전해진다. 정조 1년(1776)에 설치한 조선의 규장각은 오늘날까지도 아직 다 열람이 되지 않았을 정도로 큰 규모의 도서관이다.

알렉산드리아도서관 같은 과거의 도서관에 축적된 지식은 방대했지만, 관련 분야 전문가 또는 상층계급 관계자들만 열람할 수 있는 경우가 대부분이었다. 서양 중세 시대는 물론 근대로 넘어와서도 수도원의 도서관이 소장한 자료는 일반인들이 열람할 수가 없었다.

민주주의 시대가 열리면서 도서관의 위상에 대한 인식이 근본적으로 달라졌다. 1789년 프랑스는 왕실도서관을 국민도서관으로 바꾸었다. 미국에서는 다양한 도서관을 각지에 설립하여 시민들이 지식을 쉽게 습득할 수 있도록 했다. 1837년 매사추세츠주에서 도서관법을 통과켰고, 2년 뒤 409개의 도서관이 설립된다. 영국도 1892년 공공도서관법을 제정했다. 독일은 1889년부터 도서관 설립 운동이 본격화되었다.

미국의 공공도서관 시스템 수립에는 프랭클린의 공로가 컸다. 미국은 건국 전인 1731년에 이미 필라델피아도서관조합을 결성해 민간 도서관을 설립했다.

1872년 독일의 법학자 예링은 《권리를 위한 투쟁》을 발간했다. 《권리를 위한 투쟁》은 1859년 출간된 밀의 《자유론》과 함께 오늘날까지도 널리 읽히는 민주주의 법사상 고전이다.

국가적 공동체를 어떻게 구성하고 운영할 것인가에 대한 규범은 고대부터 존재했지만, 민주주의 시대 도래 이후 국가의 목적은 본질적으로 달라진다. 국가를 구성하는 개인의 자유와 권리를 보장하는 조직으로 이해되기 시작한다.

자유와 권리 보장과 관련하여 시민혁명 과정에서 수많은 선언들이 제출된 바 있다. 민주주의가 자리 잡는 과정에서 제정된 법 규범도 많다. 선언과 실정법의 내용은 점차 학자들의 체계적인 이론화 과정을 밟게 된다.

예링은 당시 독일 법학계에서 널리 받아들여졌던 역사법학의 태두였다. 《로마법의 정신》(총 4권)을 남겼는데, 역사법학파의 마지막 금자탑으로 평가되는 저술이다. 예링의 강의를 들은 바 있는 러시아 황태자 레오 갈리친은 예링에게 '법학의 프로메테우스'라는 별칭을 붙이기도 했다.

당시 유럽을 풍미하던 사회학적 실증주의(콩트), 공리주의(벤담), 진화론(다윈) 등 다양한 학문의 영향을 받아 예링의 법사상은 점차 목적법학으로 나아갔다. 인식의 발전은 1877년과 1883년 《법의 목적》 1, 2권으로 집대성되었다.

《권리를 위한 투쟁》에는 새로운 법학의 관점을 모색하는 예링의 견해가 반영되어 있다. 책은 이렇게 시작한다. "법률의 목적은 평화이며, 이에 도달하는 수단은 투쟁이다." 예링은 법과 정의를 위한 투쟁을 시민의 의무로 설정했다.

역사법학에서는 법을 민족정신의 소산으로 보았다. 로마법이 이미 각 민족의 정신으로 뿌리내려 있기에 로마법을 계수했다는 논리다. 그런데 예링은 사회현상의 원동력을 인간의 목적으로 보았다. 법은 저절로 생성되지 않고 특정한 목적에 따라 만들어진다고 주장했다. 로마법의 계수 또한 인간의 목적을 실현하기 위한 과정으로 설명했다.

목적법학의 관점은 법을 해석하는 방법론에도 영향을 미쳤다. 당시 독일에서 일반적으로 받아들여지던 개념법학은 문언 곧, 법조문의 언어적 해석이 중심이었다. 그렇지만 예링 이후 법의 목적을 고려하여 해석해야 한다는 관점이 일반적으로 받아들여진다.

104 | 자유론

밀은 《자유론》에서 시민적 자유 또는 사회적 자유의 의미를 강조했다.

《권리를 위한 투쟁》이 권리에 대한 민주주의 법사상의 대표적 저술이라면 밀의 《자유론》은 자유와 관련된 민주주의 고전이다.

민주주의의 정착에 따라 다수의 지배가 이루어지고 있는 상황에서, 밀은 다수의 횡포를 우려한다. 과거의 군주처럼 물리적인 폭력을 휘두르지는 않지만 권력을 쥔 다수가 민주주의적 방식을 앞세워 개인의 자유를 억압할 수 있기 때문이다.

밀의 우려는 다음 세기에 좌우 극단의 정치체제로 나타난다. 독일의 나치즘과 소련의 현실 사회주의는 20세기 전반기, 후반기 차례로 역사의 뒤안길로 사라졌다. 자유에 대한 밀의 선구적인 통찰 덕분에 양극단으로 치달은 다수의 횡포를 넘어 민주주의가 굳건히 살아남을 수 있었다면, 너무 지나친 평가일까?

밀이 다룬 자유는 이전까지 철학이나 신학에서 논하던 자유와는 거리가 있다. 신의 의지나 과학적 법칙에 상관없이 과연 인간은 자유로운 의지를 가질 수 있는가? 철학이나 신학에서는 이를 결정론과 비결정론 같은 키워드로 설명해왔다.

밀은 시민적 자유 또는 사회적 자유의 의미를 강조했다. 민주주의를 통해 다수의 지배가 점차 확립되어가는 과정에서 모든 개인의 자유를 확보하는 문제를 고민했다. 다수의 의지가 소수의 이익과 행복을 언제든 억압할 수 있다고 보았기 때문이다.

모든 개인의 자유 확보 곧, 다수의 행복과 개인의 행복을 조화시키기 위해 밀은 특히 사상과 양심의 자유, 단결의 자유를 중시했다. 취미와 탐구의 자유, 토론의 자유도 강조했다.

19세기 후반 국제법 분야의 두 가지 큰 성과는 국제적으로 도량형을 통일하려는 미터법조약(1875)과 저작권 보호를 위한 베른조약(1886)이다.

도량형은 길이(度), 부피(量), 무게(衡)를 의미한다. 단위법의 통일은 대체로 넓은 지역에 대한 단일하고 강력한 통치권이 확립될 때 수반된다. 고대 중국에서 오늘날과 같은 거대한 광역을 차지하고 통일을 이룩한 진시황이 대표적인 예다. 진시황은 도량형과 함께 도로를 정비하고 화폐도 단일화했다.

서양도 마찬가지다. 오늘날까지도 시계와 각도기에 쓰이는 60진법은 수메르, 바빌로니아 문명까지 거슬러 올라간다. 60진법은 로마의 12진법으로 이어졌다. 태양력은 고대 이집트에서 B.C. 4000년경 사용됐다.

오늘날 대부분의 국가에서 사용하는 미터법은 프랑스대혁명 이후 도입됐다. 프랑스는 각 지역마다 달랐던 법을 나폴레옹법전으로 통일하였고, 도량형을 미터법으로 통일하였다. 당시 프랑스의 도량형 단위가 무려 25만 개나 되었다는 주장도 있다.

당시 프랑스 과학계에서 제안한 1미터의 기준은 지구 자오선의 4000만 분의 1이었다. 자오선은 천문학과 지리학에서 쓰는 개념이 다소 달랐다. 대략 북극과 남극을 잇는 지구의 원둘레 길이로 보면 된다. 오늘날에는 빛 또는 전자파의 진공 중 파장을 기준으로 정한다.

유럽 국가들을 필두로 미터법조약이 제정되었지만 국제적으로 확산되기까지는 상당히 오랜 시간이 걸렸다. 우리나라는 1902년 대한제국 시절 도입됐다. 그렇지만 1960년 관련 법령이 공포된 이후에도 기존의 전통적인 도량형을 쉽게 대체하지 못했다.

미국은 21세기로 넘어온 오늘까지도 미터법을 따르지 않는 대표적인 국가이다. 물론 1975년 미터전환법을 제정하고, 1988년 이 법을 강화하여 1992년부터는 연방정부 사용이 의무화되었다. 그럼에도 1999년에 어이없는 우주선 사고가 일어나기도 했다. 미 항공우주국NASA은 당시 화성 기후 궤도선에 표기된 단위를 미터법으로 알고 조종했다. 그런데 정작 록히드 마틴이 제작한 탐사선은 야드파운드법을 따르고 있었다.

도량형의 통일은 강력한 단일 통치권 확립과 맞물려 있다. 이제 세계 대부분의 나라에서 미터법을 적용하게 된 오늘, 전 지구적 차원의 단일한 통치권 확립을 위한 전제 조건이 마련되었다고 할 수 있을까?

범죄인론

형법학에서 범죄의 원인과 관련하여 롬브로소가 선구적인 업적을 일궜지만 오늘날 인정하기는 어렵다.

죄형법정주의, 무죄추정원칙, 적법절차 같은 근대 민주주의 형법 원칙은 학계의 첨예한 논쟁을 거쳐 하나씩 이론적으로 정립된다.

사실 오늘날 돌아보면 무슨 의미가 있을까 싶은 학설의 대립이 많다. 예컨대 번개가 치는 날 살인의 고의를 가지고 심부름을 보냈는데 번개를 맞아 죽은 경우, 살인죄가 성립하는가? 뉴턴 이후 축적된 자연과학적 지식에 따르면 인과관계가 성립하지 않는다.

어쨌든 당대 학계의 결론을 반영하여 판결이 이루어지고 나면 한 사람의 운명이 달라진다. 당대의 심각한 대논쟁들은 후대에는 상식이 되어 인권을 확보하고 삶의 질을 제고하는 법 지식으로 작동하게 되었다.

19세기 중후반부터 심리학이나 사회학 같은 새로운 학문도 본격적으로 체계화되기 시작한다. 특히 콩트의 실증주의는 사회를 과학적으로 설명하는 새로운 시대를 열었다고 해도 과언이 아니다. 이러한 사회과학적 지식도 당연히 형법 이론에 반영됐다.

형법학에서는 범죄의 원인과 관련하여 체사레 롬브로소가 선구적인 업적을 일궜다. 롬브로소는 이탈리아의 의학자다. 범죄자 383명의 머리뼈를 해부하고 5907명의 체격을 조사하여 범죄에 대한 실증주의적 접근을 시도했다.

롬브로소는 신체적 특징에 따라 범죄의 발생 여부가 결정된다는 결론을 내렸다. 1876년 《범죄인론The Criminal Man》이 출간됐다. 롬브로소의 결론은 민주주의 법사상의 전제에 도전했다.

민주주의 법사상은 이성을 가진 인간이 자유로운 선택을 통해 법률관계를 형성한다고 본다. 범죄는 의지적 선택을 통해 일어나므로 당사자에게 책임을 물을 수 있다는 것이다. 수천 년 동안 종교를 통해 세상을 이해하던 시기에도 일탈이라는 종교적 또는 도덕적 타락은 각자의 책임이었다.

그런데 실증주의적 접근을 해보니 범죄는 각자가 가진 뼈의 모양과 몸 상태에 따라 결정된다는 결론이 나왔다. 롬브로소는 따라서 범죄자에게 범죄에 대한 책임을 물을 수도 없다고 주장했다.

롬브로소에 따르면 범죄는 각자의 주관적 의사와는 상관없이 필연적으로 발생한다. 그저 사회적으로 위험한 존재들에 대한 대책 수립이 필요할 뿐이다. 롬브로소의 연구는 19세기 말과 20세기 초 유럽에서 크게 각광을 받았다.

범죄 현상에 대해 실증적으로 접근한 선구적 업적은 인정되지만 이후의 범죄학 연구는 롬브로소의 견해에 문제가 많다는 점을 지적했다. 19세기 심리학에서 한때 골상학이 유행했다가 폐기된 과정과 비슷하다. 골상학은 두개골의 모양과 크기에 따라 사람의 성격과 특질을 알 수 있다고 보는 이론이다.

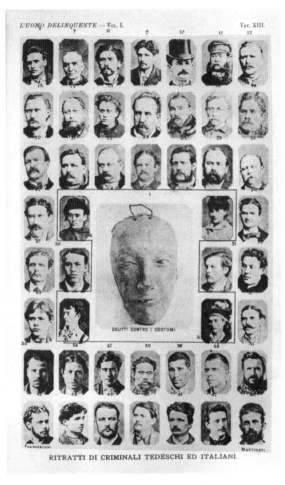

롬브로소가 제시한 범죄인들의 얼굴.
Wellcome Collection 소장.

범죄의 원인에서 개인의 자유의사를 중시하는 견해와 환경이나 사회구조를 중시하는
견해는 크게 대립된다.

범죄에 대한 실증주의적 연구로는 생물학적 결정론 이외에도 심리학적 결정론과 사회
적 결정론이 있다.

심리학적 결정론은 생물학적 결정론과 중첩되는 부분도 있다. 사람의 심리학적 특징
에 따라 범죄의 발생과 양태가 결정된다고 본다. 이러한 관점은 거짓말탐지기 같은 수
사기법으로 활용되고 있다.

사회적 결정론은 인간의 소질(생물학적 또는 심리학적 원인)과 함께 사회적 환경까지 고
려한다. 각자가 처한 환경에 따라 범죄를 저지르게 된다는 주장이다. 사회적 관점에서
범죄의 원인을 찾는 견해는 결국 사회의 구조를 뜯어고쳐야 한다는 결론으로 이어진다.

이러한 관점은 사회주의이론에서는 더 확장되어 범죄를 아예 자본주의의 필연적 결
과로 본다. 자본주의를 타도하지 않으면 범죄가 발생할 수밖에 없다고 본다. 논리적 연
장선상에서 사회주의혁명 이후 탄생한 국가에서 현실적으로 발생하는 범죄는 사회구
조 탓이 아니다. 여전히 낡은 사회의 잔재를 가진 각자의 책임이 된다.

다양한 버전의 실증주의적 범죄관은 형법이론에서 신파(근대학파)를 형성하였다. 롬
브로소와 마찬가지로 범죄자에게 책임을 묻는 것은 무의미하다는 주장이다. 범죄가 사
회적으로 위험하기 때문에 대책을 세워야 한다고 보는 점에서도 같은 맥락에 있다.

자연스럽게 초기 민주주의 시대의 형법을 정립한 학자들은 구파로 자리매김한다. 고
전주의로 불리기도 한다. 구파는 기본적으로 범죄는 자유의사에 따라 저지르는 것이므
로 책임을 당사자에게 지워야 한다고 본다.

20세기 중반 이후 형법이론의 양대 기둥은 상호 융합된다. 현대 고전주의 범죄학에
서는 인간의 자유의사에 따른 범죄의 발생을 여전히 인정하면서도 현실적으로 교화와
개선은 어렵다고 본다.

실증경제학의 새로운 지평을 열었다고 평가받는 경제학자 게리 베커도 현대 고전주
의 형법이론을 발전시킨 학자로 꼽는다. 베커의 결론은 이렇다. '사람은 불법임을 알고
있다고 하더라도 경제적 혜택이 더 크다면 범죄를 저지른다.'

이탈리아의 형법학자 엔리코 페리는 실증주의 형법학을 집대성한 학자다. 1919년
이탈리아 형법 초안을 작성했다. 페리의 이론은 중남미와 소련 형법에도 적용됐다. 말
년에는 〈정치가로서의 무솔리니〉, 〈이탈리아파시즘과 베니토 무솔리니의 업적〉 같은
파시즘 합리화 저술을 다수 남겼다.

당연한 사족 하나. 엔리코 페리와 파시즘의 연관성을 근거로 구파의 형법 이론이 전체주의 형법학이 되었다는 식의 황당한 결론으로 이어져서는 안 된다.

체사레 롬브로소   엔리코 페리

108 | 가족, 사유재산, 국가의 기원

법과 국가에 대한 사회주의자들의 견해는 마르크스보다 엥겔스에 더 의존한다.

민주주의는 차츰 확산되고 있었지만 자본주의의 발전 속도는 더 빨랐다.

산업혁명이 본격화하면서 공업이 자본주의의 기본이 되고 많은 인구가 도시에 밀집하게 되었다. 이에 따라 학자와 언론인들의 도시와 자본주의에 대한 탐구도 활발해진다.

공업을 중심으로 하는 자본주의와 도시 문제의 핵심은 계급이었다. 법과 국가에 대한 사회주의자들의 견해는 마르크스보다도 엥겔스에 더 의존한다. 1884년의 《가족, 사유재산, 국가의 기원》이 중요하다. 핵심은 이렇다. '국가는 착취계급의 도구이다. 사회주의혁명 이후 계급이 소멸되면 국가도 소멸한다.'

《가족, 사유재산, 국가의 기원》은 사적 유물론의 관점을 체계적으로 정립한 사회주의 운동의 고전으로 꼽힌다. 사적 유물론은 사회주의 운동의 철학적 기초인 변증법과 유물론을 역사 발전에 적용한 것이다.

기본 틀은 이렇다. '지배계급은 주요 생산수단을 소유한다. 생산수단을 소유한 계급은 정치권력도 소유한다. 어떻게 표현하든 경제가 인간 삶의 물질적 기초이자 사회 발전의 원동력이다. 그렇기 때문에 이를 토대 또는 하부구조라고 한다. 정치권력은 물질적 생산양식을 반영하는 이데올로기 또는 상부구조가 된다. 법과 국가는 대표적인 상부구조다.'

사회주의가 20세기를 휩쓸었지만, 엥겔스의 예측은 현실에서 실현되지 않았다. 현실의 사회주의국가들은 계급을 소멸시키기 위해 자본주의를 타도했지만, 법과 국가라는 말을 그대로 사용했고 사상 통제와 함께 법의 이름을 내건 철의 규율이 전 인민에게 부가되었다. 사실상 계급이 소멸되지 않고 새로운 지배계급으로 대체되었다는 견해가 이제는 일반적으로 받아들여지고 있다.

엥겔스의 국가와 법에 대한 인식은 오늘날까지 큰 영향을 미치고 있다. 자본주의국가가 아무리 중립적인 위치에서 작용하더라도 또는 법을 통해 사회적 약자를 적극적으로 일으켜 세우더라도 법에 대한 회의적 인식이 여전하다. 이는 사회주의이론에서 기인한 바가 크다.

109 | 일부일처제

READ ☐ 시대와 장소를 불문하고 대부분의 사회에서는 일부일처제를 당연시한다.

《가족, 사유재산, 국가의 기원》은 페미니즘에서도 고전적 저작으로 통한다. 엥겔스는 '가족'이라는 주제에 관심이 많았다. '인류는 난교 또는 집단혼 상태에 있다가 부계든 모계든 단혼제가 되었다. 모계사회가 부계사회로 바뀌면서 여성은 패배했다. 이를 극복하려면 아이들을 사회적으로 양육해야 한다.' 이런 인식이 일반적으로 자리 잡는 데 엥겔스가 크게 기여했다.

물론 세부적 결론과 논리의 시대적 한계는 뚜렷하다. 《가족, 사유재산, 국가의 기원》은 당시까지 인류학의 성과, 특히 루이스 H. 모건의 연구에 바탕하고 있다. 이미 원시시대부터 일부일처제가 보편적이었다는 반론이 이후에 많이 제기됐다.

시대와 장소를 불문하고 대부분의 사회에서는 일부일처제를 당연시한다. 비록 법적으로는 첩을 둘 수 있었더라도 종교적으로나 도덕적으로는 일부일처제를 지향하는 경우가 많다. 구약성서에 등장하는 아담과 이브도 한 사람의 남편과 한 사람의 아내로 구성된다.

조선의 경우 축첩제도는 합법이었다. 첩은 재산 상속도 받을 수 있었고 법적 지위는 처와 유사했다. 반면 첩이 낳은 자식 곧, 서자에 대해서는 여러 신분상 제약이 존재했다. 법적으로 축첩제도 폐지는 식민지 시절인 1915년에 이루어졌다.

그러나 그 뒤로도 수십 년 동안 첩을 두는 관행이 유지됐다. 대한민국 정부 수립 후 초창기 여성운동은 본처가 혼인신고를 하자는 캠페인을 벌이기도 했다. 첩이 먼저 혼인신고를 하는 바람에 법적 일부일처제에 따라 오히려 본처가 상속을 받지 못하는 부당한 경우가 비일비재했기 때문이다.

페미니즘은 때로는 일부일처제를 부인한다. 법적으로는 일부일처제지만 실질적으로는 그렇지 않은 상황도 많기 때문이다. 사실 매춘이나 간통에 대해 남성에게만 관대한 관행은 오늘날 모든 나라들에서 발견된다.

과연 인류의 시작은 모계사회였을까? 아이들은 사회적으로 양육해야 할까? 세계 곳곳에서 여전히 토론되고 있는 주제들이다. 가족제도와 여성의 지위와 관련된 인식의 차이는 나라와 지역마다 다양한 법 규범으로 나타난다. 그러므로 오늘날 논의되는 페미니즘의 관점은 내일의 이러저러한 법 규범으로 나타나리라 예상하는 것이 당연하다.

어쨌든 민주주의의 정착과 사회주의 운동의 부상에도 불구하고 오랜 세월 내려온 가족제도에는 사실 근본적인 변화가 없었다. 엥겔스의 바람과는 달리 사유재산과 국가는 여전히 건재하다. 가족도 같은 운명 아닐까?

110 | 헌법연구서론

《헌법연구서론》은 영국법의 전통인 법의 지배를 학술적으로 집대성하였다.

영국 옥스퍼드대학 교수 다이시는 1885년 《헌법연구서론》을 출간했다. 윌리엄 블랙스톤 이후 체계화된 내용을 따랐다. 그동안 대륙법계 국가에서도 법학이 발달함에 따라 영국법과 독일법을 비교했다. 그리고 오스틴의 분석법학을 채택했다.

분석법학은 "법은 주권자의 명령"이라는 말로 유명한 존 오스틴이 제창했다. 스스로는 일반법학이라고 불렀다. 법에 공통되는 개념과 원리들을 객관적으로 분석하려고 하였다.

영국법의 기존 전통과는 상당히 구별된다는 점에서 새로운 법학 사조로 평가받았다. 다이시는 이를 바탕으로 하되 독일 법학의 영향을 반영하여 영국법의 일반 원리를 탐구하려고 했다.

독일 법학은 고유법도 반영되었지만 로마법을 중심으로 체계화되었다. 로마법은 판덱텐 체계를 특징으로 한다. 일반적인 개념과 원리에서 출발하여 법을 설명한다. 법조문도 각론에 두루 적용되는 총론 조항이 맨 앞에 등장하는 편제다.

《헌법연구서론》은 영국법의 전통인 법의 지배를 학술적으로 집대성하였다. 이미 영국에서는 마그나카르타 이후 수백 년에 걸쳐 민주주의가 발전하는 과정에서 군주도 법 아래에 있다는 철학이 확고히 정착된 바 있다.

법의 절대적 우위와 함께 다이시가 법의 지배 원칙에 포함시킨 세부 원칙은 다음과 같다. '법 앞에 모든 사람은 평등하다. 판례로 구체화되는 헌법 원칙을 존중해야 한다.' 영국의 법의 지배 사상은 독일에서 다소 변형되어 법치주의 이론이 되었다.

독일의 법치주의 이론은 행정법이라는 새로운 법 영역을 낳았다. 아래로부터의 개혁을 통해 민주주의를 일군 영국과 달리 독일은 위로부터의 개혁을 통해 민주주의를 받아들였다. 독일은 군주 또는 국가의 권력 행위와 개인의 행위에 대해서 이론적으로 구분하였다.

반면 군주도 법 앞에 평등하다는 원칙 때문에 영국은 독일과 같은 행정법이 생겨나지 않았다. 그렇지만 영미법계든 대륙법계든 민주주의 법사상에 따라 국가권력을 법으로 통제한다는 인식을 갖는다. 이후 양자는 상호 교류하면서 서로를 보완한다.

지식재산권과 관련된 첫 국제법은 1866년 체결된 베른조약이다.

1886년 체결된 베른조약은 저작권과 관련된 첫 국제법(조약)이다. 1710년 영국에서 최초의 저작권법(앤여왕법)이 제정된 지 한 세기 반이 지나서 거둔 성과다. 베른은 스위스의 수도다.

1878년 조직된 국제문예협회는 저작권과 관련된 국제법 제정을 추진했다. 협회에는 알렉상드르 뒤마, 빅토르 위고 같은 이들도 참여했다. 8년 뒤 조약이 조인됐다. 별칭은 만국저작권보호동맹조약이다. 문학뿐만 아니라 미술 저작물에도 적용된다.

베른조약은 체결 이후 대체로 20년마다 조약 내용을 재검토하여 개정하면서 오늘에 이르고 있다. 1952년에는 유네스코의 제안에 따라 별도로 세계저작권협약이 체결됐다.

산업재산권은 저작권과 별도의 국제조약(파리조약)이 있다. 베른조약보다 앞선 1883년 체결되었다. 두 국제법의 사무국은 세계지식재산기구WIPO, World Intellectual Property Organization로 같다.

1995년 세계무역기구가 출범하면서 부속협정으로 무역 관련 지식재산권에 관한 협정이 마련되었다. 줄여서 TRIPs(agreement on Trade-Related Aspects of Intellectual Property Rights)라고 한다.

TRIPs에도 불구하고 베른조약 등 개별 조약은 여전히 유효하다. 개별 조약들과 TRIPs의 가장 큰 차이는 내국민 대우와 최혜국 대우다.

베른조약을 비롯한 이전의 국제법은 속지주의에 따라 내국민 대우를 원칙으로 했다. 조약 체결 당사국이 다른 나라에 대해 자국의 국민과 동등한 지식재산권을 보장하면 된다. 반면 TRIPs는 나라마다 다른 기준을 적용할 수 없도록 했다. 특정한 국가에 유리한 혜택을 부여한 경우 다른 나라에도 동일하게 적용해야 한다(최혜국 대우).

정보화의 진전이라는 시대적 흐름을 반영하여 TRIPs는 전통적인 저작권과 산업재산권 이외에도 새로운 지식재산권을 국제법적으로 보장한다. 프로그램, 데이터베이스, 반도체 등이다. 나아가 영업비밀에 대한 보호도 규정하고 있다.

대한민국은 베른조약에 1996년에 가입하였다. 저작권과 관련한 국제법에 참여한 역사가 길지 않다.

112 | 도스법

| 미국에서는 아메리카 원주민과 유럽 이주민의 충돌 문제가 심각하게 발생해 여러 법이 만들어졌다.

19세기 미국은 서부 개척을 통해 영토를 넓히고 급속히 공업화하기 시작하였다. 이에 따라 자본주의화와 도시화에 따른 문제가 많이 일어났으며 노동자계급의 투쟁도 벌어졌다. 유럽과는 달리 아메리카 원주민과의 충돌도 심각했다. 사실 갈등이나 충돌이라는 말은 당시 일방적으로 백인이 우위에 있던 현실을 제대로 설명하지 못하는 말이다.

유럽 이주민들은 인디언들과 때로는 협력하고 때로는 전쟁도 불사했는데, 운디드니 전투가 대표적이다. 많은 인디언들과 상당수의 학자들은 이를 전투가 아니라 학살로 기록한다. 500여 명의 미군 기병대는 수백 명의 인디언(대부분 무장하지 않은 어린이와 여성)을 살육했다. 이후 미군과 인디언 간의 군사적 충돌은 더 이상 미국사에 기록되지 않는다.

미국은 인디언 정책과 관련하여 인디언 이주법, 인디언 세출법, 도스법을 통과시켰다. 아메리카 대륙의 원주민들은 유럽의 국가 체제와는 달리 부족 체제였다. 토지에 대한 관념도 민주주의혁명 이후 개인에게 절대적인 소유권을 인정한 유럽인들과는 달랐다. 부족 전체의 소유로 보았다.

미국의 부상, 특히 서부 개척은 점차 기존 인디언 부족의 입지를 침해했다. 인디언 이주법으로 일방적으로 서부로 이주시키기 시작했고 나중에는 보호구역을 지정했다. 인디언 세출법은 인디언들이 보호구역으로 이주하는 비용을 예산으로 편성하는 법이다. 인디언들로서는 원래의 터전에서 쫓겨나면서 겨우 몇 푼 받는 정도에 불과했다.

도스법은 인디언들이 토지를 할당받게 하는 법이었다. 상원의원 도스의 이름을 딴 법으로 인디언들을 정복하거나 고립시켜 백인들을 보호하는 정책에서 적극적으로 인디언들을 미국 사회로 편입시키고자 시도했다. 땅을 개인들에게 할당하도록 했다. 할당받은 땅은 25년 동안 정부의 신탁을 받지만 해당 기간이 지나면 확고히 소유권이 인정됐다. 땅을 할당 받은 인디언들에게는 미국 시민권도 주어졌다. 당시까지 인디언의 법적 지위 자체가 불분명한 상황이었다.

도스의 선한 의도와는 달리 백인들에게 토지가 넘어가거나 제대로 경영을 하지 못해 땅을 넘기는 경우가 많았다. 일부 부족에게는 도스법이 적용되지 않았다.

현재 인디언 보호구역은 300개가 넘는다. 물리적 충돌은 불거지지 않고 있지만, 보호구역 내 다수 인디언들의 삶은 여전히 열악하다. 보호구역의 큰 수입원은 관광객들이 이용하는 카지노다. 인디언보호국이 관할한다.

113 │ 셔먼법

셔먼은 당시 엄청난 규모로 성장하여 미국의 국가경제를 좌지우지하던 스탠더드 오일을 앙시앵레짐의 군주와 같은 존재로 보았다.

노동자계급의 성장에 따라 프랑스대혁명 이후 본격적으로 정립된 근대 민주주의 법 원리는 점차 수정된다. 독일 법학자들은 전통적인 공법·사법과는 구분되는 사회법 개념을 제안한다. 노동법, 복지법, 경제법이 이에 해당한다.

근대 민주주의 법 원리는 헌법(행정법)과 형법이 적용되는 영역(공법)을 제외하면 민간 주체들 간의 자율적인 법률관계 형성을 지향했다. 철학적 기반은 자유주의다. 경제학적으로는 이미 아담 스미스가 보이지 않는 손이라는 개념으로 설명한 바 있다.

노동법, 복지법, 경제법은 민간 영역에 국가가 적극적으로 관여케 한다. 노동법은 근로시간을 비롯한 근로조건의 최저기준을 정하고 노동자들이 뭉쳐서 싸울 수 있도록 허용했다. 복지법은 일자리도 얻지 못할 형편에 있는 등 어려운 처지의 사람들에게 국가가 나서서 돈을 지급하도록 했다. 경제법은 자유로운 기업 활동을 일정한 범위에서 제한했다.

노동법은 산업혁명이 성과적으로 진행된 서유럽에서 먼저 발달한다. 때로는 사회주의 운동과 결합되어 8시간 노동제를 비롯하여 국제적인 공통의 기준을 법제화해간다. 세기가 바뀌어 1919년에는 제네바에서 국제노동기구가 설립된다.

복지법은 각 나라별로 제각기 만들어지다가, 2차대전 중인 1942년 영국에서 〈베버리지 보고서〉가 제출된 이후 전 세계적인 표준이 확립되었다. 베버리지는 보고서를 작성한 정부 기구(사회보험 및 관련 사업에 관한 각 부처의 연락위원회)의 위원장이다.

경제법은 1890년 미국의 셔먼법이 시초다. 상원의원 존 셔먼의 이름을 딴 법으로 독점 금지를 내용으로 한다. 대부분의 나라에서 반독점법은 셔먼법을 모델로 하였다.

셔먼법은 노동자계급의 부상에 따른 직접적인 결과로 보긴 어렵다. 셔먼은 당시 독점으로 엄청나게 성장하여 미국 국가경제를 좌지우지하던 스탠더드 오일을 민주주의 이전의 앙시앵레짐, 군주와 같은 존재로 보았다.

스탠더드 오일은 존 록펠러가 1870년 설립했다. 19세기 말 미국 석유시장의 90%를 독점하고 있었다. 세기가 바뀌어 1911년 스탠더드 오일은 30개 회사로 분할되었다.

셔먼법의 빈틈을 파고들어 새롭게 다른 형태로 형성되는 실질적인 독점에 대해 1914년 클레이튼법이 제정되었다. 셔먼법은 독점에 형사처벌 위주로 대응했다. 클레이튼법은 민사적 규제 수단을 강화했다.

114 | 독일행정법

독일에서 공법 이론이 발전했는데, 행정법의 마이어, 헌법의 켈젠, 슈미트, 스멘트 등은 오늘날까지도 큰 영향력을 미치고 있다.

19세기 말부터 20세기 초에 걸쳐 독일에서는 공법 이론이 만개한다. 행정법의 마이어, 헌법의 켈젠, 슈미트, 스멘트 등의 영향력은 세기가 다시 바뀐 오늘까지도 매우 크다.

앙시앵레짐과 민주적 부르주아지, 노동운동의 엎치락뒤치락 속에서 독일의 법학은 치열하게 논쟁하면서 발전했다. 비스마르크, 바이마르 공화국, 히틀러의 나치즘이 모두 존재했던 독일에서 학자의 원래 의도와는 다르게 정치적 격랑 속의 자유와 권리는 때로는 왜곡되기도 했다.

오토 마이어는 1895년 《독일행정법》을 내놓았다. 행정학에서 행정법학을 구분해냈다고 평가된다. 오늘날까지 행정법의 아버지로 불린다.

헌법학의 한스 켈젠(1881년생), 루돌프 스멘트(1882년생), 칼 슈미트(1888년생)는 나이는 비슷하지만 헌법에 대한 완전히 다른 견해를 내놓았다. 켈젠은 실증주의, 스멘트는 통합주의, 슈미트는 결단주의 헌법관으로 불린다.

켈젠은 법 실증주의자로 유명하다. 슈미트는 나치를 대변한 어용으로 분류된다. 스멘트의 이론은 내용이 불명확하다는 점과 함께 본질은 역시 파시즘이라는 비판을 아울러 받고 있다. 대한민국에서는 스멘트의 영향력이 압도적이다.

비슷한 시기 독일에서는 행정법, 헌법과 구분하여 국가학(국법학, 관방학)도 발전했다. 국가의 활동을 연구 대상으로 한다. 게오르그 옐리네크가 대표적인 학자다. 국가 3요소설과 국가법인설 등이 그의 이론이다. 국가 3요소설은 국민, 영토, 주권이 국가의 세 요소라는 것이고, 국가법인설은 국가를 하나의 '법인'으로 보는 것이다. 국가학 이론은 대체로 헌법학으로 흡수되었다.

법인은 법이 인정한 사람이다. 민주주의 법 이론은 사람만이 권리와 의무의 주체가 된다고 본다. 법인은 진짜 사람은 아니지만 법으로 사람과 마찬가지로 권리와 의무의 주체로 인정하는 단체나 조직이다. 국가법인설은 국가도 법인이기 때문에 국가가 권리와 의무의 주체가 된다고 본다.

공법 이론을 비롯해 독일의 법학에 대해 추상의 세계에 머무르고 있다는 비판이 많지만, 일본을 비롯하여 이른바 위로부터의 개혁을 통해 근대화를 이룩한 나라들로 퍼져나갔다. 일본의 식민지로 전락하여 일본법을 그대로 썼던 대한민국도 마찬가지다. 1960년대 이후에는 한국의 많은 학자들이 직접 독일로 유학하여 이론들을 직수입했다.

115 | 플래시 대 퍼거슨 판결

인종 문제는 미국이 해결해야 할 주요한 과제였지만, 차별을 금지하는 법은 쉽게 완성되지 못했다.

인디언 문제와 함께 인종 문제는 미국이 해결해야 하는 고유의 과제였다. 아프리카와 아시아 많은 지역을 식민지로 삼으면서 유럽도 인종 문제가 없지는 않았다. 또한 과거 이슬람제국의 영향권에 있는 중동과도 가까워 이주민 문제가 대두됐다.

그렇지만 내란(남북전쟁) 이후의 미국만큼은 아니었다. 미국은 수정헌법을 통해 과거 흑인 노예들의 법적 지위를 개선했다. 1865년 수정헌법 제13조는 노예제도를 공식 폐지했다. 이미 링컨의 노예해방선언(1863)이 있었지만 헌법으로 법제화하였다.

1870년 수정헌법 제15조는 인종이나 피부색, 과거의 예속 여부(노예)에 상관없이 모두 투표권을 부여하도록 했다. 1868년 비준된 제14조는 노예 출신 흑인과 후손에 대한 적법 절차와 평등 보호 원칙을 규정했다.

일련의 수정헌법에도 불구하고 실질적으로는 인종 차별이 계속됐다. 남부 지역 주들은 주 법률을 통해 차별을 합법화했다. 대법원도 교묘한 법 해석으로 1세기 가까이 차별에 동참했다.

이 시기 짐크로우법(1876)과 플래시 대 퍼거슨 판결(1896)은 법으로 인종 차별을 정당화한 대표적인 사례다. 연방헌법이 규정한 평등의 대원칙을 주 법률과 법 해석을 통해 피했다.

짐 크로우는 19세기 초 미국에서 인기를 끈 쇼 공연의 흑인 캐릭터다. 백인 배우가 바보 흑인을 흉내 내면서 인기를 끌었다. 이후 흑인을 상징하는 경멸의 말로 쓰였다.

짐크로우법은 백인과 유색 인종이 이용하는 공공시설을 분리했다. 위헌 여부가 문제가 되어 대법원까지 올라갔는데, 플래시 대 퍼거슨 판결에서 합헌 결정이 났다. 분리되었더라도 평등하다는 논리였다.

플래시는 흑인 혼혈로 기차 1등석을 탔다가 흑인 칸으로 이동하라는 차장의 명령을 무시했다. 체포되어 재판을 받게 되었는데 1심 판사가 퍼거슨이었다. 퍼거슨은 벌금형을 매겼고, 플래시는 대법원까지 끌고 갔다.

1892년 처음 체포된 후 무려 4년이나 걸린 힘든 재판이었고 플래시는 패소했다. 짐크로우법과 플래시 대 퍼거슨 판결의 영향은 20세기 중반까지 이어졌다.

1954년에 미국 대법원은 60여 년 전 결정을 뒤집었다. 10년 뒤에는 연방민권법이 제정된다. 흑인들이 주도한 민권운동을 통해 인종은 물론 민족과 성별에 근거한 차별도 모두 금지하였다. 100년이 넘는 험난한 여정이었다.

116 | 단발령

READ ☐   단발령에 대한 반발은 외세의 강압 아래 어정쩡하게 위로부터 추진된 개혁에 대한 거부였다.

1895년 조선에서는 단발령이 내려졌다. 말 그대로 머리카락을 깎으라는 명령이었다. 관리들이 직접 거리로 나가 가위를 들고 지나가는 백성들의 머리를 자르기도 했다.

당시 왕이던 고종이 먼저 머리를 깎았다. 그렇지만 오랜 유교의 가르침으로 인해 단발령은 쉽게 확산되지 않았다. 《효경》은 효의 시작을 이렇게 설명한다. "부모로부터 받은 신체와 터럭과 살갗을 손상하지 않아야 한다."

단발령은 한 해 전부터 시작된 갑오개혁(1, 2차)의 연장선에 있다. 을미년이어서 을미개혁(3차)이라고 한다. 오랜 세월 써온 음력도 이 때 양력으로 바꾸었다. 갑오개혁은 조선의 거의 모든 제도를 건드렸다. 과거제도가 폐지됐고, 재판소가 설치됐다. 사노비, 적서 차별도 폐지됐다. 과부들에게는 재가를 허용했다. 교육, 언론, 도량형, 화폐, 조세에 걸쳐 그야말로 일대 개혁이 벌어졌다.

개혁에 대한 반발은 단발령으로 폭발했다. 개혁의 배후에 일본이 있다고 의심되는 상황이었다. 결국 그 해 10월 의병이 조직되었다.

당시 조선뿐만 아니라 세계 곳곳에서 기성의 질서를 뒤집는 격변이 일어나고 있었다. 유럽 제국주의의 걸친 침략이 큰 원인이었다. 작은 나라들의 운명은 바람 앞의 등불과도 같았다.

기득권 세력의 지위는 도전 받았다. 응전은 크게 두 흐름으로 나타났다. 완전히 외국 세력의 진입을 막거나 적극적으로 협력하거나. 조선에서 흥선대원군은 전자를 대변하고, 갑오개혁을 주도한 인물들은 후자를 대변한다.

조선은 자체의 역량으로 위로부터의 개혁을 달성하는데 실패했다. 아시아와 아프리카 대부분의 나라들도 마찬가지였다. 이들은 19~20세기에 걸쳐 대부분 제국주의의 식민지로 전락했다.

단발령에 대한 반발은 외세의 강압 아래 어정쩡하게 위로부터 추진된 개혁에 대한 거부였다. 달력에서 머리 모양까지, 일상생활의 불편을 초래한 급진적 변화는 일반 백성들까지도 개혁을 개혁으로 여기기 힘들게 했다.

사실 조선 시대 《효경》의 신체발부 사상을 얼마나 사대부들이 받아들였는지 뚜렷하지 않다. 그렇지만 조선 말기에 위로부터 일방적으로 진행되는 각종 개혁을 거부할 수 있는 명분으로는 충분히 활용할 수 있었다. 일부 선비들은 손발은 잘라도 머리는 자를 수 없다는 모순된 주장을 하기도 했다.

117 | 대한제국 성립

READ ☐　제국주의의 각축 속에서 조선은 1897년 대한제국으로 국호를 변경하고 중국의 지배를 완전히 벗어났음을 법적으로 선언했다.

을미개혁 2년 뒤인 1897년 조선은 대한제국이 되었다. 당시 집권자들은 한반도에서 각축하던 외국 세력을 등에 업고 정국의 주도권을 잡으려고 하였다. 중국(청)의 힘이 상대적으로 약화된 상황에서 일본과 러시아가 크게 각축하였다. 외세의 각축은 이미 청일전쟁으로 나타난 바 있었다. 10년 뒤 러일전쟁이 발발한다.

조선에 대한 중국의 영향력 약화는 법적으로 강화도조약에서 처음으로 천명되었다. 제1조에서 조선은 독립국이라고 명시했다. 사대교린이라는 외교의 틀이 이른바 만국공법에 따라 바뀌는 순간이었다. 사대교린은 큰 나라를 섬기고 이웃 오랑캐 나라와는 교류한다는 말이다. 고려와 조선에 걸쳐 1000년 이상 내려온 동아시아의 국제질서다. 만국공법은 당시 서양이 정립한 국제법을 일컫던 말이다.

강화도조약은 고종 13년(1876) 일본의 강요로 체결했다. 일본은 자신들이 서양 제국주의에 당한 방식 그대로 조선에 적용했다. 군사력을 앞세운 불평등조약이었다. 근대 국제법에 따른 조선의 첫 조약은 이렇게 양면적 성격을 띤다.

대한제국 선포는 정치체제에서 중국의 지배를 완전히 벗어났다는 법적 선언이었다. 비록 황제가 되었지만 고종은 계속 되는 외세의 간섭과 국내 정치세력간의 다툼 속에서 강력한 군주로 거듭나지는 못했다.

대한제국은 입헌군주제를 지향하던 정치세력과 전제군주제를 지향하던 정치세력의 합작으로 성립했다. 전자는 1896년 독립협회를 조직했다. 독립협회는 서양에서 말하는 근대적 의미의 사회단체가 조선에서 처음으로 설립된 것이라는 평가를

대한제국 시기 고종 황제

받는다.

대한제국 성립 이후 전제군주제를 지향하던 정치세력이 결국 승리했다. 대한제국은 처음에는 러시아 쪽으로 기울었다. 그렇지만 일본의 입김이 강해졌다. 러일전쟁 직전인 1904년 대한제국은 중립을 선언했지만 소용없었다.

일본은 한일의정서를 강요하고, 다음 해에는 을사늑약으로 외교권까지 강탈했다. 대한제국은 1907년 유럽에서 열린 헤이그평화회의에 대표를 파견했지만 외교권이 없는 나라에서 온 대표를 만나줄 국가는 없었다. 3년 뒤 대한제국은 완전한 일본의 식민지가 되어 역사 속으로 사라졌다.

118 변법자강운동

중국은 유학을 새롭게 해석해 서양의 법률과 제도를 적극적으로 받아들이고자 개혁을
시도했다.

수천 년 동안 동아시아 지역 패권을 장악한 중국도 유럽 제국주의와 일본의 침략에 속
수무책이었다. 영국과 벌인 아편전쟁에서 패해 난징(남경)조약(1842)을 맺은 이후 반세
기 동안 청나라는 몰락했다. 서양 제국주의와 일본은 중국 곳곳을 파고들었다. 이미 난
징조약에서 홍콩을 영국에 넘겨주고 상하이를 비롯한 5개 항구를 연 바 있다.

1911년 중국에서 민주주의혁명이 성공한다. 신해혁명이다. 쑨원(손문)을 최고 지도
자(영수)로 하여 청나라를 타도하고 공화정을 수립하였다. 그렇지만 중국에서 민주주의
는 제대로 정착하지 못한다.

쑨원은 혁명 성공 직후 대총통에 취임했지만 곧 권력을 위안스카이(원세개)에게 넘
겨주었다. 위안스카이는 청나라 말기 권세가 집안 출신으로 신해혁명 당시 군사력을 장
악한 총리대신이었다. 혁명세력과 청 왕조를 저울질하다 신해혁명 이후 자신이 실권을
잡았다. 그리고 잠시 황제정으로 복귀한다. 이후 다시 중화민국으로 복귀하지만, 각지
군벌들에 의한 내란 상태에 접어든다.

청나라 말기 민주주의혁명 직전 중국에서 일어난 변법자강운동이 성공했더라면 중
국의 역사는 달라졌을 것이다. 변법자강은 법을 고쳐서(變法) 나라를 스스로 굳세게(自
彊) 만들자는 뜻이다. 1898년 청 황제(광서제)는 캉유웨이가 주장해온 변법자강을 받아
들이는 조칙을 내렸다.

캉유웨이는 오늘날의 개념으로 하면 일종의 재야 학자였다. 대동세상은 유학에서 말
하는 일종의 이상사회다. 캉유웨이는《대동서》를 통해 유학을 새롭게 해석하고, 서양의
법률과 제도를 적극적으로 받아들여야 한다고 주장했다. 일본의 메이지 유신은 큰 자극
이 되었다. 독일과 러시아도 모델로 삼았다.

그렇지만 청나라의 앙시앵레짐은 변법자강마저 거부했다. 당시 광서제는 성인이 되
기까지 섭정했던 서태후 세력과 맞서고 있었다. 광서제는 군사력을 쥐고 있던 위안스카
이에게 기득권을 쥔 수구파를 공격하도록 명령했다. 그렇지만 위안스카이는 오히려 서
태후와 결탁해 버렸고, 변법자강은 끝나버린다.

변법자강운동은 광서제가 조칙을 내린 해가 무술년이라 무술변법이라고도 한다. 변
법자강 이전에는 양무운동이 있었다. 양무론자들은 변법자강과 다른 중체서용을 주장
했다. 중국의 가치 체계와 제도(中體)는 그대로 두고 서양문물을 도입해 활용(西用)하려
고 하였다.

VI 1900년대 전반기

119 | 카스트라토 금지

민주주의 진전에 따라 인권의식이 발전하면서 신체에 대한 직접적 훼손을 법으로 금지하게 되었다.

궁형 같은 신체를 훼손하는 잔인한 형벌은 고대부터 오랜 세월 유지되어 왔었다. 민주주의 진전에 따라 인권의식이 발전하고, 심리학 등 신흥 학문의 등장과 몸에 대한 철학적 성찰이 발전하면서 점점 신체에 대한 직접적 훼손을 법으로 금지하게 되었다.

1903년 로마 교황청은 공식으로 카스트라토를 금지했다. 카스트라토는 남성을 거세한 소프라노 가수다. 영화 〈파리넬리〉는 18세기 카스트라토 스타, 카를로 브로스키라의 이야기다. 파리넬리는 예명이다. 17~18세기 이탈리아의 경우 카스트라토를 양성하는 학교가 있었다. 수천 명이 시술을 받았다. 여성이 무대에 서지 못하도록 한 교회의 방침 때문에 벌어진 일이다. 교황 클레멘스9세가 성서의 기록("교회 집회에서 여자들이 침묵해야", 〈고린도전서〉 14장 34절)을 근거로 삼아 금지령을 내렸다.

오늘날의 시각으로 보면 거세를 하면서까지 특정한 직종에 종사하는 현상은 납득하기 어렵다. 그렇지만 과거에는 그렇지 않았다. 동양의 환관제도는 수천 년 동안 지속되었다. 환관은 생식기를 거세하고 궁중에서 일하던 사람이다. 조선의 경우 갑오개혁(1894) 때 환관제도가 폐지되었다.

신체에 대한 직접적 훼손을 법으로 금지하게 된 배경에 대한 연구는 아직 부족하다. 우선 19세기 심리학을 비롯한 신흥 학문의 등장과 몸에 대한 철학적 성찰의 발전을 생각할 수 있다. 점차 인권의식이 발전했기 때문으로도 보인다.

20세기로 넘어 오면서 법은 다양한 새로운 성찰적 주제에 직면하게 된다. 봉건의 잔존과 독재의 후과로 인해 근대 민주주의 법 원리에 따른 기본적인 법 제도의 수립은 지역마다 나라마다 편차가 심했다. 그렇지만 새 세기의 법은 벌써 저 멀리 앞서 가기 시작했다.

형벌의 변화는 더욱 두드러졌다. 범죄자 사회 복귀를 고려하여 감옥이 어느덧 교도소가 되고 잔인한 형벌을 줄이고 사형은 완전히 폐지하는 방향으로 형법의 역사는 흘러간다.

20세기 후반과 21세기의 신체 훼손과 관련된 법적 쟁점으로 트랜스젠더가 있다. 2020년 대한민국에서 변희수 하사는 여성으로 성전환 수술을 한 후 강제 전역 처분을 받았다. 하지만 일을 하는 데 체력적, 물리적 차이가 드러나지 않는 경우라면, 어떤 법리로 공직에서 일할 수 있는 권리를 금지할 수 있을까?

120 | 보성전문학교

보성전문학교는 민간 역량으로 서양의 근대 법학을 교육한 첫 사례로 유럽의 근대 민주주의 법 원리가 이후 다른 나라들에 어떻게 확산되어 갔는가를 잘 보여준다.

1905년에 러일전쟁이 끝났다. 미국의 루스벨트는 러시아와 일본을 중재하여 다음 해 노벨평화상을 받았다. 일본 총리대신 가쓰라와 미 육군장관 태프트는 비밀 회담을 가졌다. 대한제국은 일본, 필리핀은 미국이 갖는다는 제국주의적 합의였다. 조선은 을사늑약으로 외교권을 일본에 뺏기고 실질적인 식민지 상태로 전락한다.

같은 해의 보성전문학교 개교를 법의 역사에서는 중요하게 본다. 이용익이 창설한 고등교육기관이다. 해방 후 고려대학교가 된다. 교육으로 나라를 구한다는 철학으로 학교를 세웠다.

보성전문학교는 한반도에서 민간 역량으로 서양의 근대 법학을 교육한 첫 사례다. 정부 차원에서 갑오개혁 이후 1895년 설립된 법관양성소에서 서양법을 가르쳤다. 말 그대로 근대적 사법제도를 담당할 법관을 양성하기 위한 기관이었다. 법관양성소는 1922년 경성법학전문학교로 개편된다. 해방 후 서울대학교 법과대학이 된다.

법관양성소와 보성전문학교에서 법학을 가르친 사람들은 주로 1895년부터 일본으로 보내진 관비 유학생들이었다. 오늘날의 개념으로는 일종의 국비 유학생이다. 법관양성소 졸업생 중에 근현대사에 족적을 남긴 인물로는 함태영, 이준이 있다.

일본에 관비 유학생을 파견하기 이전 서양법을 조선에 소개하는데 유길준과 서재필이 큰 역할을 했다.

묄렌도르프 등 서양에서 온 자문단의 활동도 빼놓을 수 없다. 블룬칠리의《근대 국제법》를 번역한《공법회통》은 1899년에 공표된 일종의 대한제국 헌법, '대한국국제'에 큰 영향을 끼쳤다.

보성전문은 한때 보성법률상업학교로 격하되기도 했다. 법과 외에 상과가 있었다. 오늘날의 경영학으로 보면 된다. 1908년《법학협회잡지》를 발간했다. 한반도에서 처음 나온 법률가단체 기관지다.

같은 해에 설립된 양정의숙도 서구식 법학을 교육했다. 마라톤 영웅 손기정이 이 곳 출신이다. 해방 이후 중학교와 고등학교로 개편되었다.

121 | 헤이그평화회의

우리 역사에서 뼈아픈 기억인 헤이그평화회의는 국제법의 역사로 보면 평화의 확보라는 관점에서 중요한 조약들을 상당수 체결했다.

1907년 헤이그평화회의는 한민족의 근대사에서는 뼈아픈 기억이다. 고종은 대표를 파견했지만, 회의장에 들어갈 수 없었다. 2년 전 을사늑약으로 외교권을 일본에 빼앗겼기 때문에 회의 참가자들은 대한제국의 대표를 인정하지 않았다.

그렇지만 국제법 역사에서 헤이그평화회의는 의의가 크다. 회의의 별칭에서도 알 수 있듯이 평화 확보라는 관점에서 중요한 조약들을 상당수 체결하였다. 라틴아메리카까지 참여국의 범위가 확대된 점도 고무적이다. 1차 회의는 1899년에 열렸다.

국제분쟁이 발생한 경우 평화적으로 처리해야 한다는 원칙은 오늘날은 일반적으로 받아들여진다. 그렇지만 한 세기 전에는 그렇지 않았다.

제1차 헤이그평화회의에서 국제분쟁 평화처리 조약Convention for Pacific Settlement of International Disput이 체결되었다. 제2차 회의에서 개정되어 3년 뒤 발효됐다. 이 조약은 국제분쟁의 평화적 해결 원칙과 절차에 대해 국제사회가 처음으로 합의한 조약이다.

헤이그평화회의의 성과가 있었기에 1928년 국제연맹총회에서 국제분쟁의 평화적 처리 일반의정서General Act for the Pacific Settlement of International Disputes가 체결될 수 있었다. 이 의정서는 국제연합 창립 이후에도 수정되어 이어진다.

헤이그평화회의는 국제사회가 개최한 최초의 군축회의이기도 하다. 또한 비인도적인 위험 무기 사용을 금지하는 내용도 일부 합의됐다. 1차 회의의 경우 독가스 그리고 악명 높은 '덤덤탄'을 금지하도록 했다.

제1차 헤이그평화회의는 러시아의 제안으로 시작되었다. 니콜라이 2세 황제가 군사비 증가로 인한 재정 부담을 타개하기 위한 목적으로 제안했다는 시각이 있다. 그렇다 하더라도 국제회의를 통해 평화를 위한 국제법의 큰 족적을 남긴 업적은 높이 평가할 만하다.

사실 니콜라이 2세에 대해서는 일반적으로 부정적인 평가가 많다. 사회주의혁명으로 타도된 황제 권력의 반동성만 지나치게 부각되지는 않았을까 생각해볼 수도 있다.

2차 평화회의가 끝나고 10년 뒤 볼셰비키혁명이 성공한다. 사회주의국가(소련)가 수립되고, 다음 해에 니콜라이 2세는 처형되었다. 70년의 세월이 흐르고 소련이 몰락한 후 니콜라이 2세는 러시아정교회 성인으로 시성된다. 2000년 8월의 일이다.

122 | 조선민사령

식민지 조선에는 일본법이 그대로 적용되었고 해방 이후에도 상당 기간 이어졌다.

1910년 대한제국은 최종적으로 일본의 식민지로 전락했다. 법적 문서로 한일병합조약이 체결되었다. 일본 천황을 대신해 데라우치 통감이, 대한제국 황제를 대신해 이완용 내각총리대신이 전권위원으로 서명했다.

한일병합조약의 내용은 모두 8개조다. 제1조와 제2조는 한국 황제가 통치권을 '완전히 또 영구히' 양여하고 일본 황제가 수락, 승낙한다는 내용이다. 제3조와 제4조는 한국의 황제와 황족에 대한 예우를 규정하고 있다. 제5조부터 제7조는 한국인에 대한 대우와 관련된 규정이다. 제8조는 공포일로부터 시행한다는 내용이다.

1876년 강화도조약부터 1910년 한일병합조약까지 무수히 많은 외교 문서가 한일 간에 체결되었다. 그렇지만 식민지 침략의 법적 정당화는 무력과 협잡으로 이루어진 무효다. 대부분의 조약들은 군함과 군대를 뒤에 세우거나 친일파가 앞서 나서 체결됐다.

문서들은 반세기 이상의 세월이 흘러서야 법적으로 무효임이 확인된다. 1965년 한국과 일본은 기본조약을 체결한다. 제2조에서 '1910년 8월 22일 또는 그 이전에 대한제국과 일본제국 간에 체결된 모든 조약 및 협정이 이미 무효임을 확인한다'고 명시했다.

식민지 시절 조선에는 일본법이 그대로 적용되었다. 1912년 일제는 조선민사령을 공포했다. 민법, 상법, 민사소송법, 파산법, 경매법 등 민사에 관한 사항은 일본법을 의용依用하도록 했다. 의용은 다른 나라 법을 적용한다는 말이다.

의용 민법은 해방 이후에도 한동안 그대로 쓰였다. 미군정 시기에는 군정법령 제21호에 따라, 대한민국 정부 수립 후에도 제헌헌법 제100조에 따라 그리 됐다. 대한민국 정부의 독자적인 민법은 1958년 2월 22일 공포되어 1960년부터 시행되었다.

일본의 식민지가 되지 않았다면 독자적인 민법전은 훨씬 일찍 만들어졌을 가능성이 크다. 1894년 갑오개혁 이후 고종은 홍범14조를 선포한 바 있다. 홍범14조에는 재산권 보호와 관련된 내용이 들어가 있다. 민법 제정이 예정되어 있었던 셈이다.

홍범洪範은 큰 규범이라는 뜻이다. 홍범 14조는 한국 근대사에서 최초의 헌법적 성격을 지닌 문서로 평가된다. 제대로 시행되지 못해 아쉬움이 큰 문서다. 독자적인 민법 제정은 물론 스스로의 힘으로 입헌군주국으로 나아갈 수도 있었기 때문이다.

123 | 신로마교회법전

근대국가 체제가 국가법을 기본으로 하면서 가톨릭 교회법은 순수하게 종교 본연의 사항을 관장하게 되었다.

20세기 초 교황청에서 수백 년 동안 사용해온 교회법을 새로 정비하게 된 것은 크게 세 가지 이유가 있다. 우선 개신교의 등장으로 기독교가 분리됐다. 다음으로 르네상스와 학문의 발달로 신을 중심으로 설명해온 세계관을 받아들이지 않는 사람들이 많아졌다. 무엇보다 근대국가 체제가 성립하면서 교황을 중심으로 한 단일한 종교국가 체제가 더 이상 존재하지 않게 되었다. 근대국가들은 베스트팔렌조약 이후 종교를 선택할 수 있게 했고, 민주주의 진전은 개인에게 신앙의 자유를 부여했다.

과거 유럽은 교회법이 세속의 법(국가법, 지역법)과 혼용되어 있었다. 교회법에 따라 형사재판도 하고 분쟁도 해결했다. 교회법과 국가법이 충돌할 경우 교회법이 우선이었다. 그렇지만 근대국가 체제는 해당 국가의 국가법을 기본으로 했다. 가톨릭의 교회법은 순수하게 종교 본연의 사항을 관장하는 쪽으로 바뀌게 된다. 1904년부터 새 교회법전 편찬 작업이 시작됐다. 1917년 가톨릭교회 법전이 공포되고 다음 해부터 적용되었다. 《신로마교회법전》이다.

20세기 초 교황청의 위상도 근본적으로 달라진다. 당시 로마 교황청은 이탈리아에 점령된 상태였다. 이탈리아는 1861년 통일을 달성하고 근대국가를 수립한다. 1870년 점령된 로마는 다음 해 통일 이탈리아의 수도가 되었다.

이탈리아의 로마 점령으로 교황청 관할 영역이 모두 이탈리아로 넘어갔다. 이후 반세기 간 이탈리아 국가와 로마 교황청은 반목했다. 1929년 로마 교황청과 이탈리아는 라테란협정을 체결한다. 라테란(라테라노)은 교황이 기거하던 궁전의 이름이다. 조약을 통해 이탈리아는 로마의 일부 지역을 바티칸 시국이라는 독립국 지위로 인정했다. 당시 이탈리아 총리는 무솔리니였다.

이탈리아는 가톨릭을 유일한 국교로 삼고, 일정한 금액을 교황청에 지불한다는 약속도 포함됐다. 라테란협정은 2차대전이 끝나고 1947년 새로 제정된 이탈리아 공화국 헌법에서도 그대로 이어졌다. 20세기 후반 일부 조항은 개정되었지만 기본 틀은 여전히 유효하다.

가톨릭교회법은 20세기 후반 다시 개정된다. 교황 요한23세는 1959년 교회법전 개정을 결정하고 4년 뒤 법전개정위원회를 설치했다. 당시 교황청은 바티칸공의회를 개최하여 교회의 현대화에 박차를 가하고 있었다. 당시의 표현에 따르면 아조르나멘토 aggiornamento(적응)였다. 새 교회법전은 다음 교황인 요한 바오로2세가 1983년 공포했다.

| # 조선태형령

일본은 식민지 조선에서 허울뿐인 민주주의 법 원리도 적용하지 않았다.

일본 제국주의의 조선 지배는 일본법을 의용하는 방식으로 이루어졌다. 그런데 예외가 있었다. 1912년에 일제가 제정한 조선태형령이다.

태형은 곤장으로 볼기(허리와 허벅다리 사이)를 치는 형벌이다. 조선 시대에 적용된 형전에는 태형이 존재했다. 태笞는 매를 의미한다. 과거 동양에서 태형은 가장 가벼운 형벌이었다. 대명률에 규정된 기본 형벌은 태·장·도·유·사로 오형이라고 했다. 장형은 태형보다 무거운 형벌로 역시 볼기를 때렸다. 도형은 일정 기간 중노동을 시키는 형벌이다. 유형은 귀양으로 이해하면 된다. 사형은 생명을 빼앗는다.

물론 대명률에는 오형 이외에 다른 형벌도 규정되어 있었고, 중국이나 조선에서 실제로 부과된 형벌은 더 다양하다. 오형에 규정된 태형과 장형은 회초리와 비슷한 매를 사용해야 한다. 그렇지만 현실에서는 넓적하고 길게 만든 곤장을 때리기도 했다.

일본은 서구의 민주주의 시스템을 껍데기만 받아들였다. 그렇지만 19세기 후반 위로부터의 개혁 과정을 거치면서 비록 형식뿐일지라도 근대 민주주의 형법관을 받아들여 형벌제도를 정비했다. 그렇지만 식민지 조선에서는 허울뿐인 민주주의 법 원리도 적용하지 않았다. 조선태형령은 1919년 3.1운동이 일어나고 나서야 폐지된다. 조선인들의 독립 의지를 확인하고서야 통치 방식을 다소 바꾼 셈이다.

조선태형령에 따르면 재판 없이 태형을 가할 수 있었다. 태형은 감옥 등에서 비밀리에 집행하고 조선인에게만 적용한다고 명시했다. 그야말로 민주주의 형법 원칙과는 완전히 관계가 없는 법이었다. 집행 횟수를 제한하거나 물을 준비하도록 하는 규정이 있었지만, 얼마나 지켜졌는지 의문이다.

참고로 현재까지 태형이 남아 있는 나라는 거의 없다. 싱가포르 정도가 유일하다. 싱가포르는 국제적으로 비민주성과 인권 침해 지적을 받아도 여전히 태형을 집행한다. 싱가포르는 과거 영국의 식민지였고 법 제도의 기본은 영미법이다. 태형은 영미법에서 일반적으로 받아들여지는 형사법 원칙과 배치된다. 영미법에서는 아무리 가볍더라도 신체에 가해지는 형벌은 그 어떤 금전적 처벌보다 무겁다고 본다.

125 | 민족자결주의

| 19세기 먼로주의를 고수하던 미국은 제1차 세계대전 이후 민족자결주의를 내세운다.

19세기 내내 먼로주의를 고수하던 미국은 한 세기 뒤 민족자결주의를 내세운다. 제1차 세계대전 이후 윌슨 대통령은 모든 민족이 스스로의 운명을 스스로 결정할 권리가 있다고 천명했다. 그렇지만 민족자결주의도 먼로주의처럼 양면적인 성격을 갖는다.

미국은 20세기로 넘어설 즈음 먼로주의를 통해 아메리카 대륙에 대한 패권을 확고하게 차지했다. 민족자결주의는 전 세계를 무대로 다른 강대국들이 약소국들에 대해 가지는 기득권을 인정하지 않겠다는 의미였다.

표면적인 명분은 좋았다. 민족이 독립 문제를 스스로 결정짓게 하자고 했으니 당시 식민지 상태에 있는 곳에서 호응이 좋을 수밖에 없었다. 일반적으로 한반도의 3.1운동도 민족자결주의의 영향을 받았다고 이해된다.

문제는 모든 민족에게 동일한 원칙이 그대로 적용되지 않았다는 점이다. 윌슨은 1차 대전이 끝나고 개최된 파리강화회의에서 민족자결주의를 내세웠다. 당시 영국과 프랑스는 승전국이었는데, 승전국의 식민지에는 해당 사항이 없었다. 패전국인 독일과 오스트리아의 식민지에 대해서만 적용되었다.

126 | 치안유지법

1925년 일본은 천황제를 전복하려고 하거나 사유재산제를 부인하는 경우 처벌하는 치안유지법을 제정하였는데, 식민지 조선에 적용해 독립운동가들을 탄압했다.

러시아혁명을 통한 소련이라는 현실 사회주의국가의 등장은 세계적인 파급력을 가졌다. 민주주의와 자본주의의 발전 정도에 상관없이 모든 나라에서 사회주의 운동이 들불처럼 일어났다. 식민지 조선에서도 1925년 조선공산당이 결성되었다.

각국에서 사회주의자들을 탄압하는 법이 만들어졌다. 일본은 1925년 치안유지법을 제정했다. 일본 본국은 물론 한반도를 비롯해 식민지로 장악한 지역에 모두 적용됐다.

치안유지법은 일본에서 천황제를 전복하려 하거나 사유재산제를 부인하는 경우에 주로 적용됐다. 1917년 러시아혁명의 성공 이후 일본 내 공산주의자들을 탄압하기 위한 법으로 보는 시각이 일반적이다.

식민지 조선에서는 이에 더해 독립을 꾀하는 불령선인을 탄압하는 데에 광범위하게 적용됐다. 불령선인은 '불령한 조선 사람'이라는 뜻이다. 불령不逞은 별로 쓰지 않는 한자말로, 불만을 품고 제도나 예의를 거부하는 사람을 의미한다. 일본이 조선을 식민 통치하기 위해 제정한 법은 이외에도 많다. 치안유지법은 사상 통제까지 가능했기 때문에 가장 강력한 법적 무기였다는 평가가 있다.

치안유지법을 통한 사상 통제는 일본의 대륙 침략과 태평양전쟁을 거치면서 더욱 강화됐다. 일제는 1936년 조선사상범보호관찰령을 제정했고, 5년 뒤에는 조선사상범예방구금령을 제정했다. 보호관찰령은 치안유지법 위반으로 이미 처벌을 받은 사람들을 2년 동안 보호관찰에 처할 수 있게 했다. 예방구금령은 한발 더 나아가 다시 구금할 수 있게 했다.

예방구금 곧, 법이 규정한 범죄가 발생하지 않았더라도 가능성만 있으면 예방을 위해 적용할 수 있게 했다는 점에서 근대 민주주의 법 원리 원칙에는 완전히 어긋나는 악법이었다.

샤리아법 폐지

오스만제국을 이은 터키는 1926년 이슬람 신앙에 따른 가족법인 샤리아법을 폐지하고
2년 뒤 이슬람을 국교로 지정했던 헌법도 개정했다.

케말 파샤

1923년 터키 공화국이 탄생했다. 14세기부터 서아시아 넓은 지역을 차지했던 오스만제국(오스만투르크)은 역사 속으로 사라졌다. 초대 대통령 케말 파샤는 수백 년 동안 통치 이데올로기였던 이슬람의 영향력을 축소하기 위한 다양한 정책을 실시했다.

제국 시절 오스만투르크의 최고 통치자를 술탄이라고 했다. 이슬람에서 원래 술탄은 종교 최고 지도자 칼리프로부터 권한을 위임받은 존재였다. 오스만투르크에서는 대부분 술탄이 칼리프의 지위를 겸했다.

오스만제국을 중심으로 한 이슬람 세계는 기독교(가톨릭, 개신교, 동방정교) 세계와 오랜 세월 대치했다. 수백 년 전에는 유럽보다 훨씬 문명이 발전했던 시절도 있었다.

18~19세기 유럽의 성장은 오스만제국에도 영향을 미쳤다. 오스만제국 내에서 서구화가 살길이라는 인식이 생겨났다. 케말 파샤는 제국 마지막 시절 청년 장교로 복무하면서 청년투르크당 활동에 열심히 참여했다. 청년투르크당은 1889년 결성됐다. 케말 파샤는 1881년 태어났다. 케말 파샤가 태어나기 5년 전 오스만투르크는 이슬람 국가 최초로 헌법을 제정해 입헌군주제를 수립했다. 1908년 청년투르크당은 혁명에 성공했다.

케말 파샤의 본명은 무스타파다. 10대에 수학을 잘 한다고 얻은 별명 케말로 이름을 바꾸었다. 케말은 완전하다는 뜻이다. 탁월한 군사 지휘자로 활약하면서 파샤(지도자)라는 칭호가 붙었다.

터키 공화국 수립 뒤에는 국부로 숭앙되었고, 의회는 아타튀르크라는 새로운 성을 부여했다. 아타튀르크는 터키의 아버지라는 뜻이다. 1934년의 일이다. 그 때까지 터키

인들은 성이 따로 없었다.

공화국 탄생 후 3년이 지나고 샤리아법이 폐지되었다. 이슬람 신앙에 따른 가족법이다. 보통 성법이라고 부른다. 샤리아Shari'ah는 물가로 이끄는 길이라는 뜻이다. 결국 신을 향해 가는 길이다. 1000년 넘게 유지되던 법을 서구화를 추진하면서 바꿨다. 혁명적인 변화였다.

2년 뒤에는 이슬람을 국교로 지정했던 헌법도 개정했다. 헌법의 기본 원칙으로 천명된 세속주의는 오늘날까지도 유지되고 있다. 다른 이슬람 국가들도 시기는 조금 늦지만 비슷한 길을 걸었다.

128 | 피오렐로 라과디아의 판결

20세기 전반기 피오렐로 라과디아의 판결은 민주주의 시대 사람들이 법에 대해 어떠한 바람을 갖고 있는지 잘 보여준다.

피오렐로 라과디아는 명판결로 유명한 미국 판사다. 1934년부터 12년간 뉴욕시장으로 봉직하기도 했다. 사실 여부에 대한 의문도 있지만, 1930년 판결이 특히 유명하다.

라과디아는 빵을 훔친 노인에게 10달러 벌금형을 선고했다. 아무리 사정이 딱하더라도 법을 어겼으니 처벌하지 않을 수는 없다는 이유다. 레미제라블의 장발장이 빵을 훔쳤다가 5년형을 받은 시절에 비하면 가벼운 형벌이었다. 인권 의식과 법 제도가 얼마나 진전되었는지 잘 확인할 수 있다. 물론 피고인이던 노인에게는 감당하기 어려운 거액이었다.

명판결로 소문이 난 이유는, 라과디아가 선고 후 본인이 10달러를 냈기 때문이다. 방청객들에게 50센트씩 걷어서 노인에게 줬다는 이야기도 있다.

민주주의 법 제도 일반론으로 추측컨대, 뉴욕에서 이런 경우 타인에게 벌금을 내도록 허용하는 법이 있었을 가능성은 높지 않다. 개인적인 자선을 행하면서 법정에 있던 다른 방청객들도 자발적으로 동참했을 듯하다.

미담으로 인정할 수 있지만 명판결로 보기는 어렵다. 종교적 또는 도덕적 관점에서 권장할 수 있는 캠페인으로는 훌륭한 소재다. 그렇지만 법적 관점에서 제도화하기는 힘들다. 모든 법관이 피고인의 형편을 살펴 라과디아처럼 판결할 수는 없다.

20세기 들어 복지 보장이 국가의 역할로 추가됐지만, 이는 법관이 아닌 공무원의 직무다. 피고인의 생활을 보살피는 것은 법관의 일은 아니다.

판결 외에도 라과디아는 정치인으로서도 좋은 평판이 많다. 이탈리아계 이민자 출신인데도 이탈리아 출신 마피아들을 대대적으로 소탕하였다. 프랭클린 루스벨트의 민주당 정부가 추진한 뉴딜 정책도 지지했다. 라과디아의 당적은 공화당이었다.

라과디아는 죽은 뒤에도 그 이름이 계속 기려졌다. 뉴욕 퀸스의 공항에 라과디아의 이름이 붙었다. 살아 있을 때 이미 '뉴욕의 영웅'이라고 불렸다.

라과디아 판결은 법적으로 그리 큰 의미는 없다. 그렇지만 민주주의 시대에 사람들이 법에 대해 어떠한 바람을 갖고 있는지 잘 보여주는 사례다. 법철학적으로 이러한 바람을 어떻게 제도화할 수 있을지에 대한 지속적인 성찰이 필요하다.

129 | 니어 대 미네소타주 재판

READ ☐ 영미법에서 언론의 자유는 자유롭게 출판하되 책임은 져야 한다는 원칙이었는데, 자유의 범위가 지속적으로 확대되었다.

1931년 니어 대 미네소타주 사건은 언론 자유와 관련하여 빼놓을 수 없는 재판이다. 니어는 새터데이프레스라는 언론사의 창립자였다. 경찰은 미네소타주 법에 따라 가두판매 금지 명령을 내렸다. 새터데이프레스는 일종의 황색 저널이었고, 미네소타주의 공중도덕보호법에 따라 저속한 신문을 문 닫게 할 수 있었던 시절이었다.

재판은 주 대법원을 거쳐 연방 대법원까지 올라갔다. 결국 공중도덕보호법은 위헌 결정을 받았다. 당시 대법원장은 에반스 휴즈였다. 전쟁 상황이 아니라면 정부는 출판권을 박탈할 수 없다는 점을 확인하는 판결을 했다. 정부는 전시에 군대나 군수송선과 관련된 정보를 공개하지 못하게 할 수 있을 뿐, 나머지 사안에 대해서는 언론의 자유를 제약해서는 안 된다는 의미다.

영미법에서 언론의 자유에 대한 인식은 "자유롭게 출판하되 책임을 져야 한다"는 명제로 모아진다. 1765년 출간된 《영국 법률에 대한 논평》에서 윌리엄 블랙스톤의 견해를 요약하면 이렇다. '자유인은 자신의 생각을 대중에게 내보일 수 있는 권리가 있다. 그렇지만 부적절한 내용인 경우 무모한 출판에 대한 결과를 감수해야 한다.'

이러한 원칙에 따라 20세기 초까지 미국도 과거 영국처럼 이미 출간된 간행물에 대한 제재가 광범위하게 이루어졌다. 수정헌법에서 언론의 자유가 삽입되었지만 사정은 크게 달라지

뉴욕타임스 민권운동 모금 광고

지 않았다. 위헌 결정을 받은 미네소타주의 공중도덕보호법은 악의적인 중상으로 명예를 훼손하는 발행물을 제재할 수 있도록 했다. 다른 주에도 비슷한 법이 있었다.

한 세대 뒤 미국에서 언론의 자유와 관련된 더욱 진전된 판결이 나온다. 뉴욕타임스의 마틴 루터 킹 광고 관련 판결이다. 대법원은 공무원에 대한 기사의 경우 비록 사실이 아닐지라도 악의적으로 명예를 훼손하는 목적이 아닌 이상 처벌받지 않는다고 천명했다.

1960년대 민권운동이 활발한 외중에 뉴욕타임스는 무려 50만 달러의 위자료를 지급하라는 판결을 받았다. 민권운동 모금 광고 내용에 사실과 다른 내용이 포함되어 있었고, 관련 경찰이 명예 훼손으로 민사소송을 냈기 때문이다.

광고 문구에는 마틴 루터 킹이 일곱 번 투옥되었다고 적혀 있었는데, 사실은 네 번 투옥됐다. 민사소송에서 뉴욕타임스는 패소했다. 대법원에서 하급심 판결이 뒤집혔다. 대법원은 열심히 취재를 하다 보면 실수도 있기 마련이라고 보았다. 언론의 자유를 더 중시한 결정이었다.

결과적으로 언론의 자유가 신장된 재판의 당사자지만, 니어에 대한 평가는 잘 따져봐야 한다. 선정적 주제를 많이 다뤘다. 범죄 조직과 경찰의 협조 관계를 폭로하는 고발성 기사도 있었지만, 섹스 스캔들이나 소수자를 경멸하는 기사가 많았다.

130 | 독일이데올로기

1930년대 소련이 펴낸 마르크스의 《독일이데올로기》는 사회주의 사상에서 국가와 법에 대한 중요한 통찰을 담고 있다.

볼셰비키혁명으로 탄생한 역사상 첫 사회주의국가 소련은 내외의 어려움을 극복하고 안착한다. 혁명을 뒤엎으려는 내전에 주변국까지 가담하여 국제전으로 이어졌지만, 이미 완수된 혁명을 뒤집지는 못했다. 1914년부터 시작된 1차 세계대전도 혁명 다음 해에 독일의 항복으로 마무리됐다. 실패했다는 평가도 있지만, 신경제정책NEP을 실시하여 경제도 혁명 전 수준으로 올라섰다. 이후 급격한 공업화와 농업의 집단화를 추진하면서 본격적으로 사회주의국가의 길을 걷는다.

이러한 와중에 사회주의이론에 대한 학문적 체계화와 편찬 사업이 진행된다. 1932년 마르크스엥겔스레닌연구소는 마르크스엥겔스 전집을 펴냈다. 여기에 《독일 이데올로기》가 포함되었다. 거의 한 세기 전에 집필이 끝난 저술이지만 이때 정식으로 출판되었다.

《독일 이데올로기》는 사회주의사상의 핵심인 역사적 유물론을 체계적으로 집대성한 문헌이다. 국가와 법에 대한 중요한 통찰을 담고 있다. 헤겔의 견해를 비판한다.

마르크스와 헤겔은 근대국가의 등장에 대해 완전히 다른 관점에서 설명한다. 마르크스는 국가는 지배계급, 곧 부르주아지의 이익을 옹호하는 도구로 보았다. 반면 헤겔은 근대국가를 인륜적 공동체의 최고 발전 단계로 본다.

헤겔이 말하는 인륜Sittlichkeit은 동양철학의 인륜人倫과는 전혀 다르다. 자유 이념 또는 절대정신으로 보면 된다. 그에게 현실세계는 인륜이 구체화되고 외화된 것이다.

헤겔

마르크스

엥겔스

인류라는 관념을 존재하는 실제로 보고 인간의 역사를 설명하기에 헤겔 철학은 관념론으로 분류한다. 마르크스는 자칭타칭 헤겔의 철학을 뒤집었다고 평가된다. 관념론을 뒤집어 유물론(물질론)의 관점에서 역사를 설명한다.

헤겔과 마르크스가 역사와 사회를 이해하는 방식은 민주주의 시대를 연 근대 법철학과는 달랐다. 홉스나 로크 같은 학자들은 사회적 제도를 인간의 내면과는 분리된 것으로 보았다. 그렇지만 헤겔은 인간의 내면과 분리하기 어려운 인류 또는 절대정신의 발현으로 사회 발전을 이해했다. 마르크스는 경제의 발전 과정을 반영해 상부구조가 성립된다고 함으로써, 인간의 내면이 결국 경제에 종속되었다고 봤다.

반론도 있지만 마르크스와 헤겔의 철학은 20세기 좌우 전체주의를 이론적으로 뒷받침했다고 할 수 있다. 오늘날 당연하게 받아들여지고 있는 국가와 시민사회를 구분하는 인식은 헤겔의 《법철학 강요》에서 비롯됐다.

131 바이마르공화국

1차대전이 끝나고 혁명이 성공하면서 독일은 공화정이 되었고 새 헌법이 공표되었는데, 지금까지도 가장 발전된 수준이었다는 학자들의 평가가 많다.

독일은 영국이나 미국, 프랑스처럼 시민혁명을 통해 아래로부터의 민주주의 시대를 열지 않았다. 19세기 후반 독일의 통일은 절대주의 군주 시대의 연장선에 있다. 비스마르크가 주도하여 통일을 이룩한 독일은 입헌군주국이 되었다.

그렇지만 노동자계급의 성장과 사회주의사상의 전파는 독일에서도 활발했다. 기득권을 유지한 앙시앵레짐과 부르주아지의 대결에 더해 새로이 부상하는 노동자계급은 엎치락뒤치락 하면서 권력을 다퉜다.

1차대전이 끝나고 혁명이 성공하여 독일은 공화정이 되었다. 1919년 새 헌법이 공포됐다. 국민의회가 열린 곳의 지명을 따서 바이마르공화국이라고 불렀다. 바이마르 헌법은 한 세기가 지난 지금까지도 가장 발전된 헌법이었다고 평가하는 학자들이 많다.

다른 민주주의 헌법이 채택한 원칙들은 물론 사회국가 사상을 새로이 반영하였다. 2차대전 패배로 나치즘이 몰락한 이후 바이마르 헌법의 사회국가 원리는 그대로 부활한다. 핵심은 이렇다. '소유권은 사회적인 성격도 함께 지닌다. 재산권 행사는 공공복리에 적합해야 한다. 국민의 인간다운 생존을 보장해야 한다.'

사회국가 사상은 근대 민주주의가 절대적 권리로 확보한 소유권의 성격은 그대로 인정한다. 사회주의이론과는 구분된다. 자유주의적 관점에 입각했던 근대 민주주의 사상을 상당히 보완한 셈이다. 20세기 서구의 복지국가 정책은 베버리지 보고서에서 집대성되지만, 법적으로는 이미 바이마르 공화국에서 체계화되어 제시되었다고 볼 수 있다.

바이마르공화국은 히틀러의 나치즘에 합법적으로 무너졌고, 가장 모범적이지만 취약했던 민주주의로 기록되고 있다. 히틀러는 바이마르공화국이 규정한 절차에 따라 합법적으로 집권했다. 수권법을 통해 합법적으로 행정권은 물론 입법권까지 장악한 최고통치자가 되었다. 유대인 학살도 법률에 따라 합법적으로 이뤄졌다.

현재 대륙법계에서는 20세기 초 독일의 바이마르공화국을 가장 선진적인 민주주의 헌법 체제라고 평가하는 시각이 일반적이다. 독일은 나치를 거치면서 민주주의를 수호하고 강화할 수 있는 새로운 법 원리들을 고안했다.

132 | 수권법

READ ☐   히틀러의 나치는 합법적인 방식으로 극우 전체주의를 완성하는데, 이를 가능하게 한 법적 장치가 1933년 제정된 수권법이었다.

히틀러의 나치는 일반적인 선입관과는 달리 완전히 합법적인 방식으로 극우 전체주의를 완성했고 유대인을 학살했다. 1933년 수권법Ermaechtigungsgesez이 바로 그 법적 장치다.

히틀러는 1933년 수상으로 임명됐다. 한 해 전 대통령 선거에서 히틀러는 힌덴부르크에게 졌다. 그렇지만 히틀러에 대한 국민들의 지지는 날로 높아갔다. 3년 전 총선거에서 나치스(국가사회주의독일노동자당)는 불과 18.3%를 득표했지만, 대선에서 히틀러는 36.8%를 얻었다.

1월에 수상이 된 히틀러는 3월 총선거에서도 승리했다. 의회는 수권법을 통과시켰다. 정식 명칭은 '민족과 국가의 위난을 제거하기 위한 법률'이다. 의회가 갖는 입법권을 행정부에 넘겨주도록 했다. 불과 반 년 만에 히틀러는 합법적으로 나치스의 일당독재체제를 구축했다.

1년 뒤 힌덴부르크 대통령이 사망했다. 히틀러는 대통령의 지위를 겸했다. 정식 명칭은 '총통과 수상Führer und Reichskanzler'이었지만, 이후 총통으로 불렸다. 독일은 제3제국이 되었다. 제1제국은 역사 속 신성로마제국, 제2제국은 1871년 통일 독일의 입헌군주제다.

수권법은 2차 세계대전이 끝날 때까지 유지되었다. 독일의 패색이 짙어지자 히틀러는 1945년 4월 30일 자살했다. 독일은 8일 뒤 항복했다. 5개월 뒤인 9월 10일 나치스의 활동을 금지하는 법률이 제정된다. 민족사회주의독일노동자당이라는 명칭은 물론 갈고리십자 상징도 사용할 수 없게 됐다.

이후에 여러 독재국가에서 나치스의 수권법은 모방된다. 한국의 경우 박정희의 5.16 쿠데타 직후 국가재건최고회의, 전두환의 12.12 쿠데타 이후 국가보위입법회의가 국회의 권한을 대신했다. 나치스의 수권법은 민족과 국가의 위난을 제거한다는 명분을 내세웠다. 국가재건최고회의와 국가보위입법회의도 마찬가지로 국가의 재건과 보위라는 거창한 명분을 걸었다.

20세기 여러 독재국가에서 나타난 수권법은 권력분립을 형해화했다. 근대 민주주의 법 원리가 기본으로 내세운 입법권과 행정권의 분리가 무너질 때 어떤 결과가 나타나는지에 대해 인류는 너무 큰 희생을 거쳐 깨달은 셈이다.

133 | 합법률적 불법

READ ☐   독일 법철학자 라드부르흐는 나치 시대의 법을 불법으로 규정했다.

나치 시대는 아우슈비츠 수용소를 비롯한 유대인 학살로 20세기 야만의 상징이 되었다. 나치 독일의 잔혹성은 동시대 군국주의 일본의 척식拓殖(식민통치)에 비해 과대포장된 면이 있다. 이전 시대 앙시앵레짐 또는 초기 자본주의국가와 비교해도 그렇다.

가장 큰 요인은 20세기 미국 대중문화에서의 묘사다. 영화나 음반 같은 기술에 기반을 둔 대중문화가 발전하고 전 세계에 확산되었다. 상당수의 유대인들이 미국 사회에서 주류적 위치에 오른 사정과도 관련된다.

나치즘에 대한 반성적 연구도 광범위하게 진행되었다. 철학은 인간의 이성에 대한 회의까지 나아간다. 프랑크푸르트 학파로 분류된 일군의 학자들은 나치의 만행을 사회과학을 포함하는 '과학을 신봉한 인간의 이성' 탓으로 돌리기도 했다.

나치즘으로 민주주의가 완전히 파괴된 상황에서 전후 독일 법학계에서는 비판적 성찰이 다양하게 나타났다. 히틀러 집권 이전 두 번이나 법무장관을 지낸 라드부르흐의 1946년작《실정법의 외양을 띤 불법과 실정법을 넘어서는 법》은 특기할 만하다.

라드부르흐는 나치 시대의 법을 합법률적 불법gesetzliches Unrecht이라고 규정했다. 법률에는 부합한다. 의회 또는 의회로부터 권한을 받아 법을 제정했으니 합법이다. 그렇다고 해서 제대로 된 법이라고 할 수는 없다. 합법률적이지만 불법으로 평가해야 한다는 논리다.

2차대전 후 독일 법학계에서는 라드부르흐의 불법국가론과 함께 실질적 법치주의, 방어적 민주주의 같은 새로운 이론이 광범위하게 대두됐다. 내용도 살펴 정당성을 따져야 한다는 것이 실질적 법치주의 이론이다. 법치주의 이론에서 근본적인 관점의 전환이었다. 19세기 말 오토 마이어가 체계화했다.

민주적 절차를 활용해 나치 같은 만행을 저지른 독재자를 용인하는 민주주의는 잘못이며, 민주주의는 스스로의 가치를 지킬 수 있어야 한다는 것이 방어적 민주주의 이론이다. 새로운 민주주의 이론에 따라 위헌 정당을 해산할 수 있도록 하는 제도를 도입했다.

이후 서독은 극우와 극좌 정치세력을 배제하는 시민 정치 교육을 연방정부 차원에서 다양하게 전개했다. 2차대전 후 분단되었기 때문에 공산당에 대해서 나치즘만큼 법적으로 대처했다.

134 | 순수법학

켈젠의 의도와 달리 순수법학론은 나치 독일의 합법률적 불법에 활용되었다.

한스 켈젠은 1934년 《순수법학》을 펴냈다. 히틀러가 집권한 다음 해다. 켈젠은 오스트리아 출신인데 비엔나대학 교수로 있다가 1930년부터 독일 쾰른대학에 재직했다.

유대인 박해를 피해 독일로 갔다가 다시 미국으로 망명한다. 스위스에서 국제법을 가르친 적도 있다. 오스트리아에서 켈젠은 헌법 입안 작업에 동참하기도 했다.

켈젠은 히틀러를 옹호하지 않았지만 나치즘을 반박하지도 않았다. 정치적 가치 판단, 사회학적 또는 심리학적 방법과 법을 분리하려고 했다. 자연법을 배제하고 실정법을 중심으로 법의 체계를 세우려고 하였다.

오늘날도 일반적으로 받아들여지고 있는 법단계설(헌법-법률-명령-조례-규칙)은 켈젠이 확고히 정립했다. 법과 국가를 동일하다고 보는 견해나 국내법에 비해 국제법이 상위에 있다는 그의 관점은 현재 반론이 더 많은 편이다.

법단계설에 따르면 하위법은 상위법에 비추어 그 정당성을 판별한다. 그렇다면 헌법은 어떻게 정당화할 수 있는가? 자연법을 논의하지 않으려고 했기 때문에 최고 단계의 실정법인 헌법을 정당화하기 위해서 다른 개념을 가져왔다. 이른바 근본규범이다.

근본규범의 실체에 대해 결국 자연법일 수밖에 없다는 비판이 많다. 켈젠은 여기에서 모순에 빠진다는 비판을 받았다. 이후 사회주의국가의 법 위에 있는 당 정책이나 수령의 교시를 근본규범론에 비추어 보려는 시도도 있었다.

순수법학론은 켈젠의 의도와는 달리 나치 독일의 합법률적 불법에 활용되었다. 2차 대전 후 독재국가들에서 직간접으로 켈젠식의 논리가 등장했다. 유대인으로서 히틀러의 박해를 받은 켈젠으로서는 억울할 것이다.

켈젠의 수제자 헬렌 실빙은 한국인 유기천과 결혼했다. 유기천은 1946년부터 서울대학교에서 형법을 가르쳤다. 한국 법학계에서 상당했던 켈젠 이론의 영향력은 이들 부부에게서 나온 것은 아니었을까?

135 | 스탈린 헌법

스탈린 헌법은 마르크스주의 법 이론을 수정해서 제국주의의 위협이 없어질 때까지는 국가와 법이 오히려 강화되어야 한다는 내용을 담았다.

첫 사회주의국가 소련의 권력은 1924년 레닌 사후 스탈린에게 돌아갔다. 볼셰비키혁명 이후 레닌의 신임을 받아 초대 서기장이 되었다. 스탈린이 레닌의 신임을 얻은 데는 마르크스주의를 소련의 실정에 맞게 변용한 덕이 컸다.

스탈린의 최대 라이벌은 영구혁명(세계혁명)을 주장한 트로츠키였다. 트로츠키는 서유럽 국가들에서 사회주의혁명이 연이어 일어날 수 있도록 도와야 한다고 주장했다. 스탈린은 소련의 혁명이 성공해서 입지를 먼저 다져야 한다고 반박했다. 한 나라에서 먼저 사회주의혁명을 성공할 수 있다는 일국사회주의론은 이론가로서 스탈린의 입지를 다졌다.

1936년 소련은 새 헌법을 제정했다. 흔히 스탈린 헌법이라고 한다. 스탈린은 마르크스주의 법 이론을 수정했다. 전통적인 사회주의이론에 따르면, 법과 국가는 사회주의혁명으로 계급이 소멸되면 사라진다. 스탈린은 일국사회주의론과 연결되는 반대의 견해를 내놓았다.

동시에 세계 모든 나라에서 사회주의가 건설되면 마르크스의 예언대로 되지만, 소련 한 국가만 사회주의인 현 상태에서는 그렇지 않다. 자본주의 포위망이 없어지기 전까지는 국가와 법이 오히려 강화되어야 한다는 결론이다. 스탈린 사후 집권한 흐루쇼프도 비슷한 견해를 이어갔다. 제국주의의 위험이 완전히 제거되기까지는 국가와 법이 필요하다고 보았다.

사회주의국가 소련의 헌법은 1918년 처음 제정되어 1924년 한 번 개정된 바 있다. 이전 헌법은 자본주의에서 사회주의로 이행 중인 것을 반영한 '이행기 헌법'이었다. 스탈린 헌법은 사회주의로 완전히 이행된 상태(예컨대 농업의 집단화 완수)에서 사회주의 체제를 굳건히 하는 성격을 띠었다. 법 이론적으로는 '정복된 영토'라는 개념이 등장했다. 사회주의국가가 달성한 성과를 법적으로 확고히 보장한다는 인식을 표현한 것이다.

스탈린 헌법은 1977년까지 적용됐다. 이후 헌법은 브레즈네프 헌법이다. 스탈린 헌법의 사회주의 사회보다 한 단계 나아간 '발달된 사회주의 사회'로 소련을 규정했다. 전 인민국가가 되었다는 표현도 등장한다.

136 | 무기대여법

미국이 2차대전 중 제정한 무기대여법은 2세기 가까이 이어져온 미국의 고립주의를 깬 법적 장치였다.

주로 유럽에서 벌어진 2차대전에 미국은 전면적으로 개입했다. 전쟁이 태평양 지역까지 확대된 것은 1941년이다. 일본은 미국의 주요 군사기지인 하와이 진주만을 공습했다. 당시 기술로는 비행기에 하와이까지 갔다가 돌아올 수 있는 연료를 실을 수 없었다. 일본의 젊은이들은 자살특공대(카미카제)가 되어 진주만으로 날아갔다. 카미카제는 신의 바람이라는 뜻이다.

미국 내에서는 19세기 초 발표한 먼로주의에 따라 고립주의를 주장하는 견해가 만만치 않았다. 초대 대통령 워싱턴도 임기를 끝마치면서 동맹 관계를 맺지 말고 유럽의 국제 분쟁에 휘말리지 않도록 하는 외교 방침을 언급한 바 있었다.

12월의 진주만 공습에 앞선 1941년 3월 미국은 무기대여법을 통과시켰다. 명칭은 평범하다. 연합국에 무기를 제공(군사원조)할 수 있다는 내용이다. 그렇지만 이는 2세기 가까이 이어져온 미국의 고립주의를 깬 법적 장치였다.

미국의 고립주의는 엄밀한 의미에서는 이미 깨져 있었다. 고립주의는 유럽 대륙에 대해서만 적용되었다. 아시아와 아프리카에 미국은 이미 다양하게 간섭하고 있었다. 매튜 페리는 군함 외교로 일본을 개항시켰다. 미국은 조선과도 1882년에 조미수호통상조약을 맺었다.

무기대여법 이전 미국은 유럽에 중립법을 적용했다. 루스벨트는 금수 조치가 취해지지 않은 국가에 대해서는 무기를 수출할 수 있도록 하는 법을 원했지만, 고립주의자들이 다수를 차지한 의회는 모든 국가에 대한 금수 조치를 요구했다. 2년 뒤에는 아예 중립법을 제정했다. 모든 교전국과 교전국이 활용할 수 있는 중립국들에 대해 미국이 군수물자를 팔거나 운송하지 못하도록 했다.

2차대전이 본격화한 이후, 루스벨트는 우선 캐시앤캐리법을 통과(1939)시킨다. 미국으로부터 군수물자를 구입하려고 한 국가는 선불로 비용을 먼저 내고 직접 수송해가도록 했다. 중립법은 실질적으로 무너졌다. 2년 뒤에는 무기대여법이 통과된다. 법은 1945년까지 적용됐고 미국의 고립주의 폐기는 되돌릴 수 없게 되었다. 루스벨트는 민주주의 국가를 수호해야 한다고 했다. 무기대여법의 정식 명칭은 '미국방어증진법Act to Promote the Defense of the United States'이다.

미국은 연합국들에 군수물자를 무상으로 제공하고 직접 운송했다. 법은 유럽의 영국, 프랑스뿐 아니라 국공합작(국민당과 공산당의 합작)의 중국과 사회주의국가 소련에도

무기대여법에 서명하는 루스벨트

적용됐다.

2차대전에서 승리한 후 미국은 독일과 일본을 비롯한 패전국들을 민주주의 체제로 전환시켰다. 민주주의를 수호하기 위해 사회주의국가 소련과 중국이 미국의 적이 되었다.

137 | 카이로선언

2차대전 중 미국, 영국, 소련이 수시로 모여 논의하고 발표한 선언들은 이후 국제법의
기초가 되었다.

2차대전은 점차 연합국의 승세로 기운다. 미국과 영국, 소련은 수시로 모여 전쟁에 대한 공동 대처, 나아가 전후 질서 수립을 논의하였다. 1943년 11월 카이로, 1945년 2월 얄타, 7월 포츠담에서 연이어 회담을 열었다.

회담 이후 발표한 선언들이 이후 국제법의 기초가 되었다. 카이로회담, 포츠담회담과 달리 얄타회담에서는 공개된 선언이 없다.

선언 그 자체가 법은 아니다. 법학에서는 보통 신사협정으로 이해한다. 신사협정은 신사들의 약속이라는 뜻으로, 법적인 권리나 의무는 발생하지 않는다고 본다. 그렇지만 강대국들의 의사를 집약한 공동선언문은 대개 조약이나 국제기구 규약 등으로 구체화되어 결국 법이 된다. 법학에서 국제법에 대한 다양한 정의가 있지만, 결국 국제법이란 당대 세계 질서를 주도하는 강대국의 의사를 의미한다.

1943년 카이로선언에는 미국, 영국, 중국이 참여했다. 주로 향후 일본 영토의 처리 원칙을 논의했다. 주요 내용은 이렇다. 일본의 침략은 저지하되, 일본으로 영토를 확장

왼쪽부터 장제스, 루스벨트, 처칠

194

하지는 않는다. 일본이 탈취한 지역은 모두 반환한다.

　소련은 함께 하지 않았는데, 이 때까지 유럽 전선에만 참여하고 있었기 때문이다. 한국 문제에 대해 특별조항이 포함되어 한국 현대사에서는 특히 중요하게 다루는 회담이다. 노예 상태에 놓여 있는 한국을 적당한 시기에 독립시킨다는 내용이었다.

　카이로선언 한 달 전에 모스크바선언이 있었다. 미국, 영국, 소련이 참여했다. 회담에는 참가하지 않았지만 중국도 공동선언에 서명하였다. 4국이 공동으로 대처한다는 원칙과 함께 유럽 문제가 언급되었다.

　독일의 분단은 1945년 2월 얄타회담에서 결정됐다. 소련의 대일전 참전도 이 때 결정됐다. 그렇지만 소련의 참전은 상당히 늦어졌다. 미국은 1945년 8월 6일 원자폭탄을 일본에 투하했다. 이틀 뒤 소련은 아시아 전선에 참전한다. 다시 7일 뒤 일본은 항복했다. 8월 15일의 일이다.

　2차대전 이후 국제질서는 얄타회담에서 논의한 대로 결정되었다. 이를 얄타체제라 부른다. 얄타체제는 미국과 소련의 대결, 곧 냉전체제를 근본 특징으로 한다. 얄타체제는 1989년 몰타에서 미국과 소련이 정상회담을 갖기 전까지 이어졌다. 몰타회담에서는 양국이 더 이상 서로가 적이 아니라고 발표하였다. 몇 년 뒤 소련은 해체되고 현실 사회주의국가들은 대부분 체제 전환을 했다.

138 | 뉘른베르크전범재판

2차대전 종전 이후 뉘른베르크전범재판과 도쿄전범재판이 진행되어 전범을 처벌하였다.

뉘른베르크는 독일 바이에른주에 있는 도시다. 2001년 유네스코 인권상을 수상했다. 도시로는 최초다. 아이러니하게도 2차대전 후 열린 전범재판 덕분에 도시 자체가 인권 상을 탔다.

1945년 10월부터 뉘른베르크에서 독일에 대한 전범재판이 열렸다. 연합국 쪽으로 승세가 기울자 1943년에 런던에 전쟁범죄위원회를 설치했다. 뉘른베르크는 1933년부터 5년간 전당대회가 개최된 나치의 거점 중 하나였다. 1935년에는 뉘른베르크법이 제정됐다.

뉘른베르크법은 나치 독일이 유대인을 탄압하는 법적 장치였다. 유대인의 독일 국적과 공무담임권을 박탈했고, 독일인과 결혼도 금지했다. 독일인과 결혼하는 유대인은 강제노동을 해야 했다. 이 법은 결국 홀로코스트로 이어진다.

일본에 대해서는 다음 해에 도쿄재판이 진행되었다. 도쿄재판은 2차대전 당시 일본 육군성 및 참모본부로 사용된 구 육군사관학교 대강당에서 진행됐다. 1949년에는 하바로프스크에서 일본군 생체실험 관계자들에 대한 재판이 따로 진행됐다. 하바로프스크 재판은 통상적으로 전범재판으로 분류하지는 않는다.

두 차례의 2차대전 관련 재판 이후 전범재판 사례는 그리 많지 않다. 1993년에는 구 유고 국제형사재판소가 설립된다. 구 유고 연방 내에서 벌어진 보스니아 내전 당시 자행된 전쟁범죄를 다뤘다. 1995년 르완다 국제형사재판소는 르완다 내전의 대량 학살을 법정에 세웠다.

1968년 전쟁범죄에 관한 국제조약이 체결된다. 전쟁 범죄 및 비인도적 범죄에 대한 법(적용)제한의 비적용에 관한 다자 간 협정으로, 전쟁범죄와 비인도적 범죄는 공소시효가 없다고 명시했다. 국제형사재판소ICC는 2002년 7월 헤이그에서 발족했다. 대한민국은 2003년에 정식 가입했다. 서울대 법대 교수 송상현이 2003년 초대 재판관으로 선출되었고, 재선을 거쳐 2009년부터는 재판소장을 역임했다.

전쟁범죄를 다루는 상설 재판소가 설립되었지만 아직 갈 길은 멀다. 단일하고 강력한 국가권력이 법적인 효력을 강제하는 국내법과는 다르다. 학살을 비롯한 전쟁범죄를 단죄한다는 이유로 국가 주권 침해를 정당화할 수 있느냐는 반론도 많다.

신생 사회주의국가들은 대부분의 토지를 일단 농민들에게 나눠주는 정책을 실시하여
농민들의 지지를 얻은 후 점차 집단화하는 과정을 밟았다.

사회주의는 자본주의의 폐해와 부작용을 극복하려 한 시도였다. 사회주의이론에 따르
면 자본주의는 자본가계급(부르주아지)과 노동자계급(프롤레타리아트)이 대립하는 마지
막 계급사회다. 평등한 무계급사회가 되려면 자본가계급이 가진 자본(생산수단)을 모두
에게 돌려주어야 한다. 공산화된 국가들의 주요 공장과 인프라는 국유화되었다. 국유화
는 생산수단을 전 인민 모두가 갖는다는 뜻이다.

생산수단에는 토지도 포함된다. 그렇지만 농업의 사회주의적 개조는 쉽지 않았다.
대부분의 신생 사회주의국가들은 인민민주주의혁명을 수행했다. 사회주의혁명을 수
행할 수 있는 여건이 되지 않았다고 보았기 때문이다. 인민민주주의혁명은 서구 발전된
자본주의국가들이 거친 민주주의혁명과 소련의 볼셰비키가 수행한 사회주의혁명의 중
간 형태 정도로 이해하면 된다.

대부분의 국가들은 토지를 일단 농민들에게 나눠 주는 정책을 실시했다. 그렇게 농
민들의 지지를 획득한 후 점차 집단화하는 과정을 밟았다. 소련에서 진행한 사회주의적

북한의 토지개혁 당시 선전화

개조 과정과 비슷한 경로였다.

농업 집단화 과정에서 토지의 소유권은 농민들이 그대로 갖는다. 그렇지만 넓은 지역을 단위로 모든 토지를 공동으로 관리하였다. 자기 땅에 농사를 마음대로 지을 수 없게 했지만, 자발적인 집단화에 동참하도록 법 제도를 정비했다.

북한의 경우 1946년 토지개혁법령이 제정되어 곧바로 시행되었다. 지주들의 토지를 무상으로 몰수하여 농민들에게 무상으로 분배하는 방식이었다. 1950년대 후반에는 농업 집단화 완성을 선언한다.

농업 집단화를 추진하는 과정에서 획일적인 법령을 제정하지는 않았다. 일종의 계약으로 볼 수 있지만, 구체적인 문서들은 아직까지 외부에 유출되지 않아 정확한 법률관계는 규명되지 않고 있다.

이후 사회주의국가들은 농업 분야에서 완전한 국유화를 지향했다. 농민들은 공업 근로자처럼 개조하려고 하였다. 그렇지만 수십 년이 흘러도 농업의 공업화는 달성되지 않았다. 중국의 경우 비슷한 궤적을 밟았지만, 1970년대 후반에 농민들에게 경영권을 다시 돌려주었다.

140 | 맥아더 헌법

READ ☐ 일본 헌법은 2차대전 후 맥아더 점령 시절 제정되어 지금까지 적용되고 있는데, 군국
주의자들은 비정상으로 보고 폐기하려고 한다.

2차대전 후 세계질서의 패권을 쥐게 된 미국은 과거 제국주의와는 다소 다른 방식으로
세계 경찰 노릇을 했다. 무엇보다 확장하는 사회주의 소련의 영향력을 막기 위한 목적
이 가장 우선적으로 고려되었다.

일차적으로 같은 민주 진영으로 피폐해진 영국과 프랑스 등 서유럽 국가들에 대한
원조를 대거 늘렸다. 마셜 플랜이다. 1947년 국무장관 마셜이 제안하여 다음 해 경제협
력법을 통해 실행되었다.

첨예하게 맞붙었던 독일과 일본에 대해서도 민주적 개조를 실행하고 공산주의에 대
응하는 전초기지로 삼았다.

당시 독일은 분단된 상태였다. 얄타회담에서 독일을 미국, 영국, 프랑스와 소련이 공
동으로 관리하기로 했는
데, 소련이 동독과 동베를
린을 포기하지 않아 결국
분단되었다. 일본이 점령
하던 지역은 한반도의 38
선을 기준으로 북쪽은 소
련, 남쪽은 미국이 관할하
였다. 전쟁의 책임은 일본
에 있었지만, 엉뚱하게 한
반도가 분단되었다.

분단된 독일의 서독은
통일될 때까지 자신들의
최고법에 대해 헌법이 아
닌 기본법이라고 했다. 민
주적으로 개조된 일본은
맥아더 헌법을 채택했다.
당시 일본을 점령한 미군
총사령관의 이름을 땄다.
우리에게는 인천상륙작

맥아더와 히로히토

199

전으로 유명하다.

맥아더 헌법은 평화헌법이라고도 한다. 근대국가 체제가 성립된 이후 처음으로 국가가 군대를 보유하지 못하도록 명시한 헌법이기 때문이다. 이후 일본이 보유한 실질적인 군대는 자위대라고 한다. 맥아더 헌법은 수십 년의 세월이 흐르는 동안 한 번도 개정되지 않았다. 과연 실질적인 규범력이 있는지 의문이 드는 지점이다. 과거 제국헌법과 비슷하게 천황의 지위는 국가와 국민 통합의 상징이다.

일본은 반세기쯤 뒤 이른바 정상국가가 되어야 한다는 군국주의 정치세력이 다시 발호한다. 이들은 2차대전 직후 미국이 주도한 일본의 국가체제를 비정상으로 본다. 학계에도 일본은 점령(된) 국가라는 연구가 있다.

141 | 카스트제도 철폐

READ ☐ 1947년 인도에서 카스트제도가 법적으로 금지되었지만, 이는 오늘날까지도 여전히 인도의 정체성을 규정하며 때로는 법보다 우월한 지위에 있다.

1947년 인도에서 카스트제도가 법적으로 금지되었다. 카스트제도는 2000년 넘게 지속되어온 인도의 신분제도다. 국가 차원에서 공식적으로 신분을 철폐했지만, 세기가 바뀐 오늘날까지도 여전히 인도의 정체성을 규정한다는 평가가 일반적이다.

카스트제도에서 신분은 넷으로 나뉜다. 성직자(브라만), 무사(크샤트리야), 상공인(바이샤), 노예(수드라)다. 수드라보다 못한 신분도 있다. 다리트는 흔히 불가촉천민 Untouchables으로 번역한다. 더 아래에 트리발도 있다. 토착부족민이다.

카스트제도는 인간을 영혼이 있는 자와 없는 자로 구분한다. 영혼이 없는 자는 단순히 일만 하는 존재다. 종교적인 신념과 연결되어 오늘날까지도 인습적인 문제들이 완전히 퇴치되지 않고 있다.

인도 정부 차원에서는 과거 카스트제도의 신분별로 역으로 진학이나 공직에 할당량을 두는 등 평등한 사회를 위한 정책을 실시한다. 그렇지만 구 상층계급 출신들은 수시로 이에 반대하는 시위를 벌인다. 유엔인권보호증진소위원회에서는 2004년 신분과 직업의 귀천에 따른 차별을 철폐해야 한다는 결의안을 채택하면서 인도와 네팔의 불가촉천민 문제 조사를 시도했는데, 인도 정부가 보고관 입국을 거부하기도 했다.

일각에서는 현대 인도의 카스트제도는 결혼제도와 음식문화에서만 나타난다는 주장을 펴기도 한다. 인도의 불평등은 전통의 종교적 신분이 이유가 아니며, 자본주의 일반의 불평등과 다르지 않다는 견해다.

201

142 | 아파르트헤이트

아파르트헤이트 철폐는 법적·실질적 평등을 이룩하기 위한 20세기 후반의 대표적인 노력 사례다.

20세기 후반까지 법적으로 신분상의 차별이 남아 있던 대표적인 나라는 남아프리카공화국이다. 1948년부터 남아공에서는 백인 우월주의에 의한 아파르트헤이트(분리) 정책이 시행됐다. 아파르트헤이트를 뒷받침하는 다양한 법이 제정됐음은 물론이다.

인종 간 시설 분리, 통행 제한이 시행됐다. 인종 간의 혼인뿐만 아니라 성관계까지도 금지했다. 아파르트헤이트 관련 법은 무려 반세기 가까이 이어져 1994년에야 철폐된다.

아파르트헤이트를 철폐하기 위한 투쟁이 국내외에 걸쳐 광범위하게 벌어졌다. 아이러니하게도 남아공에서 노벨상 수상자가 많이 배출된 배경이 바로 아파르트헤이트다.

앨버트 루툴리, 데즈먼드 투투, 넬슨 만델라, 프레데리크 데클레르크는 노벨평화상, 네이딘 고디머, 존 맥스웰 쿳시는 노벨문학상을 받았다. 데클레르크는 남아공의 백인 집권당 당수로 아파르트헤이트를 철폐하기 전 마지막 백인 대통령이었다.

아파르트헤이트 철폐 이후 남아공의 민주적 진전은 놀랍다. 오랫동안 인종 차별 철폐를 위해 노력한 만델라를 시작으로 연이어 흑인 지도자들이 집권했다. 만델라 정부는 흑백 연합으로 1994년에 출범했다.

넬슨 만델라. ©John Mattew Smith

만델라 정부가 설치한 '진실과 화해 위원회'는 과거사 청산에 대한 새로운 모델을 인류에게 제시했다. 과거의 인종 차별에 대한 진실을 증언하는 경우 더 이상 책임을 묻지 않는 방식이었다.

2009년에는 HIV 감염인이자 성소수자(게이) 에드윈 캐머런 변호사가 헌법재판소 재판관으로 임명됐다. 선진 민주국가, 신사회운동의 관점에서도 특기할 만한 일이었다. 캐머런 재판관의 이야기는 《헌법의 약속》이라는 제목으로 한국에서 출간됐다.

143 | 대한민국 정부 수립

건국절, 임시정부 법통에 관한 논란은 정부 수립의 성격과 국가에 대한 견해 차이에서 비롯된다.

1948년 8월 15일 대한민국 정부가 수립됐다. 일각에서는 당시 대한민국을 건국했다고 주장한다. 견해의 차이는 건국절 논란으로 이어진다. 후자는 1948년 8월 15일을 건국절로 삼자고 한다. 전자는 일반적으로 1919년 건국을 주장한다.

1919년에는 3.1운동이 있었고 임시정부가 설립됐다. 임시정부는 상하이(4.13.), 한성(4.23.) 등 여러 곳에 세워졌기 때문에 건국절을 주장하는 날짜도 다양하다. 임시정부들이 통합된 9월 11일을 주장하는 이들도 있다.

임시정부 법통 논란도 있다. 법통은 법의 정통성이라는 말이다. 서구 민주주의 법 이론에서는 등장하지 않는 용어다.

한국 헌법은 전문에 "대한국민은 3·1운동으로 건립된 대한민국임시정부의 법통과 불의에 항거한 4·19민주이념을 계승"한다고 명시하고 있다. 헌법에 법통이라는 말이 등장하기에 무시할 수 없는 개념이다.

건국절과 임시정부 법통 논란은 결국 '국가란 무엇인가'에 대한 견해의 차이에서 비롯된다. 국가의 본질에 대해서는 정치학계와 사회학계에서 논란이 치열하다. 법학계에서는 일반적으로 3요소설에 따른다. 국민, 영토, 주권을 가져야 국가라는 것이다.

일제 식민지 시절 설립된 대한민국임시정부는 외국에 망명한 독립운동 지도자들이 영토와 국민이 없는 상태에서 주권을 주장했다. 대한제국도 을사늑약으로 외교권을 상실해 당시 국제적으로 제대로 국가 대접을 받지 못했다. 임시정부가 정부를 자임했지만 주변국의 인정을 받을 수는 없었다. 1948년 대한민국은 국민과 영토와 주권을 가진 국가가 되었다.

건국절과 법통 논란은 권력을 다투는 정치세력 간의 경쟁과 맞물려 첨예하게 미디어를 장식한다. 사회심리학 또는 문화인류학 차원의 연구가 뒷받침되어야겠지만, 무엇보다도 정통성을 중시하는 전통적 인식에서 기인한 듯하다. 민주와 인권과 평화의 증진이라는 법철학의 발전 방향과는 별 관련성이 없다.

144 | 분단

READ ☐ | 분단으로 인해 한반도에서는 국가와 정부의 성격과 관련한 법적 논의가 다른 나라들과는 다르게 전개됐다.

대한민국은 한반도의 남쪽만을 실질적으로 지배할 수 있었다. 대한민국 정부 수립 후한 달도 채 되지 않은 9월 9일 38선 이북 지역에서 조선민주주의인민공화국이 수립됐다. 한반도는 분단되었다. 지리적 관념에 따른 국토의 분단이다. 사람의 분리 관점에서보는 이들은 한민족의 분단이라고 했다.

국민, 영토, 주권이라는 3가지 구성요소 이론에 따르면 대한민국(남한 또는 한국)과 조선민주주의인민공화국(북한) 모두 국가다. 물론 둘 다 전 한반도를 영토로 다스리지는못했다.

그럼에도 남과 북은 모두 전 한반도를 자신의 영토라고 법적으로 선언했다. 대한민국은 헌법에서 한반도와 부속도서를 영토로 한다고 규정했다. 제헌헌법부터 현재까지여전히 같은 내용이다. 북한은 남의 영토 조항과 비슷한 조문은 없지만, 수부(수도)를 서울로 규정했다. 1972년 헌법에서 이 조문은 삭제되지만, 통일을 추진해야 한다는 헌법적 사명을 국가에 부과했다.

대한민국에서 북한은 국가보안법에 따라 정부를 참칭하는 반국가단체가 되었다. 미디어에서는 한 세대 이상 북괴라고 불렀다. '북한 괴뢰도당'의 준말로, 당시 공산주의 종주국 소련의 꼭두각시에 불과하다고 보았다.

1991년 남북기본합의서에서 남북관계를 특수관계로 명시함에 따라 북한에 대한 헌법적 설명은 다소 달라진다. 여전히 반국가단체이긴 하지만 통일을 위한 대화와 협력의동반자라는 성격이 추가되었다.

북한의 법적 성격은 이중적 지위를 갖는다고 본다. 현실적으로 대한민국의 국내법은적용되지 않지만 북한을 국가로는 볼 수 없다는 말이다. 하지만 국제법에 따르면 북한을 법적 국가로 보지 않기는 어렵다. 과거에는 논쟁이 많았다. 사실상의 정부나 교전단체처럼 국가는 아니지만 국제법의 주체가 되는 이론과 개념을 가져와 설명하려고 시도했다.

오늘날 국제법은 타국의 승인은 이미 성립한 국가를 확인하는 의미가 있다고 본다.과거 학설에 따른다고 하더라도 북한이 국가라고 인정하는 건 사실 큰 무리가 없다.2000년대 들어 북한은 오랫동안 외교관계를 맺지 못했던 유럽의 많은 나라들과도 수교했다. 다른 개념을 적용하기에는 북한이 실질적으로 차지한 영토와 국민(인민)의 범위가 너무 크다.

판문점 군사정전위원회 회의실. ©판문점견학지원센터

　식민지 해방 후 남과 북에 별도의 정부가 들어선 상황에서 어느 쪽의 국적도 취득하지 않은 사람들이 있다. 이들은 국적이 여전히 조선으로 되어 있다. 사실 조선이라는 국가는 1897년 대한제국이 생기면서 사라졌다. 이들은 일본 등 해외에서 거주하고 있다.

145 | 국가보안법

한국에서는 과거 독재정권 시절 국가보안법을 악용하여 야당과 재야 민주화세력을 탄압한 후과가 너무 크게 남았다.

일제의 치안유지법은 대한민국 정부 수립 직후 국가보안법의 모델이 되었다. 정작 일본에서는 2차대전 종전 후 연합군 총사령부의 명령으로 폐지되었다. 연합군 총사령부 명령의 공식 명칭은 '정치적, 공민적, 종교적 자유에 대한 제한의 제거에 대한 사령부 각서'이다.

국가보안법의 연혁을 보면 처음 제정된 때가 1948년 12월 1일이다. 그 해 8월 15일에 정부 수립을 선포했다. 불과 4개월 만에 대한민국은 강력한 반공국가 체제가 되었다. 이후 한국에서 공산 계열의 정당은 언제나 불법이었다. 아이러니하게도 미군정 시기 3년, 유일하게 공산당의 합법 활동이 가능했다.

박정희 정권 시절에는 국가보안법 외에 반공법도 있었다. 1961년 7월 3일 제정됐는데, 제1조에 명시된 법의 목적은 이렇다. '국가재건과업의 제1목표인 반공체제를 강화함으로써 국가의 안전을 위태롭게 하는 공산계열의 활동을 봉쇄하고 국가의 안전과 국민의 자유를 확보함'. 반공을 쿠데타의 최고 명분으로 내세운 군부세력의 조치였다. 반공법은 박정희 사후 1년이 더 지나서 폐지됐다.

독재적인 경향이 강할수록 국가 안보 관련 법은 정권 유지에 악용되는 경향이 있다. 한국에서는 과거 독재정권 시절 국가보안법을 악용하여 야당과 재야 민주화세력을 탄압한 후과가 너무 크게 남았다. 이에 따라 국가를 보안하는 법 본연의 필요성에 대해서도 의문을 제기하는 시각이 많다.

민주주의가 고도로 발달한 국가에서도 안보를 유지하기 위한 법 제도는 존재한다. 김대중 대통령은 야당 시절 국가보안법을 대체하는 민주질서수호법을 제안한 바 있지만, 실제 제정까지 이어지지는 않았다. 1992년 정주영은 공산당 허용을 대선 공약으로 내세우기도 했다.

국가보안법의 폐지는 여전히 한국 사회의 민주화나 인권의 증진과 관련하여 시금석으로 통한다. 국가보안법을 폐지하기 위한 노력은 다양하게 전개됐다. 1994년 고려대 법과대학 학생회는 국가보안법이 폐지되는 날을 법의 날로 정하자고 제안했다.

146 │ 태극기와 인공기

대한민국은 대한제국의 태극기를 국기로 계속 채택한 반면, 북한은 새로운 국기를 제
정했다.

대한민국은 대한제국에서 국기로 지정한 태극기를 국기로 사용한다. 북한은 1948년 정
부를 수립하고 별도의 국기를 제정했다. 인민공화국 깃발 정도의 뜻으로 보면 된다. 정
확한 명칭은 남홍색藍紅色공화국국기 또는 홍람오각별기다.

태극기가 정식으로 조선의 국기로 제정된 때는 1883년 3월 6일이다. 태극기는 이미
한 해 전부터 사용되고 있었다. 당시 외교사절(수신사)로 일본으로 가던 박영효가 서양
의 근대국가들이 국기를 사용하는 관행을 보고 급히 만들었다는 설이 오랫동안 통용되
었다. 같은 해 5월에 조미수호통상조약 체결 시 태극도형기를 임시 국기로 사용한 바 있
다.

태극기는 명백히 음양사상을 내용으로 한다. 태극기의 디자인은 가운데 태극 원과
모서리의 4괘로 이루어져 있다. 태극과 괘는 3대 유교 경전의 하나인 《주역》에 뜻이 잘
담겨 있다.

인공기도 3색으로 구성되지만 의미는 다르다. 공산주의 혁명정신(빨간색), 평화(파란
색), 광명(하얀색)을 의미한다. 별의 흰색 바탕이 중국 철학에서 중시하는 음양사상을 담
고 있다는 견해도 있다. 일각에서는 북한의 인공기는 소련의 지시로 만들어졌다고 주장
한다.

대한민국의 태극기는 군사독재 시절에는 정권의 상징물이나 마찬가지였다. 그런데
1980년대 민주화운동을 전개한 재야 세력, 특히 학생운동 지도자들이 민주화운동 현장
에서 때로 태극기를 몸에 두르고 등장했다.

2000년대 들어서는 반대의 현상이 나타났다. 노무현 대통령이 취임한 이후 우파 정
치세력은 태극기와 성조기를 함께 휘두르며 정권을 압박했다. 박근혜 대통령의 탄핵 국
면에서는 탄핵에 반대하는 사람들이 태극기를 들고 집회를 열었다. 이들은 태극기 부대
로 불렸다.

147 | 헌법해의

대한민국 헌법을 기초한 유진오가 쓴 《헌법해의》를 비롯해 많은 법학 서적들이 간행되면서 법학 교육이 본격화되었다.

대한민국 정부 수립 다음 해인 1949년 1월에 유진오는 《헌법해의憲法解義》를 발간했다. 한 해 전에 이창수가 쓴 《대한민국헌법대의》가 있었지만, 유진오야말로 대한민국 헌법을 기초한 장본인이었다.

유진오를 필두로 각 분야 법학 서적들이 간행되기 시작한다. 이미 식민지 시절에도 발간된 책들이 있지만, 정식으로 정부를 수립하면서 법학도 새로운 출발점에 선 셈이다. 이 즈음 나온 대표적인 책으로는 《형법총론》(심현상), 《상법총칙강의》, 《회사법강의》(주유순), 《민사소송법석의》(백한성), 《사회법서설과 노동법》(박덕배), 《노동법》(심태식)이 있다. 기본법 분야로는 《법철학》(황산덕), 《서양법제사》(김증한)가 비슷한 시기에 출판되었고, 국제법 분야에서는 1953년부터 《대한국제법학회논총》이 발행되기 시작했다.

한국의 법학은 일본에서 해석한 독일법 이론을 기본으로 하였다. 정부 수립 초창기 각 분과 법학을 대표하는 학자들이 일본에서 공부했거나 식민지 시절 일본 법학을 공부했기 때문에 어쩔 수 없는 일이었다.

유진오의 경우 경성제국대학에서 법학을 공부하고 1932년부터 보성전문학교에서 강의하였다. 헌법안을 기초할 당시 고려대학교 교수로 있었다. 1948년 헌법기초위원이 되었는데, 이미 해방 직후부터 많은 법령의 초안을 만들었다.

일본의 법학을 공부했지만 당시 법학자들은 대체로 근대 민주주의 법 원리의 핵심 내용들을 최대한 충실히 교과서에 담아냈으며 법령에도 반영했다.

유진오가 기초한 제헌헌법의 일부 내용은 이후 헌법에서 오히려 후퇴했다는 평가를 받았다. 예컨대 사기업 근로자에게까지 이익을 나눠주도록 한 균점권이 대표적이다. 유진오는 영토 조항처럼 분단이라는 한반도의 특수한 상황을 고려한 조문도 고안했다.

VII 1900년대 후반기

148 유엔군

유엔군은 유엔 설립 초창기에 제반 사항이 충분히 검토되지 않은 상태에서 조직되었고, 합법성 논란이 여전히 있다.

세계 평화를 달성하자는 목적으로 1945년 국제연합(유엔)이 조직되었지만 세계 곳곳에서 발생하는 전쟁을 막기에는 역부족이었다. 유엔이 명실상부하게 세계 평화를 달성하려면 국가들 간의 갈등을 제압할 수 있는 물리적 힘이 필요했다.

6.25 발발 직후 조직된 유엔군은 유엔이 전쟁을 막기 위해 필요로 하는 물리적 힘의 보유 사례로 볼 수도 있다. 유엔군은 유엔이 조직한 군대다. 한국전쟁 이후 유엔군이라는 명칭을 사용한 경우는 별로 없다.

1990년 이라크가 쿠웨이트를 침공했을 때 개입한 미군은 다국적군이라는 이름이 붙었다. 한 세대 전 콩고와 키프로스 내전 때는 유엔군이라는 이름은 붙었지만 6.25 때와는 성격이 달랐다. 분쟁 해결이 아니라 평화 유지를 목적으로 한다고 보았다.

그런데 6.25 때 조직됐던 유엔군의 경우, 평화 실현을 위한 국제사회 차원의 물리적 힘으로 보는 시각은 일반적인 것은 아니다. 유엔 설립 초창기라 제반 사항이 충분히 검토되지 않은 상태에서 유엔군은 조직되었다. 물론 법적으로 유엔 헌장을 따랐고 유엔의 공식 의사결정도 있었다. 그렇지만 합법성에 대한 논란이 여전히 정리되지 않았다.

세계가 아직 국가를 기본 단위로 하는 근대국가 체제에 놓여 있다는 점도 한계다. 근대국가들은 대체로 특정 민족을 중심으로 일정한 지역을 범위로 하여 성립되었다. 국가가 유일하게 물리적 폭력을 독점하였고, 국가 내의 질서(평화)를 확보하였다. 전 지구적 차원에서 세계정부가 설립된다면 비슷한 과정을 밟겠지만, 아직은 먼 미래의 일이다.

유엔은 설립 이후 오늘날까지도 가장 대표적이며 규모가 큰 국제기구다. 1941년 루스벨트와 처칠의 대서양헌장, 다음 해 워싱턴에서 26개국이 서명한 연합국선언이 유엔의 기초가 되었다. 2차대전에서 한 축을 이룬 연합국 체제가 확대되어 유엔이 되었다.

2차대전 당시 적국이었던 독일과 일본을 비롯한 추축국들도 민주적으로 개조되어 모두 유엔에 가입하였다. 새로 독립한 나라들도 대거 가입하였다. 한국은 1980년대까지 가입에 실패했지만, 1991년 남과 북이 각각 회원국으로 가입하였다.

유엔에 대한 비판은 다양하다. 안전보장이사회(안보리) 구성 5개국이 거부권을 갖는 제도는 가장 많은 비판을 받는다. 미국, 영국, 프랑스, 러시아, 중국은 상임 이사국이며, 이들 중 한 나라라도 거부하면 어떤 결정도 할 수 없다. 안보리 상임이사국 5개국은 1971년 중화민국(대만)이 중화인민공화국(중국)으로 바뀐 것 외에는 처음부터 지금까지 유지되고 있다.

149 | 한미상호방위조약

READ ☐ 한미상호방위조약에 따라 주한미군 주둔에 대한 국제법적 근거가 구비되었다.

2차대전 후 세계 패권을 차지하게 된 미국은 이제 더 이상 고립주의 논리를 펴지 않았다. 냉전에 맞서 민주주의와 인권을 지킨다는 명분을 내세웠지만 제국과 패권의 논리가 압도하는 경우도 많았다.

미국의 개입은 대륙마다 다른 형태로 나타났다. 유럽에서는 NATO(North Atlantic Treaty Organization, 북대서양조약기구)를 결성했다(1949). 소련에 맞서 공동 안보를 이룩하기 위해 체결한 북대서양조약을 수행하는 국제기구다.

아시아에서는 일본과 한국을 중심으로 개별 동맹관계를 맺었다. 미일안보조약(1951)과 한미상호방위조약(1953)은 여전히 유효하다. 1970년대에는 중국과 수교하여 소련을 견제하기 시작한다.

한미상호방위조약은 명칭은 '상호' 방위를 목적으로 하지만 두 나라 간의 힘의 관계로 볼 때 한국 방위를 위한다고 봄이 타당하다. 한국전쟁 당시 이승만이 휴전에 반대하면서 미국에 강력한 군사동맹을 요구하여 체결되게 되었다는 견해가 학계에서는 일반적으로 통용된다.

조약에 따라 한국은 미군을 한국 영토와 부근에 배치할 수 있는 권리를 미국에 '허락(허여)'했다. 이는 1978년 한미연합사령부 설치 때도 이어졌다. 한미연합사령관은 전시와 평시를 불문하고 한국군의 모든 작전통제권을 행사하다가 1994년 평시 작전통제권은 한국에 넘겨주었다.

북한이 동맹관계이던 소련, 중국과 조약을 체결한 건 한참 뒤의 일이다. 1961년 북한은 소련, 중국과 각각 우호협력상호원조조약을 체결했다. 조소우호협력상호원조조약은 소련의 체제전환 이후 1995년 폐기되었다가 5년 뒤 조러우호선린협력조약이 되었다. 휴전 이후에 북한 지역에 남아 있던 중국군은 1958년 모두 철수했다. 북중조약은 일방이 무력 침공을 당할 경우 지체없이 군사 원조를 제공할 것을 조약에 명시했다.

150 | 여성법률상담소

여성법률상담소의 활동은 2차대전 이후 독립한 나라들에서 근대 민주주의 법 원리가 어떻게 국민대중 속으로 확산되어 가는지를 잘 보여준다.

1956년 변호사 이태영은 여성법률상담소를 열었다. 나중에 한국가정법률상담소가 되었다. 이태영은 대한민국 최초로 변호사가 된 여성이다. 남편은 정일형으로 4.19 직후 출범한 민주당 정부에서 외무부장관을 지냈다.

이태영이 정일형의 격려로 서울대 법대에 입학(1946)했을 때 33세였다. 서울대에 입학한 첫 여학생이라는 설도 있다. 이태영은 이미 1930년대에 이화여자전문학교를 졸업했다. 첫 여성 법조인인 만큼 이태영의 이후 행보에는 '최초' 타이틀이 많다.

한국가정법률상담소는 대한민국의 첫 법률구조 기관이다. 변호사는 법인이나 개인으로 법률상담을 진행할 수 있다. 그렇지만 경제적으로 부담이 크기 때문에 무료 또는 소액으로 법적 도움을 받을 수 있도록 한 제도가 법률구조다.

정부 차원에서 법률구조 사업을 하는 기구로 대한법률구조공단이 있다. 1987년 6월 민주화 달성 이후에 생겼다. 한국가정법률상담소는 가정법률과 관련한 상담을 했다. 주로 여성들이 법적인 도움을 많이 받았다. 한국 여성운동사에 큰 획을 그었다. 오늘날은 상상하기 힘들지만 혼인신고를 하자는 캠페인을 통해 여성운동을 전개했다. 한국은 식민지 시절이던 1923년, 혼인의 효력을 법적으로 인정받기 위해 신고해야 하는 제도가 도입되었다. 이전까지는 결혼해서 함께 살고 있으면 법적으로도 부부였다. 법은 바뀌었지만 전통적 인식과 관행은 오랫동안 영향을 미쳤다. 문제는 당시 불법이었지만 만연하던 첩이었다. 첩이 먼저 혼인신고를 하여 본처가 법적 부부로 인정되지 않는 경우가 많았다. 본처가 오히려 첩이 되고, 상속 등 가족법상의 불이익을 입었다.

여성법률상담소의 활동은 2차대전 이후 독립한 나라들에서 근대 민주주의 법 원리가 어떻게 국민대중 속으로 확산되어 가는지를 잘 보여준다. 서구식 법 제도가 도입되었어도 국민 각자가 자신의 권리를 옹호하는 수단으로 법을 인식하고 활용하기까지는 누군가의 노력이 필요하다.

서구의 민주주의 법 제도가 지향하는 바는 법을 통한 개인의 권리 보호다. 각자가 법을 활용하여 권리를 실현할 수 있는 상태가 되어야 한다. 이태영의 가정법률 상담은 한국에서 형사 분야에 머물러 있던 법을 통한 권리 확보를 민사 분야에까지 확장한 의미가 있다.

이태영은 상담소를 설치하면서 법의 서민화, 법의 생활화를 내걸었다. 결국 좋은 법이상의 실현은 이태영 같은 실천가들의 몫일 수밖에 없다.

151 | 울펜덴 보고서

영국의 울펜덴 보고서는 가족제도와 관련하여 법 규범의 근간을 새롭게 정립하는 중요한 원칙을 담고 있다.

20세기 초부터 미국 대중문화예술의 세계적 전파는 가족에 대한 인식을 크게 변화시켰다. 가족의 중요성은 강조되지만, 가문을 중시하던 관념은 약화된다. 무엇보다 이성 간의 사랑을 강력히 지지한다. 인식의 변화는 법의 변화에도 영향을 미쳤다.

1957년 영국에서 가족제도와 관련하여 향후 법규법의 근간을 또 한 번 바뀌게 될 중요한 보고서가 제출된다. 바로 울펜덴 보고서다. 핵심은 상호 자유의사에 따른 동성애는 처벌하지 않아야 한다는 것이다.

사실 동성애에 대한 처벌은 프랑스대혁명 이후 형법에서 삭제된 바 있다. 당시 형법사상은 동성애뿐만 아니라 신성 모독이나 이단처럼 피해자 없는 범죄는 성립할 수 없다고 보았다.

이슬람권인 오스만제국에서도 1858년 동성애는 합법화됐다. 1839년부터 시작된 탄지마트 개혁의 일환이다. 탄지마트 개혁은 당시 술탄 압둘마지드1세가 주도하여 근대화를 추진했던 정치 캠페인이다. 많은 구제도를 개혁했지만 한 세대가 지나기도 전에 좌절된다. 결국 오스만제국은 다음 세기 혁명을 예비한다. 사회주의 소련은 볼셰비키혁명 직후에는 동성애를 합법화했지만, 스탈린 시절 다시 불법화됐다.

울펜덴 보고서 이후 동성애를 처벌하지 않는 나라가 크게 늘어났다. 전통적 또는 종교적 인식으로 인해 백안시하더라도 법적으로 동성애가 합법화된 곳이 많다. 다만 군인에 대해서는 여전히 처벌 조항이 남아 있는 경우가 많다.

한국의 군 형법은 과거에는 계간죄를 처벌하는 조항이 있었다. 계간은 동성 간의 성행위를 닭의 성교와 비슷하다고 폄하하는 표현이다. 계간죄는 없어졌지만 항문성교는 여전히 징역형을 선고하고 있다.

20세기 후반에는 동성 부부에 대해 이성 부부와 동일한 권리를 인정하는 법이 만들어지기 시작한다. 1989년 덴마크는 동성애자들의 결합에 결혼과 동일한 법적 효력을 부여했다.

세기가 바뀌어 2001년 네덜란드에서는 동성애자 결혼 제도가 도입됐다. 아직 많은 나라에서 일반적인 현상은 아니지만 향후 동성애 인권운동의 진전에 따라 확대가 예상된다. 울펜덴 보고서가 나온 영국의 경우 2005년 시민동반자법이 발효됐다. 혼인과 동일한 개념은 아니지만 법적 효력은 거의 같다. 남녀 결합 부부가 갖는 권리와 거의 동일한 권리를 인정한다.

152 │ 신사회운동

READ ☐ │ 신사회운동이 지향하는 많은 가치들이 다양한 법으로 만들어지고 있다.

시민혁명 과정에서 인류는 자유와 함께 법 앞의 평등을 천명했다. 앙시앵레짐의 기득권 세력들은 결국 역사의 뒤안길로 사라져갔다. 신분제도의 철폐는 수천 년의 인간 역사에서 그야말로 혁명적인 변화이자 진전이었다.

19세기부터 20세기 중반까지 평등을 위한 인류의 노력은 주로 노동운동이 중심이었다. 발전된 자본주의 사회를 구성하는 두 계급 간의 대립에 주목하고 노동자계급의 처지를 개선하려고 하였다. 사회주의 운동은 경제적 계급까지 철폐하려고 시도하였다.

동유럽에서 사회주의국가가 설립되고 서유럽에서도 사회국가 법사상이 확산되어 계급 간의 불평등 문제 해결에 있어서 큰 진전을 이룩하였다. 20세기 중반을 지나면서 계급 문제와는 별개로 자신들의 자유와 평등을 확보하고자 하는 캠페인이 늘어났다.

울펜덴 보고서는 동성애자들의 인권운동에서 큰 분기점이 되었다. 19세기부터 다양한 형태로 나타난 여성운동도 더욱 기치를 높였다. 미국에서는 실질적인 평등을 위한 노력이 주로 인종 문제로 나타났으며, 이를 해결하고자 한 것이 민권운동이다. 1960년대 미국에서 민권운동은 큰 진전이 있었다.

유럽에서도 이전과 다른 큰 움직임이 새로운 세력과 함께 부상했다. 1968년 프랑스에서 벌어진 청년들과 노동자들의 광범위한 시위에는 68혁명이라는 이름이 붙었다.

평등에 대한 새로운 견해들은 학계에서도 활발하게 논의됐다. 새로운 평등은 성적 정체성과 지향, 장애 여부, 지역 등 다양한 관점에서 제기되었다. 평화와 환경을 전면에 내건 이들도 있었다. 새로운 관점에 따른 캠페인은 점차 신사회운동이라 불리게 된다.

한국의 경우 구 사회운동(노동운동)과 신사회운동은 큰 시간차 없이 전개되었다. 1987년 6월 민주화 성공 이후 하반기에 노동자 대투쟁이 있었다. 7년 뒤 참여연대(참여민주사회와 인권을 위한 시민연대)가 결성되어 시민운동이 본격화한다. 한국 사회의 특성에 맞는 신사회운동도 생겼다. 대표적인 게 학벌철폐운동이다. 분단국 독일과 한국에서는 양심적 병역 거부도 중요한 이슈다. 최근의 이주민 인권운동, 반려 동물에 대한 인식 전환 노력도 신사회운동의 범주에 넣을 수 있다.

신사회운동도 결국에는 법적 형태로 귀결될 것이다. 이미 신사회운동이 지향하는 많은 가치들이 다양하게 법으로 만들어졌고 계속 만들어지고 있다.

153 | 법의 날

미국은 5월 1일 노동절에 맞서고자 같은 날을 준법을 강조하는 법의 날로 제정했다.

1958년 미국에서 법의 날Law Day이 제정됐다. 일부 국가들도 법의 날 제정에 동참했다. 한국은 1964년에 제정했다. 미국과 한국의 변호사협회가 앞장섰다. 법의 날을 처음 제안한 사람은 1957년 미국 변호사협회장을 맡고 있던 찰스 라인이다.

미국은 5월 1일이다. 한국도 처음에는 5월 1일이었지만, 2003년에 4월 25일로 바뀌었다. 1895년 이 날 재판소구성법이 시행됐다. 재판소구성법은 조선이 근대적 사법제도를 도입했다는 역사적 의의가 있다. '법률'이라는 말도 한민족 역사상 처음 사용됐다.

미국이 5월 1일을 법의 날로 정한 이유는 노동절에 맞서기 위해서였다. 노동절이 노동자투쟁의 상징적인 날이 되자 이에 대응하기 위해 같은 날을 준법정신을 증진하는 날로 캠페인하기 위한 목적이었다. 한국에서는 처음 제정 당시 제헌절(7.17.)로 하자는 의견과 《경국대전》이 완성된 날(9.27.)로 하자는 의견이 있었지만, 반공이 정부 정책의 주요 기조(국시)였던 시절이라 미국을 그대로 따랐다.

한국에서는 노동절의 날짜도 우여곡절을 겪었다. 1958년 대한노총은 5월 1일이 아닌 3월 10일을 노동절로 정했다. 한 해 전 대통령 이승만이 공산 괴뢰도당의 선전 도구가 아닌 반공하는 노동자들의 명절을 만들도록 지시한 바 있다.

3월 10일은 1946년 대한독립촉성노동총연맹이 결성된 날이다. 당시 해방정국에서 좌익 계열의 조선노동조합전국평의회에 맞서 결성된 우파 노동단체. 대한노총(대한노동조합총연맹)의 전신이다. 대한노총은 후일 한국노총이 된다.

1963년에는 노동절이라는 말도 근로자의 날로 바뀐다. 1980년대 후반 노동운동이 큰 규모로 전개된 이후 노동절은 사회적으로는 다시 살아났다. 그렇지만 법조문의 표현은 바뀌지 않았다. 명칭은 그대로지만 날짜는 5월 1일로 변경됐다(1994).

154 | 레이디 채털리 재판

포르노그래피에 대한 법적 단죄는 서구 사회에서도 오랫동안 강력한 지지를 받아왔다.

음지에 머물던 성적 욕망도 점차 공론장에서 표출되기 시작한다. 물론 도덕적, 종교적 기준에 따른 사회적 비난을 받았고, 때로는 법적 제재도 뒤따랐다.

1950년대 후반 영국 검찰이 기소를 결정한 《채털리 부인의 사랑》이 대표적 사례다. 초판은 이미 1928년에 나왔다. 저자인 D. H. 로렌스 스스로 "가장 부적절한 작품"이라고 표현했다는 설이 있을 정도로 포르노그래피에 가깝다.

펭귄출판사는 1959년 저자 사후 20만 부를 정식으로 출판했다. 검찰은 음란저작물 금지법을 적용해 기소했다. 결국 무죄 판결을 받았지만 고소 측에서는 배심원들에게 이렇게 말했다. "여러분의 가족이 이 책을 읽기를 원하는가?"

한국에서는 1991년 연세대 교수였던 마광수가 강의 도중 구속되는 일이 있었다. 소설 《즐거운 사라》에 대한 외설 시비에 법의 잣대가 적용됐다. 집행유예를 받긴 했지만 유죄가 확정되었고, 교수직도 잃었다.

한 세대 전인 1950년대 중반에 벌어진 《자유부인》 논란도 비슷한 맥락에 있다. 대학교수의 부인과 대학교수가 바람을 피운다는 내용인데, 한 서울대 법대 교수가 교수의 명예를 떨어뜨렸다며 공개적으로 비판했다. 저자인 소설가 정비석은 반론을 제기했다.

20세기에 큰 규모로 발달하게 된 미국의 대중문화산업은 포르노그래피를 엄청나게 쏟아냈다. 대부분은 정식 예술의 반열에 들지 못했고, 산업 종사자들도 상업적 목적을 추구했다.

문제는 《채털리 부인의 사랑》이나 《즐거운 사라》, 《자유부인》은 엄연한 정규 문학이었다는 데 있다. 《자유부인》은 중앙 일간지에 연재됐고 영화로도 만들어졌다. 《즐거운 사라》는 정식으로 등단했을 뿐만 아니라 대학 교수이기까지 한 저자가 내놓은 책이다. 《채털리 부인의 사랑》은 영미권 문학을 논할 때 반드시 읽어야 할 고전으로 꼽힌다.

포르노그래피에 대한 법적 단죄는 서구 사회에서도 오랫동안 강력한 지지를 받았다. 그러나 1970년대 이후 많은 나라에서 점차 민간의 영역에 맡기게 된다. 1968년 구성된 미국의 '음란성과 포르노그래피에 관한 대통령 위원회'의 활동이 큰 영향을 미쳤다.

위원회는 성범죄가 포르노그래피로 인해 유발된다는 견해를 실증적으로 연구했다. 결과는 그렇지 않았다. 이후 위원회의 연구를 뒤엎을 만한 연구가 나오지는 않은 상황이다.

155 | 아이히만 재판

나치의 학살 만행에 대한 법적 청산에는 공소시효를 적용하지 않는다는 원칙은 국제법에 적용되었다.

뉘른베르크에서 2차대전 전범재판이 끝난 이후에도 나치에 부역한 자들을 처벌하기 위한 법적 단죄는 계속되었다. 세기가 바뀌어서도 계속 이어지고 있다. 그중 1961년 이스라엘서 벌어진 아이히만 재판은 한나 아렌트의 역작 덕분에 세계적인 사건이 되었다.

아이히만은 유대인 학살을 지휘한 나치 장교다. 15년이나 아르헨티나에 숨어 살다가 이스라엘 정보당국에 체포되어 재판을 받았다. 한나 아렌트는 유대인으로 미국에 망명한 정치철학자다. 《뉴요커》 특별 취재원으로 재판을 참관하고 《예루살렘의 아이히만》이라는 책을 출간했다.

아렌트의 저술 이후 '악의 평범성banality of evil'이라는 말이 널리 회자됐다. 아렌트는 수백만이나 되는 사람을 학살한 만행을 저지른 장본인이 너무 평범한 사람이라고 서술했다. 아이히만은 명령에 따랐을 뿐 자신의 책임이 아니라고 주장했다.

당시 재판 사진. 왼쪽 상단 박스 안 일어선 남자가 아이히만.

아렌트는 아이히만을 이스라엘 법정에서 심판한 일에 대해서도 비판적으로 성찰했다. 인류에 대한 범죄를 저지른 자를 특정 국가의 법에 따라 심판할 수 있느냐는 철학적 물음이었다.

나치의 학살 만행에 대한 법적 청산은 공소시효를 적용하지 않는다. 논란은 있었지만 1960년대에 나치 학살자들에 대한 공소시효를 배제해야 한다는 국제법이 형성됐다.

1964년에 국제법률가회의에서 나치의 잔혹함이 다시 발생하지 않도록 모든 국가가 기소하고 처벌하는 보편적 의무를 진다고 선언했다. 1968년에는 전쟁범죄 및 반인도적 범죄에 대한 시효부적용에 관한 협약이 체결됐다.

영화 007 시리즈는 국외 비밀작전을 벌인 정보요원에게 법적 책임을 지우지 않는다는 법을 바탕으로 한다.

1962년 영화 007 시리즈의 첫 편이 출시됐다. 이언 플레밍의 원작을 바탕으로 한 첩보 영화다. 화려한 액션과 미녀 본드걸을 내세워 큰 인기를 끌었다. 영화에 나온 특수장비는 실제로 존재하는지 의문이 있었지만 시선을 끄는 데 성공했다.

영화 첫 편 제목은 '살인번호'다. 시리즈 제목인 007에서 '00'은 국가가 부여한 암살면허를 의미하고, '7'은 일곱 번째 요원을 말한다. 곧 제임스 본드는 영국 당국으로부터 필요한 경우 사람을 죽여도 된다는 합법적인 권한을 부여받은 요원이다.

영화적 재미를 위해 과장하기는 했겠지만, 관련 내용은 실제로 존재한다. 외무장관의 서명이 있는 경우 국외 비밀 작전을 벌인 요원은 민형사상 법적 책임을 지지 않는다. 비밀정보국법Intelligence Services Act에 수록된 내용이다. 일설에 따르면 2009년 한 해에만 500건 넘는 서명이 있었다.

미국은 백악관이 주도하여 이른바 '미국의 적'에 대해 킬 리스트(Disposition Matrix)를 작성한다. 이와 관련하여 어떻게 의사 결정이 이루어지는지, 실제 집행되는 암살의 규모와 대상은 어떻게 되는지에 대해서는 의회에서도 열람할 수 없다.

언론이 입수한 단편적인 문서를 통해 관련 내용을 짐작할 수 있을 뿐이다. 2013년 NBC가 입수한 문서에는 당시 대통령 오바마의 행정명령이 포함되어 있었다. 테러단체에 속해 있지만 체포가 불가능한 때는 직접 사살해도 법적으로 문제 삼지 않는다는 내용이다.

세계질서의 패권을 쥔 큰 나라들의 정보기관은 전 세계를 무대로 활약(?)했다. 미국의 CIA는 새로 독립한 많은 나라들에서 친미 정권의 성립과 유지를 위한 직간접 공작을 자행했다. 아니, 자행했다고 알려져 있다. 아직 그 실체는 제대로 드러나지 않았다.

소련의 경우에는 비밀정보기관뿐만 아니라 군대가 직접 나서기도 했다. 위성국가에서 사회주의 정권이 무너진 경우 소련군은 직접 탱크를 몰고 침공했다. 1968년 프라하의 봄을 짓밟은 체코 사태는 대표적인 사례다.

독재가 자행되는 경우 정보기관은 법 위에서 놀았다. 한국에서 1961년 창설된 중앙정보부(현 국가정보원)는 몇 차례 명칭만 바뀌었을 뿐 민주화 이후에도 여전히 무소불위의 권한을 보유하고 있다.

157 미란다 재판

강간범 미란다에 대한 재판 과정에서 실체법을 위반했어도 적법한 절차를 거쳐야 한다는 법 원리가 확고히 정립됐다.

1963년 미국에서 강간죄로 체포된 미란다는 3년 뒤 무죄 판결을 받았다. 재판 과정에서 미란다의 변호인들이 주장한 논리는 '미란다 원칙'이 되어 20세기 후반 형사법의 기본이 되었다.

미란다 원칙은 변호인 조력권과 진술 거부권을 범죄 용의자 체포 시 알려 주어야 한다는 원칙이다. 경찰이나 검찰이 관련 내용을 알려주지 않아 피의자 또는 피고인으로서 권리를 행사하지 못한 경우 유죄 판결을 내리지 못한다.

미란다 원칙은 법으로 만들어지거나 형사절차에 도입되었다. 한국은 1997년 관련 법 규정이 만들어졌다. 한국 대법원은 2000년 같은 취지의 판결을 했다. 미란다 원칙을 무시한 경우 정당한 공무집행으로 볼 수 없다는 내용이다.

논란이 많았다. 미란다 재판은 주 법원을 거쳐 연방대법원까지 3년이나 걸렸다. 주 법원에서는 모두 유죄 판결을 받았고, 연방대법관들도 9명 중 4명이 유죄라는 견해를 표명했다.

피의자의 권리도 중요하지만 범죄 예방 측면과 피해자의 권리는 무시했다는 반론이 재판 과정과 그 이후에 계속 나왔다. 실체적으로 분명히 범죄자인데 무죄 판결이 나오는 것이 과연 정의에 부합하는지에 대한 근본적인 법철학적 비판도 제기됐다.

결국 미란다는 어떻게 되었을까? 나중에 검찰은 다른 증거를 제시했다. 11년 형을 선고받고 실형을 살았다. 처음에는 유죄 증거가 자백, 즉 진술서뿐이었기 때문에 헌법이 보장하는 권리의 침해를 들어 무죄를 주장할 수 있었다.

자백 이외에 다른 증거가 없을 때 유죄 선고를 할 수 없다는 원칙은 민주주의 형사법 절차에서 기본이다. 앙시앵레짐 시절 고문을 통해 자백을 강요하고 처벌하는 일이 비일비재했기 때문이다.

영미법은 이전부터 절차를 중시하는 전통이 있었다. 미란다 재판 이후 적법절차 원리의 위상은 더욱 높아졌다. 독일 같은 대륙법계는 일반적으로 절차법보다는 실체법을 중시한다는 평가가 일반적이었지만, 현재는 상호 영향을 끼쳐 별다른 차이가 없다.

형사법에서 확고하게 정립된 적법절차 원리는 다른 모든 법 분야로 확대되어 갔다. 한국은 미란다 원칙 도입보다 한 해 앞서 1996년 행정절차법을 제정했다. '법률과 적법한 절차에 의하지 아니하고는 처벌·보안처분 또는 강제노역을 받지 아니한다'고 규정한 헌법 조문(제12조)을 모든 법 영역에 적용되는 헌법상 적법절차 원리로 해석한다.

158 | 국제인권규약

1948년 세계인권선언이 발표되고 18년 뒤에 유엔은 국제인권규약을 채택했다.

나라마다 민주주의 확립 과정은 달랐지만 인권은 법이 나아가는 기본 잣대의 하나가 되었다. 20세기 후반에는 개별 국가 차원을 넘어 국제적 차원에서 인권 보장을 위한 국제법을 정립하기 시작한다.

1966년 유엔은 국제인권규약을 채택했다. 경제적·사회적·문화적 권리에 관한 규약과 시민적·정치적 권리에 관한 규약으로 구성된 조약이다. 전자를 A규약, 후자를 B규약이라고 통칭한다. 1948년 세계인권선언이 발표된 지 18년 만에 이룬 진전이었다.

세계인권선언의 법적 구속력은 인정되지 않았다. 그렇지만 국제인권규약은 당사국이 되면(체약국) 법적인 구속을 받는다. 규약의 법적 효력이 발생하기까지는 시간이 더 걸렸다. 10년 뒤 두 규약은 모두 발효되었다.

국제인권규약은 민주주의 법 원리에서 인정되는 대부분의 인권 원칙을 포괄하고 있다. 민족자결권과 자연적 부富와 자원에 대한 영구적 권리는 2차대전 이후 새로 독립한 나라들을 배려한 내용이라고 볼 수 있다.

A규약은 대부분 생존권적 또는 사회권적 기본권과 관련된 내용이다. B규약은 자유권적 기본권이다. 체약국은 인권의 보장과 관련된 법을 만들고 실행하며 유엔에 보고해야 한다. 국가 차원에서 제대로 인권이 보장되지 않으면 개인이 유엔에 문제를 제기할 수 있는 권리를 포함한다.

세계인권선언이 규약으로 발전해 법적 효력을 인정받고 있지만, 인권의 보편성에 대해서는 여전히 논란이 많다. 심지어 규약에 가입하여 당사국이 되어도 마찬가지다. 북한의 경우 한국보다 9년이나 빠른 1981년에 체약국이 되었다. 그렇지만 여전히 사회주의이론에 따른 인권 논리를 내세우곤 한다. 사회주의국가뿐 아니라 특수성을 내세우며 민주주의 법 원리가 일반적으로 인정하는 인권을 인정하지 않는 곳이 많다.

1970년대 미국은 인권외교를 외교정책의 한 부분으로 채택했다. 처음 주창한 카터 대통령은 순수하게 국제적으로 인권을 증진하기 위한 목적이었던 듯하다. 그렇지만 인권을 이유로 원조를 줄이거나 무역을 제한하는 경우, 미국 고위 정부 관계자가 내정간섭 수준의 비판적 언급을 내놓는 경우, 순수성을 의심받을 수밖에 없었다.

미국은 특정한 나라를 대상으로 인권을 개선한다는 명분의 법을 만들었다. 이러한 입법은 21세기에도 이어지고 있다. 대표적으로 2004년 북한, 2019년 홍콩을 대상으로 법을 만들었다. 북한과 중국은 내정 간섭이라며 반발했다.

159 | 우주조약

READ ☐ 우주 개발 경쟁에 따라 우주조약이 체결되었는데, 과거의 해양법과는 달리 평화 원칙에 의거했다.

냉전, 곧 미국과 소련의 이념 대결은 기술 발전에 따라 우주 개발 경쟁으로도 나타났다. 소련이 1957년 인류 첫 인공위성 스푸트니크를 쏘아 올렸고, 미국은 12년 뒤 아폴로11호 우주선으로 달에 인간을 처음으로 착륙시켰다.

우주 개발 경쟁은 법에도 반영됐다. 1967년 우주조약이 체결됐다. '달과 기타 천체를 포함하는 우주공간의 탐사와 이용에서 국가의 활동을 규제하는 원칙에 관한 조약'이라는 긴 명칭이다.

국제법에 해양법이 등장한 지 수백 년 만에 인류의 법은 우주법의 시대를 열었다. 우주법은 해양법과는 다소 다른 원칙으로 형성되었다.

해양법은 처음에 강대국의 일방적인 이해관계를 반영하였다. 그로티우스를 비롯하여 초기 국제법의 발전에 기여한 학자들은 이를 깨기 위하여 노력하였다.

물론 여전히 세상은 미국과 소련이라는 강대국 중심으로 패권적으로 움직이고 있었다. 그렇지만 우주법은 해양법과는 달리 처음부터 평화를 대원칙으로 채택했다. 첫 우주조약도 줄여서 '우주공간평화이용조약'이라고 부른다.

크게 두 가지가 중요하다. 우선 평화적 이용 목적이다. 우주 공간 어디든 평화를 위해서만 이용하고 개발할 수 있다. 핵무기 같은 대량살상무기의 비행과 실험, 기지 설치 금지를 규정했다.

다음으로 우주는 특정 국가가 영유할 수 없다는 원칙을 천명했다. 법적으로 인류의 공유물이다. 국제법 원칙에 따르면 주인 없는 토지는 선점한 국가의 영토로 인정된다. 우주 공간은 물론 토지가 아니지만 달과 다른 천체들은 토지로 볼 수도 있다. 그렇기 때문에 우주조약의 새로운 원칙은 그 자체로 세계 평화를 위한 법 원리로 이해할 수 있다.

첫 우주조약을 필두로 우주법이 체계를 잡아갔다. 더 세부적인 조약이 체결되고 개별 국가별로도 많은 법이 만들어졌다. 우주구조반환조약, 우주손해배상조약, 우주물체등록조약은 우주3조약으로 불리는 대표적인 우주법이다.

222

160 남극조약

남극조약은 남극에 대한 영유권이 인정되지 않는 국가에도 평화적 이용 권리를 부여했다.

우주조약의 대원칙은 1959년 체결된 남극조약의 영향을 받았다. 평화적 목적의 이용 원칙은 별반 차이가 없다. 영유권은 다르다. 남극은 조약 체결 이전 여러 나라가 영토권을 주장하고 있던 상황이었다. 영국 스콧이나 노르웨이 아문센처럼 먼저 탐험에 나선 국가와 호주, 칠레, 아르헨티나처럼 인근 국가들이 그랬다. 전통적인 국제법 원칙에 따르면 타당한 주장이다.

다소 어정쩡하지만 타협안이 채택되었다. 남극에 대한 영토권 주장은 부인하지 않는다. 다만 영토권을 부인하는 입장도 방해하지 않는다. 결국 남극이 특정 국가의 영토라는 주장은 국제법상 성립되지 않지만 영토권을 주장해도 불법은 아니다. 미국과 소련은 남극에 대한 영유권을 주장하기가 곤란했다. 영유권을 내세울 수 있을 만한 특별한 근거가 없었다. 그 때문에 나온 절충안으로 보는 시각이 있다.

남극에 대한 영유권을 처음 주장한 나라는 영국이었다. 1908년의 일이다. 미국은 1959년 남극조약 체결을 제안했고 2년 뒤 조약은 발효됐다. 남극조약에는 그때까지 남극에 대한 영유권을 주장하던 12개국이 참여했다. 남극의 평화적 이용을 첫 번째 원칙으로 하고 과학적 탐사의 자유도 보장했다. 핵실험 금지를 명문화한 점도 특기할 만하다.

한국은 1988년 남극에 세종과학기지를 세웠다. 세계에서 18번째인데, 이런 나라들은 최초 조약 참여국과는 달리 협의당사국으로 지명된다. 처음 남극조약에 참여한 12개국처럼 영유권은 인정되지 않지만 남극에 대한 사안을 논의하는 국제기구에는 참석 가능하다. 남극에 대한 사안을 논의하는 국제기구는 남극조약협의당사국ATCP이다.

161 | NPT

2차대전 중에 독일과 미국은 핵무기 개발 경쟁을 벌였고, 미국이 먼저 성공했다. 이른바 '맨해튼 계획'이다. 독일은 미사일 개발에서는 훨씬 앞섰지만, 원자탄은 그렇지 않았다. 당시 독일이 개발한 V-II호는 탄도 미사일의 시초가 되었다. 탄도 미사일은 오늘날 전략무기의 주력이다.

원자탄의 위력을 확인한 강대국들은 너도 나도 핵무기 개발에 나섰다. 1949년 소련의 원자탄 실험에 이어 영국, 프랑스, 중국이 연이어 성공했다. 20세기 후반 핵무기로 세계 평화를 파괴하고 전 인류를 일거에 소멸시킬 수 있다는 위기감이 생겨났다. 일각에서는 서로 핵무기를 보유하고 있으면 그 위험성으로 인해 오히려 어느 쪽도 사용할 수 없어 평화가 보장된다는 이론까지 내놓았다.

핵무기의 개발과 사용을 제한하는 국제법을 제정하려는 움직임은 자연스러웠다. 1970년 발효된 핵확산금지조약Nuclear nonproliferation treaty, NPT이 가장 대표적이다. 이미 유엔은 1946년에 원자력위원회를 발족시킨 바 있다. 1957년에는 국제원자력기구가 설립되어 원자력을 평화적 목적으로만 이용하라고 규정했다.

NPT는 기존 핵 강국의 기득권은 건드리지 않고, 다른 나라들의 핵무기 개발이나 도입을 금지하는 내용이다. 당시 이미 핵무기를 보유한 미국, 영국, 러시아, 프랑스, 중국은 핵 보유국으로 인정하고, 다른 나라들은 개발하지 못하게 했다. 핵 보유국으로부터 이전도 금지했다. 핵보유국은 핵군축을 하는 내용도 있었지만 거의 지켜지지 않았다. 불평등성으로 인해 강대국의 핵 독점을 비판하면서 계속 핵무기를 개발하는 나라들이 나왔다.

인도와 파키스탄, 이스라엘은 20세기 후반에 핵무기 개발에 성공했다. 북한은 21세기 초에 성공했다. 북한은 2017년에 대륙간탄도미사일ICBM까지 개발했다. 화성 15형 발사에 성공하고 핵무력 완성을 선언했다.

그렇지만 NPT에 따라 국제법적으로는 핵보유국으로 인정되지 않는다. NPT는 1967년 1월 이전에 핵을 보유한 기존의 5개국에 대해서만 기득권을 인정하기 때문이다.

미국은 자신의 영향력 아래 있는 국가들에 대해 핵우산을 제공하는 방식으로 핵과 미사일 개발을 자제시켰다. 1979년의 한미 미사일 지침은 이를 잘 보여주는 사례다. 미국은 한국에 미사일 관련 기술을 이전해 주기는 했지만 사거리와 탄두 중량은 제한적이었다.

NPT에 서명하는 미국과 소련

　처음에 180km로 시작한 한미 미사일 지침의 사거리 제한은 몇 차례 개정되어 2017
년에는 800km까지 늘어났다가 2021년 문재인 정부 시기 완전히 폐지됐다.
　일부 국가들은 비핵 원칙을 공식 정책으로 천명하기도 했다. 일본의 사토 에이사쿠
총리는 1967년 비핵 3원칙을 발표하고 노벨평화상을 받았다. 핵무기의 보유, 제조, 반
입을 모두 금지하겠다는 약속이다.

162 | 가정의례준칙

READ ☐ 가정의례준칙은 20세기 중후반 신생국에서의 서구 법 제도와 전통 규범 사이의 괴리를 잘 보여준다.

국가적으로 채택한 서구의 법 제도와 전통 규범의 괴리는 상당했다. 한국의 가정의례준칙과 민속의 날 같은 사례에서 보듯이 일상의 삶에서는 전통적 규범이 강하게 작용했다.

1969년 한국은 가정의례준칙에 관한 법률을 공포했다. 관혼상제 관련 행사의 의미와 방법 등에 대하여 규정했다. 허례허식과 낭비를 줄인다는 명분을 내세웠고, 민간에서 기존에 따르던 절차들의 간소화를 시도했다.

법률 제정 이전에도 이미 정부 차원의 '표준의례'가 있었다. 언론과 학교를 통해 대대적인 캠페인을 벌였지만 변화는 더뎠다. 법률은 유명무실했지만 30년이나 존속했다.

1999년 법률은 폐지되었지만, 대통령령으로 제정된 가정의례준칙은 아직도 그대로 남아 있다. 명칭에 '건전'이 덧붙었다. 조문 내용도 대동소이하다. 예컨대 '혼례복장'(1973)과 '혼인예식의 복장'(2019)은 '단정하고 간소하며 청결한 옷차림으로 한다'고 되어 있다.

민속의 날은 1980년대 중반에 지정된 음력설(구정)의 명칭이다. 정부 수립 이후 한국은 공식적으로는 이중과세二重過歲를 금지했다. 곧, 설을 두 번 쇠지 않도록 하고 양력설(신정)만 공휴일로 정했다.

그렇지만 음력설은 1986년 민속의 날을 거쳐 1989년 '설날'로 화려하게 부활했다. 음력설은 설날의 명칭을 가져갔을 뿐만 아니라 쉬는 날도 사흘이다. 사흘을 쉬던 양력설은 1991년 이틀로, 1999년에 아예 하루로 줄었다. 음력설은 양력설보다 법적으로 더 높은(?) 위상을 갖게 되었다.

1975년 달력. 국립민속박물관 소장.

전태일의 분신 항거 이후 근로기준법은 현실의 법이 되기 시작했다.

전태일은 한국 노동운동에서 상징적인 인물이다. 1970년 11월 13일 자신의 몸을 불살랐다. 전태일의 분신 항거는 진보적 노동운동의 밀알이 되었다. 많은 지식인들은 대거 다른 계급계층으로 눈을 돌려 연대에 나서기 시작했다. 대표적인 인물은 조영래다.

조영래는 처음에 자신의 이름을 밝히지 않고 《전태일 평전》을 썼다. 전태일은 노동자들의 현실을 개선하기 위해 법을 공부했는데, 한자가 많아 읽기가 힘들었다. 대학생 친구를 갈망했던 고인의 바람을 실현해야 한다는 사회적 흐름이 이어졌다.

나중에 조영래는 변호사가 되어 인권 변호사로 이름을 드높였다. 1984년 망원동 수재 사건의 변호를 맡아 승소한 장본인이다. 이전까지 자연재해에 대해 국가의 책임을 인정하지 않던 판례는 뒤집히게 된다. 인권 변호사의 활동을 민사 분야까지 넓혔다.

전태일은 자신의 죽음을 헛되이 말라는 말을 남겼다. 어렵게 공부하던 법 서적들을 불태웠다. 바로 근로기준법 화형식이다.

애초에 전태일은 근로기준법이 있는지 몰랐다. 함께 일하던 여공들의 처지가 안타까워 개인적인 도움을 주었다. 그러던 중 더 나아가 법의 도움을 받을 수 있다는 사실을 알게 됐다. 민원을 내고 언론사를 찾아갔지만 법은 책에만 있을 뿐이었다. 오히려 빨갱이로 몰리기도 했다.

결국 전태일은 자신의 몸을 불사르지 않고서는 자신의 목소리를 그 누구도 들어주지

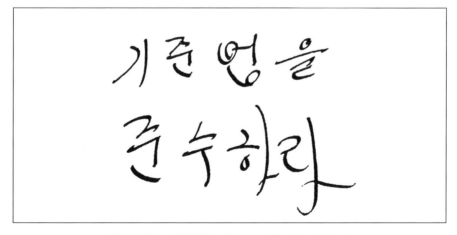

전태일 열사가 직접 쓴 "기준법을 준수하라". 전태일재단 소장.

않으리라고 생각하게 된다. 법에 이미 규정된 근로기준을 지켜달라는 당연한 요구, 권리 주장이 전혀 받아들여지지 않던 시절이었다. 전태일은 법을 무의미하다고 판단할 수밖에 없었고 화형식을 거행했다.

근로기준법은 정부 수립 후 얼마 되지 않은 1953년 제정되었다. 전태일은 17년 뒤 화형식을 거행했다. 법은 있었지만 기업도 정부도 법의 실제 집행에 큰 관심이 없었기 때문이다. 분신 항거 이후 근로기준법은 현실의 법이 되기 시작했다. 노동자들이 스스로 법을 공부했고 지식인들은 가르쳤다.

전태일의 근로기준법 발견은 시민이 법을 발견한 대사건이다. 이전까지 법은 강자들의 전유물이었다. 법학은 발전했고 정부는 법에 따라 조직되고 운영되었지만, 다수의 시민들에게는 별 의미가 없었다. 전태일의 법 발견은 새로 독립한 작은 나라들에서 민주주의 법이 사회 전반으로 확산되어 가는 또 하나의 메커니즘을 잘 보여준다.

164 | 준법투쟁

준법투쟁은 법을 준수하여 단체행동권을 행사하는 쟁의의 수단이었다.

한국에서처럼 시민이 법을 발견하고 법이 약자의 도구로 그 역할이 점차 강화되는 나라는 많지 않았다. 독재정권은 나치처럼 법을 형식적 법치의 수단으로 활용하였다. 법을 통하기만 하면 그 어떤 독재자들의 뜻도 정당하다고 보았다. 사회주의국가들도 사회주의적 법치주의를 내세웠지만 본질은 다르지 않았다.

전태일 이후 본격화된 한국 노동운동에서는 준법투쟁이 자주 활용됐다. 시민의 법 발견에도 불구하고 법을 통해 노동자의 권리를 보장하는 세상이 오지 않았기 때문이다. 준법투쟁은 말 그대로 법을 준수하여 단체행동권을 행사하는 쟁의의 수단이다.

예컨대 버스 회사는 평상시에 법이 규정하고 있는 최대 운행시간보다는 많이, 휴식시간은 적게 하여 돈을 번다. 노동쟁의가 발생했을 때 노동조합은 준법투쟁을 결정한다. 법을 그대로 따르면 회사 입장에서는 큰 손해다.

그렇기 때문에 국가가 정한 법을 그대로 지키는데도 준법투쟁은 일반적으로 쟁의행위로 보았다. 법을 지켰지만 쟁의행위이기 때문에 노동법상 여러 제한을 받았다. 평상시 늘 법과는 상관없이 기업을 운영하던 기업주들에게는 위법의 잣대를 들이대지 않던 시절이었다.

165 정의론

롤스는 최대 다수의 최대 행복을 비판하면서 불평등한 배분이 정의롭다고 평가받으려면 최소 수혜자에게 유리해야 한다고 주장했다.

법의 목적이 정의, 합목적성, 법적안정성에 있다고 흔히 말한다. 법철학의 주요 논점이지만 사실 세계적으로 보편적인 이론은 아니다. 독일법을 계수한 한국에서는 일반화되어 있지만 다른 나라는 그렇지 않다.

그중 정의는 고대 그리스 철학에서부터 중요하게 논의된 주제다. 아리스토텔레스의 평균적 정의와 배분적 정의 개념은 아직도 언급된다. 영미법계는 법철학보다는 정치철학(또는 정치사상)의 관점에서 정의를 많이 다룬다.

고대 로마의 법학에서도 정의는 일찍부터 다뤄졌다. 울피아누스는 정의를 '각자에게 각자의 몫을 돌려주려는 항구적인 의지'라고 말했다. 예수가 '가이사의 것은 가이사에게'라고 한 일화를 연상시킨다.

20세기를 대표하는 정의에 대한 논의는 1971년 롤스의 《정의론》에서 이뤄졌다. 3년 뒤에는 로버트 노직이 《무정부, 국가 그리고 유토피아》에서 롤스를 비판한다. 두 사람은 복지국가사상과 자유지상주의의 관점에서 정의를 논했다고 평가된다.

이전까지 공리주의가 일반적으로 받아들여졌다. 영국의 제레미 벤덤은 1789년에 《도덕과 입법의 원리서설》이라는 저술에서 최대 다수의 최대 행복을 주장했다.

롤스는 2세기 가까이 일반적으로 받아들여진 공리주의를 비판했다. 공리주의는 소수 집단이나 개인의 희생을 외면한다. 그는 불평등한 배분이 정의롭다고 평가받으려면 사회의 최소 수혜자에게도 유리해야 한다고 보았다. 반면 노직은 개인의 자유에 전적으로 맡겨야 한다고 주장했다.

법학에서 정의의 의미는 정치철학에서 말하는 분배의 문제와 일맥상통하기도 하지만 전혀 다르기도 하다. 예컨대 정의의 여신은 오랜 세월 법을 상징해왔지만, 이는 엄격하고 공정한 법의 집행을 의미한다.

한국에서는 정의가 가장 중요하게 여겨졌다. 고려대 법대 학생들은 스스로를 '정의법대'라고 불렀다. 서울대 법대는 6.25 때부터 '하늘이 무너져도 정의는 세워라'라는 말을 교훈처럼 사용했다는 설이 있다.

사회주의헌법

1972년 북한은 최고지도자 김일성의 인식에 따라 완전히 재해석한 사회주의이론인 주체사상에 기반을 둔 새 헌법을 채택했다.

북한은 1972년 새 헌법을 제정한다. 조선민주주의인민공화국 사회주의헌법이다. 1948년 정부 수립 이후 헌법과는 성격을 달리 하기에 제정으로 본다. 북한 스스로는 채택이라고 한다.

1972년 새 헌법은 명칭에서 알 수 있듯이 사회주의헌법이다. 사회주의혁명을 완수하고 본격적인 사회주의 사회를 건설하는 단계의 헌법이기 때문이다. 이전 헌법은 인민민주주의혁명 단계의 헌법으로 보았다.

인민민주주의혁명은 본격적인 사회주의혁명 이전에 과도기로 거치는 단계다. 동유럽과 아시아, 아프리카 나라들은 대부분 비슷한 이론을 전개했다. 서유럽처럼 자본주의가 발전하지 못해 노동자가 아닌 농민이 인구의 대다수를 차지하는 현실에서 전통적인 혁명이론은 변형될 수밖에 없었다.

북한의 국호는 인민민주주의혁명 단계를 반영한 명칭이라고 할 수 있다. 상당수의 사회주의국가들은 혁명 단계와는 상관없이 국호에 사회주의를 명기했다. 북한은 헌법의 명칭은 바꿨지만 국호는 고치지 않았다.

북한의 1972년 헌법은 최고지도자인 김일성의 인식에 따라 완전히 재해석한 사회주의이론, 곧 주체사상에 기반하고 있다. 20세기 연구에서는 북한법이 소련과 중국을 따랐다는 견해가 지배적이었다. 세기가 바뀌어 진전된 연구에서는 적어도 1972년 헌법은 독창적이라는 주장이 유력하게 제기된다.

가장 큰 변화는 헌법의 편제다. 민주주의 헌법은 기본권과 통치구조 편으로 구성된다. 국가에 따라 본문보다 앞서 전문과 총칙에 해당하는 조항이 있다. 한국 헌법은 총강으로 표현하는데, 조문 수는 그리 많지 않다. 북한의 1972년 헌법은 권리와 의무의 장에 앞서 별도로 정치, 경제, 문화의 장을 편성했다. 국가의 사명을 광범위하게 규정했다. 일반적으로 민주주의 헌법을 구성하는 양대 기둥 이외에 한 가지가 추가된 셈이다. 언어 표현 면에서도 다르다. 관련 조문들은 대부분 '국가'라는 보통 명사나 북한의 국호로 시작한다.

소련을 비롯한 사회주의국가들의 헌법도 기본 편제는 민주주의 헌법과 같다. 내용은 다소 다르지만 편제는 바뀌지 않았다. 그런데 북한의 새 헌법은 민주주의 헌법에서 총칙(한국 헌법의 총강)에 해당하는 조문이 1/3이나 된다.

내용 면에서도 1972년 북한 헌법은 다른 사회주의국가와 다르다. 일반적으로 스탈린 헌법 이후 사회주의 법 이론은 헌법을 '정복된 영토'로 보았다. 사회주의 혁명과 건설의 성과를 규범적으로 확고히 보장한다는 의미다.

북한의 새 헌법은 정복된 영토의 성격과 함께, 향후 북한 국가가 나아갈 방향성을 제시한 조문이 많다. 일종의 강령과도 같은 성격을 가지는 조문들이다. 국가 또는 국호를 주어로 하는 이 조문들은 북한 국가의 '사명'을 표현하고 있다.

167 성장의 한계

환경의 중요성이 점차 국제적 이슈로 부상하면서 로마클럽은 〈성장의 한계〉를 발간했고 이후 여러 국제법이 만들어졌다.

20세기 중반부터 점차 환경의 중요성이 국제 이슈로 부상한다. 1962년 레이철 카슨은 《침묵의 봄》을 발간했다. 서유럽 국가들은 1968년 미래 연구기관으로 로마클럽을 결성했고 4년 뒤 〈성장의 한계〉를 발간했다. 이후 체결된 대표적인 환경 협약으로는 람사르협약(1971), 멸종위기에 처한 동식물보호협약(1973), 오존층 파괴물질에 관한 몬트리올 의정서(1987), 바젤협약(1989), 기후변화에 관한 국제연합 기본협약(1992), 생물다양성협약(1992) 등이 있다.

〈성장의 한계〉는 경제성장이 환경에 미치는 영향을 분석했다. 향후 100년 안에 성장이 한계에 봉착한다는 주장은 큰 충격을 주었다. 유엔은 이후 지속가능한 개발sustainable development을 국제적으로 확산하고 인류의 공통 규범으로 정립하기 위한 노력을 기울였다. 2000년 9월 밀레니엄개발목표Millennium Development Goals, MDGs가 채택됐다. 새 천년을 앞두고 189개국 세계 정상들이 모여 2015년까지 실행할 인류의 목표를 정했다. MDGs는 2016년부터 SDGs가 되었다. 지속가능개발목표Sustainable Development Goals다. 8개였던 핵심 목표도 17개로 늘어났다. 2030년까지 국제사회가 달성하고자 하는 인류의 공동 목표다. 아직 조약이 된 것은 아니지만, SDGs는 국제사회는 물론 개별 국가에 광범위한 영향을 미치고 있다.

근대 민법은 소유권 절대, 계약 자유, 과실 책임을 3대 원칙으로 삼았다. 20세기의 복지국가는 이미 소유권 절대 원칙과 계약 자유 원칙에 상당한 변화를 가져왔다. 환경에 대한 관심은 과실 책임 원칙을 건드렸다. 손해를 배상받으려는 자가 입증해야 한다는 원칙은 근대 민법의 근간이었다. 그런데 환경오염은 많은 피해가 났을 때 누가 가해자인지 입증하기 쉽지 않다. 점차 바뀐 논리가 적용된다. 대기업이 예방 책임을 입증하지 못하면 결과를 책임지도록 했다.

한국은 1964년 공해방지법이 만들어졌다. 중앙행정기관 환경부는 30년 뒤에 만들어진다. 1982년 한국공해문제연구소가 창립되어 한국에서도 환경운동이 본격적으로 태동했다. 나중에 환경운동연합이 되었다. 2008년에는 MDGs에 발맞춰 지속가능발전기본법을 제정했다. 국가와 지방자치단체에 지속가능발전원칙에 따라 정책을 추진하도록 다양한 법적 의무를 부여했다.

168 | 수형자 판결

1972년 독일에서는 교도소에 수감된 수형자들에 대해서도 임의의 서신 검열을 금지하는 판결이 있었다.

1972년 독일에서 수형자 판결이 있었다. 교도소에 수감된 수형자들에 대한 서신 검열에 제동이 걸렸다. 이전까지는 법률에 근거 조문이 없어도 가능하다고 보았다. 19세기 후반 독일에서 오토 마이어가 행정법의 체계를 세운 이후 일관된 논리였다.

특별권력관계라는 개념으로 설명했다. 국가와 국민의 관계는 일반권력관계지만, 예컨대 국가 또는 지방자치단체의 공무원은 특별권력관계라고 보았다. 수형자뿐만 국공립학교의 학생들도 특별권력관계에 포함되었다.

일반권력관계 이론에 따르면 비록 국가가 권력의 상위에 있더라도 국민의 권리를 제한하거나 의무를 부과하려면 법적인 근거가 필요했다. 민주적 행정법을 정립하면서 채택한 법치주의 원칙의 적용이었다. 특별권력관계는 특정한 사람들은 국가와의 관계에서 일반권력관계에서 말하는 일반 국민들과는 다른 지위에 있다고 보았다. 국가의 명령을 받아 국가의 일을 수행해야 하는 공무원, 범죄를 저질러 자유가 제한되고 있는 수형자들에 대해서는 명시적인 법적 근거 없이도 일정 정도 권리를 제한할 수 있다는 이론이다.

수형자 판결은 더 이상 특별권력관계 이론은 통할 수 없다고 판례를 바꾸었다. 이후 독일의 법학계는 물론, 영향을 받은 한국을 비롯한 나라들의 행정법 이론도 수정됐다. 특별권력관계에 있는 자라 하더라도 기본권을 제한하려면 법률의 근거가 필요해졌다.

독일은 19세기 위로부터의 개혁을 통해 민주주의 법 원리를 받아들였다. 일정 정도 앙시앵레짐의 잔재와 타협했다. 특별권력관계 이론이 대표적이다. 이후 특별권력관계 이론이 완전히 없어지지는 않았다. 울레는 특별권력관계에서 법의 근거가 필요한 부분과 여전히 없어도 되는 부분을 구분하는 이론을 고안했다. 기본관계니 경영수행관계니 하는 복잡한 개념을 동원했고, 독일과 독일법을 계수한 나라들에서 일반적으로 받아들여졌다.

169 | 사법살인

인혁당 연루자에 대한 사형 집행은 '사법 암흑의 날'로 선포될 정도의 법의 이름을 빌린 독재정권의 횡포였다.

1975년 4월 9일, 한국의 서울구치소에서는 8명이 한꺼번에 사형당했다. 불과 하루 전 대법원 확정 판결이 있었기 때문에 너무나 이례적인 집행이었다. 김용원, 도예종, 서도원, 송상진, 여정남, 우홍선, 이수병, 하재완은 인민혁명당에 가담했다는 혐의를 받았다.

인민혁명당이 실제로 북한의 사주를 받아 체제 변혁을 꾀했는지는 지금까지도 논란이 있다. 다수 견해는 그렇지 않다고 본다. 설혹 그렇다 하더라도 민주주의 법 원리를 기준으로 하면 문제가 많은 사형 집행이었다.

한국 내에서뿐만 아니라 국제적으로 박정희 독재정권에 대한 비난이 크게 일어났다. 국제법학자회는 이 날을 '사법 암흑의 날'로 선포하기도 했다. 법의 이름으로 합법적으로 정권에 반대하는 사람을 죽인 사법살인의 대표적인 예로 꼽는다.

인민혁명당 혐의로 사법살인 된 8명에 대한 재심이 2005년 시작됐다. 2007년 1월 23일 서울중앙지법에서 무죄가 선고됐다. 비극이 있은 지 한 세대가 훨씬 지난 시점이다. 민주화가 되고서도 20년이나 지난 늦은 판결이었다.

당시 언론 보도 자료

170 헬싱키수뇌회담

1975년 헬싱키수뇌회담은 2차대전 후 유럽의 전후 문제를 공식 종결하고 평화와 인권에서 큰 진전을 이룬 국제법을 탄생시켰다.

유럽에서는 1975년에 평화와 인권과 관련한 중요한 국제규범이 추가된다. 흔히 헬싱키수뇌회담이라고 불리는 유럽안보협력정상회의와 헬싱키선언이다. 회의에는 알바니아를 제외한 유럽 33개국과 미국, 캐나다가 참여했다.

헬싱키선언의 정식 명칭은 〈유럽 안보의 기초와 국가 간 관계의 원칙에 관한 일반선언〉이다. 조약은 아니지만 향후 유럽의 경제협력과 안전 보장과 인권과 평화를 위한 기준이자 방향타가 되었다.

헬싱키선언은 2차대전 후 유럽의 '전후戰後' 문제를 공식으로 종결한 역사적 사건으로 평가된다. 미소 냉전의 종식은 10여 년의 세월을 더 기다려야 했지만, 헬싱키선언으로 유럽의 냉전은 끝났다.

헬싱키수뇌회담은 소련이 제기했다. 향후 통일 독일의 영토가 더 이상 확대되지 않게 하기 위해서였다. 영토 존중 원칙은 소련의 바람대로 선언에 들어갔다.

그렇지만 헬싱키선언은 이후 부메랑이 되어 소련과 동유럽 국가들의 체제 전환을 이끌어내는데 기여했다고 평가된다. 서유럽의 경제 협력을 얻기 위해서 동유럽 국가들은 선언에 포함된 인권과 평화 원칙에 대한 이행이 필요했다.

안보협력정상회의는 계속 이어졌다. 1983년 마드리드합의가 채택되었다. 동서 유럽의 화해는 계속 추진되었고 인권과 군축 관련 회의까지 개최하기로 합의한다. 미소 냉전 이후인 1990년에는 파리헌장을 채택했다. 유럽에서 대립과 분단의 시대는 끝났다고 선언했다.

파리 헌장에는 경제적 자유와 책임, 국가 간 우호, 안보 문제와 함께 인권과 민주주의, 법의 지배에 대한 내용도 포함되었다. 비정기적으로 개최되어온 안보협력회의는 1995년에는 상설 국제기구가 된다. 유럽안보협력기구다.

1994년 유럽연합EU이 출범했다. 경제 분야에서 유럽석탄철강공동체, 유럽공동체EC를 거쳐 실질적인 하나의 나라가 된 셈이다. 유럽안보협력기구의 상설화는 경제뿐만 아니라 정치적인 영역까지 비슷한 길을 밟아가는 유럽의 상징적인 사건으로 이해된다.

171 | 불법 문화재 반환 촉진

READ ☐ 1974년 유네스코 불법 문화재 반환 촉진 정부 간 위원회가 결성되었지만 갈 길이 멀다.

제국주의의 후과를 바로잡기 위한 노력은 그리 활발하지 않다. 아니, 거의 없다. 속으로는 선조들의 불법 행위에 대해 왜 우리가 책임져야 하는가 묻고 있을지도 모른다. 민주주의 법 원리에서 중요한 개념의 하나로 정립된 인과관계론으로 볼 때 분명하게 정리하기는 어렵다.

그나마 제국주의 시절에 가져간 문화재의 반환과 관련해서는 몇 가지 국제법이 만들어졌고, 점차 공감대가 확대되고 있다. 1978년 유네스코 불법 문화재 반환 촉진 정부 간 위원회가 결성됐다. 1970년 체결된 문화재 불법 반출입, 소유권 양도 금지, 예방 수단에 관한 협약에 따른 기구다. 반세기가 흘렀지만 활동은 미약하고 큰 성과도 별로 없다.

문화재 반환과 관련하여 중요한 국제법으로는 1954년 채택된 전시 문화재 보호에 관한 헤이그 협약, 1995년 채택된 도난 또는 불법 반출된 문화재의 국제적 반환에 관한 협약UNIDROIT이 있다.

과거 식민지로 문화재를 반환받아야 하는 입장에서는 완전하지 않은 조약들이다. 1954년 협약은 문화재에 대한 약탈과 파괴를 금지했지만 군사적 필요가 있는 경우에는 예외를 두었다. 1970년 조약도 문화재의 불법적인 반출입을 금했지만, 두 조약 모두 과거의 일에는 적용되지 않는다. 1995년 조약도 마찬가지다.

한국은 2011년에 병인양요 당시 프랑스가 가져간 외규장각 의궤를 반환받았다. 그렇지만 여전히 소유권은 프랑스에 있다. 법적으로는 영구 임대다. 그나마 이렇게라도 반환된 문화재는 다행이다. 프랑스는 제국주의 시절 가져온 문화재의 국외 이동을 여전히 법으로 엄격히 금지하고 있다.

구 제국주의 국가들 내에서 모든 문화재를 반환해야 한다는 목소리가 없지는 않다. 2017년 프랑스의 마크롱 대통령은 아프리카 순방 시 약탈 문화재를 반환하겠다고 약속했다. 다음 해에는 약탈 문화재를 전부 영구 반환하자는 대통령 보고서가 나왔다. 과연 프랑스가 과연 모든 약탈 문화재를 반환하는 법을 만들 수 있을까?

172 | 반테러법

READ 반테러법은 패권과 제국의 미국을 보여주는 대표적인 법이다.

미국에 대한 시각은 상반된다. 민주 인권의 나라 VS. 패권의 제국. 패권과 제국의 미국을 보여주는 대표적인 법이 바로 반테러법이다.

1979년 미국은 '테러 행위를 차단하고 예방하기 위한 적절한 수단을 제공하여 미국을 단결시키며 강하게 만드는 법Uniting and Strengthening America by Providing Appropriate Tools Required to Intercept and Obstruct Terrorism Act'을 제정한다.

이니셜을 따면 USA PATRIOT Act다. 애국법이나 반테러법으로 흔히 번역한다. 명분은 테러에 대한 대처. 미국은 이 법에 따라 미국의 국익에 반하는 국가들을 다각도로 규제한다. 이전까지 영국의 007처럼 비밀 정보기관의 활동에 면죄부를 주던 방식을 넘어 합법적인 대외 개입 정책을 가능하게 한 셈이다.

미국은 국제법을 따르지 않고 테러 위협을 가하는 국가들을 공공연히 불량국가rogue state라고 한다. 미디어에서 불량국가라는 말이 일상적으로 쓰이게 된 계기는 클린턴 정부 시절 매들린 올브라이트 국무장관이 제공했다. 그렇지만 그 전부터 이미 반테러법을 통해 불량국가를 지정해왔다.

미국은 해마다 국무부가 주도하여 국제 테러리즘 보고서를 작성한다. 보고서에는 테러지원국 명단을 명시한다. 이란, 수단, 시리아, 리비아, 이라크가 단골이었다. 북한은 1988년 테러지원국으로 지정됐다. 한 해 전 대한항공기 폭파 사건을 이유로 들었다.

미국은 반테러법 같은 국내법을 통한 규제와 함께 국제법도 적극 활용한다. 미국은 2000년대 들어 본격적으로 핵과 미사일 개발에 나선 북한에 대해 2006년(1718호), 2009년(1874호), 2013년(2094호), 2016년(2270호) 연이어 유엔 안보리 제재 결의안 채택을 주도했다.

반테러법은 대외적으로 해당 국가들과 내정 간섭과 관련된 갈등을 일으킨다. 대내적으로 민주주의 법 원리를 후퇴시키는 인권 침해 문제가 제기된다. 도청이나 감청을 할 수 있는 절차를 간소화하거나 테러 혐의가 의심되는 외국인에 대한 구금 기간을 연장하는 것 때문이다.

반테러법은 1970년대 말에 제정되었지만, 냉전 이후 본격적으로 활약(?)하기 시작했다. 가장 부정적인 평가는 미국이 소련을 대체하는 새로운 적을 필요로 하기 때문에 불량국가론과 반테러법을 동원한다는 것이다. 문자 그대로 순수하게 테러 방지의 목적만 있다고 보는 시각은 사실 별로 없다. 한국도 2016년 테러방지법을 제정한 바 있다.

173 | 몬테고베이조약

유엔해양법조약은 유럽 중심의 국제법에서 질적인 변화가 시작되었음을 보여준다.

몬테고베이는 자메이카의 해안도시다. 1492년 신대륙을 발견한 콜럼버스가 2년 뒤 이곳에 들렀다고 알려져 있다. 자메이카 제2의 도시로 관광휴양의 중심지다.

1982년 몬테고베이에서 유엔해양법조약UN Convention On the Law of the Sea, UNCLOS III이 체결됐다. 몬테고베이조약은 해양법의 헌법과도 같은 의미를 갖는 국제법이다.

이미 1958년 제1차 유엔해양법회의에서 대부분의 해양법 조약이 채택된 바 있다. 문제는 영해와 어업수역의 폭이었다. 개별 나라들마다 바다를 둘러싼 지리적 위치가 달랐고, 큰 나라와 작은 나라 간에 이견이 컸다.

몬테고베이조약은 수십 년간에 걸친 논란을 정리했다. 이전까지 관례적으로 3해리였던 영해는 12해리로 확정되었다. 배타적경제수역도 영해를 넘어 200해리까지 인정하도록 했다. 영해는 아니지만 공해公海도 아닌 바다다. 제3세계 작은 나라들의 이해관계를 상당 부분 반영한 셈이다.

조약은 1994년 발효됐다. 2년 뒤 조약에 따라 독일 함부르크에 국제해양법재판소가 설치됐다. 재판관은 모두 21명이었고, 고려대학교 법과대학 교수를 역임한 박춘호가 포함됐다. 그는 마잉주 대만 총통이 아시아 해양법의 개척자라고 부를 정도로 뛰어난 국제법학자였다.

유엔해양법조약은 20세기 후반 질적으로 변화하기 시작한 국제법의 성격을 잘 보여준다. 다루는 내용과 참여 주체 면에서 그야말로 '국제법'이 만들어지는 과정을 보여주는 상징적인 사건이다.

몬테고베이는 수백 년에 걸친 유럽 제국주의의 식민지 개척사를 잘 보여주는 곳이다. 여기에서 해양법 회의를 진행하고 그 결과 제3세계의 입장이 상당히 반영된 새로운 국제법이 체결되었다는 점은 의미심장하다.

명실상부한 국제사회로의 변모 과정은 다른 곳에서도 확인할 수 있다. 2000년 아시아태풍위원회는 아시아 각국에 태풍 명칭을 10개씩 제출하도록 했다. 태풍은 서양식 명칭을 당연히 사용하는 줄 알았던 인식이 달라졌다. 당시까지 태풍 명칭은 미국의 해공군 합동 태풍경보센터에서 영문으로 지었다. 2013년 아르헨티나 출신 교황(프란치스코)이 탄생했다. 1282년만의 비유럽권 교황이다. 근현대사에서 유럽이 성장한 이후 가톨릭의 교황은 당연히 유럽인이었다. 1978년 비이탈리아인 교황(요한 바오로 2세)이 선출된 사건도 당시에는 큰 충격이었다.

174 | 국제개발법기구

| 한국은 경제개발 과정에서 적극적으로 법을 활용했다.

과거 제국주의 시대의 후과를 청산하는 문제는 달리 보면 선진국과 개발도상국의 차이를 줄이기 위한 노력과 연관된다. 2차대전 이후 독립한 많은 나라들과 구 제국주의 국가의 격차는 별로 좁혀지지 않았다. 한국을 제외하면 개발도상국의 성공 사례가 거의 없다.

1960년대 후반 프랑스에서 선진국과 개도국 간의 격차를 줄이기 위한 국제법 이론이 등장했다. 앙드레 필립은 1965년 '개발의 국제법'이라는 개념을 제안했다. 개도국의 경제적 주권과 선진국의 협력을 어떻게 법제화 할지에 대한 논의를 전개했다. 1980년대에는 '개발의 권리'라는 이론도 나왔다. 통상적인 번역은 '발전의 권리'다. 영문(development) 앞에 붙는 말에 따라 일반적으로 번역을 개발, 발전 등으로 다르게 한다. 1986년 유엔은 '개발의 권리에 관한 선언'을 채택하기도 했다. 취지는 좋았으나 널리 확산되지는 못했다.

개발을 위해서는 국제법을 통한 외부의 지원도 필요하지만 결국 각 국가별로 내적 역량 증대가 필수적이다. 이런 관점에서 1983년 국제개발법기구가 설립됐다. 개발을 위해 국내법을 어떻게 만들어야 하는지가 주된 관심사다. 한국의 경제 개발 사례는 법을 통한 개발에서 많은 참고가 되었다.

한국은 1959년부터 경제개발계획을 수립하여 시행하였으며, 재원을 모으고 시기별로 산업정책을 펴기 위해 많은 법을 만들었다. 한국은 특정 부문을 육성하는 법을 만들어 적극적인 산업정책을 폈으며, 성장한 산업에서 구조조정이 필요할 때도 법을 만들었다. 사채 동결, 금융실명제 실시 같이 때로는 대통령이 초법적인 정책을 실시할 때도 있었다.

175 | 장발 단속 폐지

민주화 이후 1988년 경범죄처벌법이 개정되면서 장발과 미니스커트 단속 근거 규정이 삭제되었다.

1987년 한국은 민주화되었다. 간선으로 대통령 선출이 예정되어 있던 노태우는 6월 29일 국민들의 항쟁에 항복했다. 6.29선언이다. 직선제를 받아들였고 여러 민주적 개혁을 약속했다. 헌법이 개정됐고 선언에 담긴 내용들은 법제화되었다.

민주화 이후 독재시대의 잘못된 법과 관행들은 점차 바로잡히게 된다. 1988년 경범죄처벌법도 개정되었다. 장발과 미니스커트 단속 근거 규정이 삭제됐다.

장발과 미니스커트 단속은 1970년대에 시작되었다. 1973년 경범죄처벌법에 '성별을 알아볼 수 없을 정도의 장발을 한 남자'와 '미풍양속을 해하는 저속한 옷차림을 하거나 장식물을 달고 다니는 자'를 처벌하는 근거가 신설되었다. 장발과 미니스커트가 비록 '경'하기는 하지만, 범죄로 공식화된 셈이다.

한국에서 장발과 미니스커트 단속은 독재 시절의 대표적 풍경으로 기억된다. 장발은 경찰서로 연행해 직접 머리를 깎은 후 내보내기도 했다. 미니스커트는 경찰이 자를 들고 직접 무릎 위 길이를 쟀다.

발전된 민주주의 국가에서는 복장이나 의례, 내면의 인식 등 개인에 대한 법을 통한 직접적인 규제는 거의 없어졌다. 민간 영역의 드레스 코드나 복장 지침은 가능하지만, 국가적 차원의 간섭은 부당하다고 본다. 미국의 경우 성조기를 태우는 행위도 표현의 자유로 인정될 정도다.

법으로 규제하지는 않아도 관례적인 일들에 대한 가치관의 충돌은 잦다. 국회의원 유시민, 류호정은 일반적인 정장 차림이 아닌 캐주얼 차림으로 국회에 등원했다. 국회법에는 국회의원의 복장과 관련된 규정은 없지만, 사회적으로 큰 논란이 됐다. 2017년 프랑스의 프랑수아 뤼팽은 운동복을 입고 의회에서 연설했다. 프로 축구 선수 이적 시 세금을 부과하자는 주장을 하면서 입은 상징적인 옷이었다. 프랑스 의회는 벌금 1300유로를 매겼다.

한국에서 국가적 차원의 장발 단속은 벌써 폐지되었지만 관행은 여전하다. 공립은 물론 사립학교까지 으레 머리는 짧게 단정하게 깎아야 한다고 여기는 관행이 세기가 바뀌어도 이어졌다.

경기도(2010)와 서울(2012)을 필두로 학생인권조례가 제정됐다. 두발의 길이를 규제해서는 안 된다는 내용이 포함됐다. 하지만 조례에 반대하는 의견과 부작용을 염려하는 시각은 여전히 강력하고 조례와 상관없이 학생들의 두발 단속을 지속하는 학교가 많다.

176 | 토지공개념

자본주의국가에서도 공공의 복리를 감안해서 토지의 소유권을 인정해야 한다는 공개
념 원칙이 점차 일반적으로 채택된다.

사회주의국가들의 토지개혁은 국가가 인위적으로 짧은 시간에 토지와 관련된 오랜 인류의 이상을 실현하려고 한 시도였다. 어떤 면에서는 기독교나 유교에서 지향한 이상적인 토지 제도와도 맥이 닿는다.

자본주의국가들은 사회주의 토지개혁과 필적할 만한 토지 정책은 실시할 수 없었다. 근대 민주주의 법 원리는 소유권 제도의 절대적 보장을 핵심 사상으로 포함하고 있기 때문이다. 대한민국의 경우 북한과 비슷한 형태로 지주로부터 토지를 걷어 농민들에게 나누어주는 농지개혁을 실시했다. 그렇지만 농지개혁은 무상으로 빼앗아 무상으로 나눠주지 않았다. 강제로 팔아야 하긴 했지만 지주들에게 토지 대금을 보상했고, 농민들도 유상으로 받았다.

그렇지만 점차 공공의 복리를 감안해서 토지의 소유권을 인정해야 한다는 공개념 원칙은 일반적으로 채택된다. 일각에서는 토지공개념은 사회주의적이라고 비판한다. 그렇지만 19~20세기 근대 민주주의 법 원리는 노동법, 복지법, 경제법에서 보듯이 초기 민주주의 시대와 같지 않다. 토지공개념도 같은 맥락에서 이해된다.

한국의 경우, 토지공개념에 대한 인식은 군사독재 정권 시절인 1970년대 후반 이미 형성되었다. 민주화 이후 제정된 1987년 헌법은 재산권 행사 시 공공복리에 적합하도록 해야 한다는 원칙을 명시했다(제23조). 토지공개념 원칙에 따라 다양한 법이 만들어졌다. 일부 위헌 판결을 받은 법률도 있지만 토지공개념 원칙은 헌법 원칙으로 살아남아 있다.

177 지강헌 인질극

지강헌은 죽기 전 "유전무죄 무전유죄"를 외쳤는데 TV 생중계로 보고 있던 많은 국민들이 공감대를 표했다.

1988년 10월 한국에서 벌어진 지강헌 인질극은 현대사 속 상징적인 사건이다. 지강헌은 영등포 교도소 미결수였는데, 탈옥 후 무려 9일간이나 인질극을 벌였다.

탈주범은 12명이나 됐고 언론의 상세한 보도가 국민 불안을 크게 조장했다. 일부는 경찰의 총에 맞았고, 일부는 서로 죽이거나 자살하는 참극이었다. 지강헌은 죽기 전 "유전무죄 무전유죄"를 외쳤다.

지강헌의 마지막 모습은 TV로 생중계됐다. 법의 심판을 피할 길 없는 흉악범이었지만, 많은 국민들은 공감대를 표했다. 지강헌은 겨우(?) 500만 원을 훔쳤는데, 70억 원을 해먹은(?) 전경환보다 많은 형량을 받았기 때문이다. 전경환은 그 해 2월 임기를 마친 전두환 대통령의 동생이다. 언론에 5공 비리 주역의 한 사람으로 자주 오르내린 장본인이다. 지강헌 인질극은 권력과 자본의 보유 정도에 따라 법이 국민들에게 차등 적용되는 현실을 잘 보여준다.

새로 민주주의 시스템을 채택한 나라들에서 법에 대한 부정적 태도는 일반적이다. 회의, 냉소 등 버전은 다양하다. 원인은 여러 가지다.

전통적 규범인식은 민주주의 법 원리의 정착을 가로막는 큰 장애물이다. 중국의 영향을 받은 나라에서는 특히 법을 형법 위주로 생각하는 관념이 강하다. 이 때문에 법 없이도 살 사람이라는 말은 큰 칭찬이다.

마르크스주의의 영향도 만만치 않다. 국가와 법이 지배계급, 곧 부르주아지의 도구일 뿐이라는 명제는 지속적으로 재생산되고 있다. 종교도 만만치 않다. 종교는 세속의 법을 기본적으로 무시(?)한다. 종교의 가르침은 근대 민주주의 법 원리에 따라 재해석되기도 하지만, 괴리도 크다.

178 | 민주주의법학연구회

민주법연은 과학적이고 민주적인 법학을 자임하고 기성의 보수적인 법학계와 차별화를 시도하면서 한국법학의 발전에 기여했다.

법학은 정교한 논리의 체계이기 때문에 정치적 해석과는 다른 의미를 갖는다. 당대에는 불순한 목적의 판결이었을지라도 세월을 거슬러 인권의 버팀목이 되기도 한다. 또한 법은 지속적으로 발전한다. 수백 년간 이어온 민주와 인권과 평화의 일관된 논리체계에 터 잡고 있을 때 결국 민을 위한 이론이 된다.

1989년 한국의 진보적 법학자들은 민주주의법학연구회(민주법연)를 창립했다. 일군의 소장 학자들과 법과대학 대학원생들이 참여한 민주법연은 상당히 과격한(?) 목표를 내걸었다.

창립선언문에는 과학적 세계관에 입각한 법 이론 구축, 체제법학이 아닌 근로민중의 민주주의를 위한 법학운동을 목표로 명시했다. 나아가 근로민중의 민족민주운동, 비판적 아카데미즘의 흐름과 연대하겠다고 분명하게 밝혔다. 남한 사회의 총체적 변혁에 기여하기 위해서다.

민주화는 사회 각 부문에서 기존의 이익단체들과는 구별되는 진보성을 자임하는 조직들을 양산했다.

법률가들의 경우에도 대한변호사협회(1952년 창립)가 있었지만, 1988년 민주사회를 위한 변호사모임(민변)이 창립되었다. 2년 전 결성한 정의실현법조인회(정법회)와 같은 해 조금 앞서 결성된 청년변호사회(청변)가 주축이었다. 개별적으로 활동하던 인권 변호사들이 대거 망라됐다.

학계도 예외는 아니었다. 진보적, 민주적 학술운동을 자임하는 소장 학자들은 새로운 학회를 만들거나, 기존 학회의 성격을 바꿔 나갔다. 민주법연의 탄생은 민주화 이후 광범위하게 태동한 진보적 학술운동의 연장선에 있다.

법학은 일반적으로 보수적인 학문으로 통한다. 민주법연은 과학적이고 민주적인 법학을 자임하고 기성의 법학계와 차별화를 시도했다. 민주화 이후 소장 학자들의 열망이 새로운 조직적 틀로 분출한 셈이다.

민주법연은 한국 법학의 발전에 상당히 기여했다. 마르크스주의 관점의 법학을 적극적으로 소개하면서 세계관의 균형을 이루려고 했다. 해석법학에서도 민중에게 더 유리한 방향의 이론을 많이 만들어냈다.

법학 분야에서 진보적 학술 활동의 형성은 법에 대한 회의적 또는 냉소적 시각의 극복을 의미한다. 민주주의 법 원리를 진보적으로 해석하면 민중의 무기가 될 수 있다는 믿음이 있다.

민주법연 이전 한국의 진보 법학 흐름에서는 국순옥의 이름을 특기해야 한다. 국순옥은 독일에서 배운 진보적 헌법 해석론을 한국 법학계에 널리 확산시켰다. 국순옥이 없었다면 민주법연은 존재할 수 없었을 것이다. 군부독재 시절인 1970년대에 비록 서울은 아니었지만 법대 교수(인하대)가 된 점도 입지전적이다.

179 │ 사형폐지의정서

READ ☐ 1989년 사형폐지의정서가 채택되었지만 사형제에 대한 논란은 여전하다.

1989년 사형폐지의정서가 채택되었다. 정식 명칭은 '사형의 폐지를 목표로 하는 시민적 및 정치적 권리에 관한 국제 규약의 제2선택 의정서'다. 국가가 사람의 생명을 빼앗을 수는 없다는 사상에 대한 인류의 공감대가 높아진 셈이다.

생명권을 기본적 인권으로 규정하면 아무리 흉악한 범죄자라 하더라도 사형이 아닌 다른 처벌 수단을 적용하게 된다. 그렇지만 세계인권선언, 국제인권규약도 명확히 사형제 폐지를 천명하지 못했다.

사형 폐지에 대한 공감대가 높아진 데는 유럽의 공헌이 컸다. 1970년대 이후 유럽 대부분의 나라들은 사형제를 폐지했다. 1983년에는 유럽인권조약 제6의정서에서 사형폐지를 조약화했다.

비록 의정서가 채택되기는 했지만 반론도 만만치 않았다. 표결 당시 기권한 나라가 무려 48개국이다. 미국, 일본, 중국과 이슬람 국가들이 반대표를 던졌다. 주마다 사형제 존폐 여부가 다른 미국의 경우 아직 훨씬 더 많은 주에서 사형제가 유지되고 있다.

사형제에 대한 찬반 논의는 여전히 분분하지만 폐지론은 베카리아로 거슬러 올라간다. 베카리아는 《범죄와 형벌》에서 국가의 사형권을 부인했다. 그저 잔인한 행위일 뿐, 그 어떤 효과도 기대할 수 없다는 주장이다.

베카리아 이전까지 인류는 수천 년 동안 사형을 당연하게 생각했다. 이미 죽은 사람에 대한 처벌까지 용인되던 시절도 있었다. 무덤을 파헤쳐 시신에 다시 참형을 가하는 부관참시 또는 육시다.

앰네스티는 지속적으로 사형제 폐지 여부를 모니터링하는 국제 NGO다. 2016년 기준 사형제를 폐지한 나라는 100개 국이 넘는다. 실질적 사형 폐지국도 30개 국이 넘는다. 실질적 사형 폐지국은 형법에 사형제도는 남아 있지만 10년 이상 사형 집행이 없는 나라다.

한국은 1997년의 사형 집행이 마지막이다. 앰네스티 기준에 따르면 실질적 사형 폐지국이다. 정부 수립 이후 1997년까지 형이 집행된 사형수는 902명이었다. 유럽은 2003년에 더 강화된 조약을 채택했다. 전시 상황에서도 사형제를 전면 금지한다는 내용의 의정서다.

180 | 공익소송

참여연대는 법을 활용한 공익소송과 입법운동을 전개했다.

1994년 참여연대가 창립됐다. 5년 전 창립된 경제정의실천시민연합(경실련)과 함께 한국 시민운동의 태동으로 자리매김 했다. 민주화운동, 변혁운동과 달리 거대 담론이 아닌 크고 작은 구체적 이슈 중심의 운동을 전개했다.

참여연대는 창립과 동시에 공익소송을 시작했다. 관악구청장의 노령수당 지급대상자 선정제외처분 취소소송은 1994년에 낸 공익소송이다. 2년 뒤 승소했다. 이 사례는 행정법 교과서에도 실려 있다.

내용은 간단하다. 노인복지법은 65세 이상 기초생활보호법상 자활보호대상자에게 노령수당을 지급하도록 했다. 관악구에 사는 한 노인이 65세에서 3개월이 지났기에 대상인 줄 알고 수당을 신청했다. 관악구는 거부했는데, 보건사회부 지침을 따랐다. 70세 이상인 경우 지급하도록 규정되어 있었던 것이다.

참여연대 소속 법률가들은 2년 뒤 재판에서 이겼다. 법이 65세 이상으로 규정했기 때문에 그와 다른 연령 제한을 둔 정부 지침은 무효라는 내용이다. 1심에서는 패소했다가 2심에서 이기고 대법원까지 가서 승소했다.

참여연대 이전에도 법률가들의 법적 지원 활동은 다양하게 진행되었다. 그렇지만 참여연대의 공익소송은 시민단체가 조직적인 운동으로 벌였다는 점에서 의미가 남다르다. 참여연대는 공익소송에 대해 시민적 권리의식 제고, 사회적 이익 향상, 절차적 민주주의 개선, 법 시스템의 변화 같은 다양한 공익적 명분을 내걸었다.

입법운동도 참여연대의 대표적인 활동이다. 국회와 중앙정부는 물론 지방자치단체에 다양한 입법안과 의견들을 제출했다. 입법운동 역시 민주주의와 민생복지 확대, 경제 민주화, 평화 정착처럼 공익적 가치를 지향한다.

참여연대는 기성의 법 제도를 비판적으로 평가하고 적극적으로 뜯어고치려고 하였다. 참여연대의 공익소송과 입법운동은 한국에서 시민이 본격적으로 법을 활용하는 단계로 나아가게 되었음을 잘 보여준다. 그렇지만 민주화운동이나 변혁운동을 열심히 해온 운동가들은 이를 비판적으로 바라보기도 했다. 사회의 근본적인 구조를 건드리는 거대 담론은 아니었기 때문이다.

181 | 정보공개법

지방의회를 먼저 움직여 조례를 만들고 국회 차원의 법률 제정까지 이끌어내는 시민 운동이 활발해졌다.

1990년대 초반에는 시민이 법을 적극적으로 활용하는 현상이 여러 곳에서 나타났다. 부천시에서는 부천YMCA 자원봉사자들을 중심으로 주민들이 담배 자판기 설치를 금지하는 조례 제정에 성공했다. 지방의원들은 처음에는 콧방귀도 뀌지 않았지만, 1992년 결국 조례를 통과시켰다. 조례는 헌법재판소까지 갔지만 합헌 결정이 내려졌다.

한 해 앞서 청주시에서는 행정정보공개조례가 제정됐다. 이 조례는 5년 뒤 공공기관의 정보 공개에 관한 법률로 이어졌다. 청주시 조례도 대법원까지 가는 우여곡절을 겪었다.

정보공개법에 따라 국민이 요구할 경우 정부와 공공기관은 비공개 대상으로 인정되는 경우를 제외하면 정보를 공개해야 한다. 공무원이 직접 작성한 문서와 수집하여 보관 중인 문서도 포함된다.

부천과 청주의 사례는 지방자치제의 부활이 민주적 법 제도의 진전에 큰 도움이 된다는 점을 잘 보여준다. 연이은 성공 사례로 인해 지방의회를 먼저 움직여 조례를 만들고 국회 차원의 법률 제정까지 이끌어내는 시민운동이 활발해졌다.

알 권리는 정보공개법을 정당화하는 헌법상 기본권 개념이다. 1945년 미국의 켄 쿠퍼가 제창했다. 1956년에 《알 권리》라는 책으로도 나왔다. 개념은 생성된 지 오래 되었지만, 한국처럼 법제화된 곳은 스웨덴, 프랑스, 네덜란드, 미국 정도로 아직 그리 많지 않다. 스웨덴은 알 권리라는 말이 나오기 전부터 법제화가 이뤄진 곳으로, 오랜 역사를 자랑한다.

한국의 정보공개법은 2차대전 후 독립한 나라들이 일정 분야에서는 민주주의 법 제도의 발전을 선도하는 위상에 도달했음을 보여준다. 세계사적으로는 뒤늦게 민주주의를 받아들였지만, 이제 다른 나라에서 법의 계수를 검토하게 된 셈이다.

182 | 정의봉

김구 암살범 안두희를 살해한 박기서는 자신의 행위를 정의의 실현이라고 주장했다.

여전히 법의 이름으로 또는 법이 있는데도 자행되는 비극 앞에, 민주주의 법 원리로는 정당화하기 어려운 현상도 나타났다. 자력구제에 대한 법철학적 논쟁은 여전히 진행 중이다. 법적 절차를 기다리지 않고 직접 정의를 실행한다고 자임하는 사람들이 수시로 등장했다.

1996년에 백범 김구 암살범 안두희를 죽이는데 성공한 박기서가 대표적이다. 해방과 정부 수립 즈음 김구는 주요 정치지도자였다. 수십 년 동안 대한민국 임시정부를 지킨 장본인이기도 했다. 암살 당시 안두희의 배후는 밝혀지지 않았고 처벌도 미약했다.

안두희를 직접 응징하려는 사람이 계속 등장했다. 곽태영과 권중희가 대표적이다. 박기서는 안두희를 몽둥이로 때려죽였는데, '정의봉'이라는 이름을 붙였다.

일설에 권중희는 박기서를 말렸다고 한다. 박기서가 권중희에게 계획을 미리 알려주었는데, 권중희는 안두희를 살려서 살해 동기와 배후 세력을 밝혀야 한다고 했다. 사건 이후 일각에서는 오히려 암살 배후를 은폐한 것이라고 비난했다.

박기서는 안중근처럼 의사로 불렸다. 수많은 국민들이 석방을 탄원하고 격려금을 보냈다. 1심은 살인죄 최소 형량(5년)을 선고했다. 항소심에서 감형되었다가 1998년에 사면되었다.

자력구제는 법철학적으로 린치, 곧 사형私刑(사적인 형벌)에 불과하다는 부정적인 평가가 있다. 근대 민주주의 법 원리는 자력구제를 엄격히 금지한다.

하지만 한국에서는 법보다 주먹이 가깝다는 말이 여전히 있다. 법이 실질적으로 국민 개개인의 권리를 온전히 지켜주지 못하는 상황을 냉소적으로 표현하는 말이다.

183 | 노사정위원회

외환위기를 극복하는 과정에서 한국은 유럽식 노사정 협력기구 모델을 받아들여 1998년 노사정위원회를 설립했다.

1997년 한국은 국제통화기금IMF 구제금융을 신청했다. 외환보유액이 부족했기 때문이었다. 원래 IMF 설립(1945) 목적이 경제적으로 어려움에 처한 나라들을 돕는 것이다. 물론 각종 경제개혁 조건을 붙이기 때문에 한국 경제도 국제적 기준에 따라 크게 일신했다.

당시 대부분의 아시아 국가들이 동시에 위기에 빠졌다. 한국은 헌정사 처음으로 정권 교체 국면이어서 과거 정권의 실책이 훨씬 크게 부풀려진 측면도 있다. 구제금융을 지원하면서 내건 IMF의 요구 조건들을 마치 한국 경제에 대한 식민지적 개입으로 확대 해석하는 시각도 만만치 않았다.

외환위기를 극복하는 과정에서 한국은 1998년 노사정위원회를 설립했다. 노동자 대표, 사용자 대표, 정부가 함께 논의하여 각종 경제정책을 논의하고 합의안을 도출하는 기구다. 경제위기에 따라 정책을 변경하게 되면 고용이 악화되는 경우가 많기 때문에 노동조합연합단체가 함께 참석했다.

유럽에서는 일찍부터 도입됐다. 1982년 네덜란드의 바세나르협약은 대표적이다. 네덜란드의 사회경제협의회Social and Economic council, SER는 이미 1950년에 설립됐다. 그보다 5년 앞서 설립한 노동재단도 노사 대표 간 협의를 진행했다.

노사정 합의 내용에는 대체로 노동조합의 양보가 포함된다. 고용은 보장하되 임금인상은 다소 자제하는 방향이 일반적이다. 정부 대표 파견은 나라마다 다르다. 합의 내용은 의회에서 거의 그대로 법제화한다.

민주화 이후 불과 10여 년 만에 한국은 수십 년의 역사를 가진 유럽식 노사정 협력기구 모델을 받아들였다. 민주노총이 조직(1995)된 때를 기준으로 하면 불과 3년만이었다. 민주노총은 전국민주노동조합총연맹의 줄임말로, 1987년 이후 대규모로 부상한 진보적 노동운동의 조직적 성과였다.

실질적으로 국가의사를 결정하는 단위가 입법권을 여전히 보유한 의회가 아닌 일단의 현실을 노사정위원회가 보여준다. 2000년대에는 거버넌스 이론이 점차 현실의 법제도로 도입된다. 거버넌스 이론에서도 여전히 입법부와 행정부가 공식적인 국가의사를 결정하고 집행하지만, 실질적으로 국민의 의사가 폭넓게 반영되고 참여가 보장될 수 있도록 다양한 아이디어를 제공한다.

184 | 바이센테니얼 맨

기술의 발달은 언제나 법의 변화를 동반한다.

20세기 후반 정보화의 급진전은 새로운 법 규범을 요구했다. 기술의 발달은 언제나 법의 변화를 동반한다. 완전히 새로운 법이 만들어지기도 하고, 기존의 법을 확대해 적용하기도 한다.

1999년 개봉한 미국 영화 〈바이센테니얼 맨〉은 이러한 시대 흐름을 잘 반영한 영화다. 기술의 발전으로 로봇이 인간과 동일한 지능을 갖게 되어 2세기에 걸쳐서 살게 되었다. 로봇은 결국 소송을 통해 인간과 동일한 법적 지위를 인정해달라고 주장한다. 영화에서 로봇은 신체(?)도 인간처럼 되고자 노력하고 결국 생명이 끝난다.

현실에서 몸은 늙지 않는 로봇이 마음은 인간과 같으므로(아니 더 뛰어나므로) 인간과 동일한, 아니 더 높은 법적 지위를 요구한다면 어떻게 해야 할까? 〈터미네이터〉 같은 영화는 완전히 기계가 사람을 지배하게 된 세상에 맞서는 인간의 분투를 다룬다.

원작자인 아이작 아시모프는 1942년 소설집 《아이, 로봇》에서 로봇 3원칙을 정했다. 1원칙과 2원칙은 인간과의 관계에 대해 규정했다. 인간에게 해를 끼치지 않는다, 인간의 명령에 복종해야 한다. 3원칙은 1, 2원칙을 위배하지 않으면 로봇이 스스로를 보호해야 한다는 내용이다.

20세기 중반에 정립된 로봇 3원칙은 기계가 인간보다 하위에 있다는 철학을 전제하고 있다. 〈바이센테니얼 맨〉은 로봇이 인간과 동일할 수 있다고 이야기한다. 소송을 통해 인간과 같은 지위를 요구하고 결국 인정받는다. 로봇 스스로 인간처럼 되기 위해 노력했기 때문이다.

2008년 한국은 지능형 로봇 개발 및 보급 촉진법을 제정했다. 지능형 로봇이란 외부 환경을 스스로 인식하고 상황을 판단하여 자율적으로 동작하는 기계장치를 말한다(제2조 제1호). 법은 지능형 로봇윤리헌장의 필요성에 대해 언급하고 있다.

이는 지능형 로봇의 기능과 지능이 발전함에 따라 발생할 수 있는 사회질서의 파괴 등 각종 폐해를 방지하여 지능형 로봇이 인간의 삶의 질 향상에 이바지 할 수 있도록 하는 행동지침이다(제2조 제2호). 〈바이센테니얼 맨〉보다는 로봇 3원칙과 〈터미네이터〉에 가까운 법 인식이다.

IT를 중심으로 한 급속한 정보화는 종종 산업혁명에 비견되었다. 그런데 18세기 중엽 시작된 산업혁명으로 수천 년 동안 내려온 규범체계가 엄청나게 달라졌을까? 따지고 보면 별로 그렇지 않다. 귀족과 상층 부르주아지들이 마차를 타고 다닐 때 쓰던 법 원칙은 자동차의 시대에 그대로 연장되었다. 기존 민법상의 법리는 그대로 적용됐다. 보험 가입자에 대해 경미한 사고 시 손해배상을 보험으로 대신하게 했지만 손해배상 책임의 법리가 달라지진 않았다.

VIII 2000년대

185 | 4대 남북경협합의서

| 남북 간 체결된 합의서의 성격을 조약으로 볼 것인지에 대한 견해 대립이 팽팽하다.

분단된 한반도에서도 1970년대 이후 남북대화가 이어졌다. 7.4남북공동성명(1972), 기본합의서(1991), 6.15선언(2000), 10.4선언(2007), 판문점선언(2018)처럼 굵직한 합의 및 수많은 합의서가 양산됐다.

2003년 4대 남북경협합의서가 국회에서 비준됐다. 4대 남북경협합의서는 2000년 남북 장관급회담에서 서명한 네 가지 합의서를 말한다. 투자 보장, 상사분쟁 해결, 청산 결제, 이중과세 방지 등 경제협력에 반드시 필요한 내용들을 담고 있다.

당시 남북경협합의서의 국회 비준은 김대중 정부에서 노무현 정부로 이어지면서 정부 일각에서 남북합의도 조약으로 인정하게 된 시각을 반영한다. 이전까지 남북합의서에 대해서는 법적 효력을 인정하지 않으려는 시각이 일반적이었다. 4대 경협합의서 비준 이후에도 다른 합의서들은 국회 비준이 순조롭지 않았다.

국회에서 비준하자는 주장은 남북합의서를 국가 간에 체결되는 국제법인 조약으로 본다. 국회 비준을 반대하는 견해는 법적 효력은 없는 신사협정 정도로 간주한다. 이론적으로 깊이 들어가면 조약이라고 꼭 비준을 할 필요도 없다는 견해를 비롯해 다양한 관점이 공존한다.

4대 경협합의서는 국회 비준을 받았지만 이후 남쪽의 정권 교체, 남북관계의 변화 과정에서 유명무실해졌다. 이 점도 남북합의서 비준을 둘러싼 논쟁을 더 복잡하게 한다. 비준 여부와 상관없이 남북 당국의 실천 의지가 중요하다는 지적도 있다.

남북합의서를 조약으로 보지 않으려는 견해는 북한을 국가로 보지 않으려고 하는 관점이 전제되어 있다. 이에 대해서도 국제법학계에서는 다양한 논의가 있다. 국가가 아니더라도 조약을 체결할 수 있다는 이론 구성이 가능한데, 정치권이나 언론의 담론장에서는 아직 수용되지 않고 있다.

186 | 특수관계

특수관계론에 따르면 북한은 반국가단체이면서 동시에 통일을 위한 대화와 협력의 동반자이다.

남북관계의 진전에 따라 북한을 국가로 인정하자는 견해가 학계나 실천의 현장에서 많이 제기되어 왔다. 물론 대법원과 헌법재판소는 일관되게 북한을 국가로 인정하지 않는 판결을 내리고 있다.

정부에서도 남북관계에는 북한을 국가로 전제하지 않는 개념을 대체하여 사용한다. 남북경협도 한 예이다. 국가 간의 관계에서는 무역이라는 말을 쓰지만 남북 간에는 일관되게 교역이라고 표현한다. 남북출입사무소는 출입국외국인사무소와 달리 '국' 자가 빠져 있다.

북한이탈주민의 경우 외국인과는 다르게 간소한 절차로 주민등록증이 발부되고 가족관계등록부를 창설해준다. 이미 한국 국적을 갖고 있다고 보기 때문에 외국인의 귀화와는 다른 절차를 적용한다.

법학계에서 남북관계를 대표하는 이론은 특수관계론이다. 현재 한반도의 두 정부에 적용되는 특수관계론은 과거 분단 독일에서 나온 이론이다. 개념은 차용해왔지만, 독일과 한반도의 설명은 완전히 다르다.

분단 시절 서독은 스스로를 온전하지 못한 국가로 보았다. 그래서 헌법이라는 말도 쓰지 않고 기본법이라고 했다. 동독은 사회주의국가 수립으로 독일 민족 자체가 달라졌다고 주장하기도 했다.

그렇지만 한국은 비록 분단 상태이지만 전 한반도를 통치하는 온전한 국가로 본다. 유진오가 제헌헌법을 기초하면서 삽입한 영토조항을 이후 헌법학자들은 근거로 삼았다. 영토조항에 근거해 국가보안법의 정당성을 설명하는 견해는 세기가 바뀌어도 학계의 다수설로 굳건하다.

특수관계론이 정립되기 이전에는 변화된 남북관계를 헌법 이론으로 설명하기에 모순이 컸다. 특수관계론을 반영하면 북한은 이중적 지위를 가지게 된다. 국가보안법에 따라 여전히 반국가단체이긴 하지만 통일을 위한 대화와 협력의 동반자라는 성격을 동시에 갖는다.

2002년 네덜란드는 안락사를 허용하는 법을 통과시켰다. 의사표현이 가능한 성인이 안락사를 원하는 경우 허용했다. 미국 오리건주는 1994년 존엄사망법을 제정했다.

네덜란드의 법은 국제적으로 큰 논란을 일으켰다. 반대자들 일각에서는 안락사 허용을 나치의 잔인함에 비유하기도 했다.

아직 안락사를 허용하는 법제는 많지 않다. 스위스, 벨기에, 룩셈부르크가 안락사를 허용한다. 법적으로 인정하지는 않지만 안락사를 도운 의사를 처벌하지 않는 나라도 있다. 노르웨이, 스웨덴, 핀란드가 그렇다.

스위스의 '디그니타스(존엄)' 병원은 안락사를 원하는 외국인들이 자살 여행을 가는 곳이다. 2016년 개봉된 〈미 비포 유〉에서는 오토바이 사고로 불구가 된 주인공이 스위스에서 안락사하기를 원한다. 영화는 안락사를 반대하는 시각을 전반적인 기조로 흘러간다. 결국 본인의 선택을 받아들이는 주변 사람들의 고뇌 또한 담담하게 담아냈다.

일반적으로 적극적 안락사와 소극적 안락사를 구분한다. 전자는 생명을 끊기 위해 약제를 투입하는 경우다. 후자는 약제를 더 이상 투입하지 않는 경우다. 최근에는 소극적 안락사를 존엄사로 바꾸어 쓰기도 한다.

환자 스스로 생명 연장 치료를 거부하는 경우는 인정하는 쪽으로 법이 만들어지는 추세다. 형식은 다양하다. 2004년 프랑스는 관련 법을 제정하면서 품위 있게 죽을 권리, 선택의 시간으로서의 죽음 같은 개념을 사용했다. 한국은 2017년 치료 효과 없이 임종 과정 기간만을 연장하는 연명 의료를 중단할 수 있도록 하는 법을 제정했다.

한국에서도 안락사와 관련한 첨예한 논란이 있었다. 2009년 소극적 안락사를 인정하는 첫 대법원 판결이 있었다. 질병이 호전될 가능성이 없는 식물인간 상태인 환자에 대한 무의미한 연명 치료가 오히려 인간의 존엄과 가치를 해한다고 보았다.

각국의 안락사 법제화는 뇌사를 죽음으로 인정하게 된 과정과 비슷하게 진행될 가능성이 크다. 뇌사는 1971년 핀란드에서 처음으로 법적으로 인정되었다. 한국은 1998년 엄격한 요건을 충족할 경우 뇌사를 인정하는 법률이 제정됐다.

188 | 도롱뇽 소송

동물의 법적 지위를 인간과 동일하게 격상하려는 움직임이 다각도로 전개되고 있다.

2003년 도롱뇽 소송은 한국 사회를 들썩였다. 원래 소송 내용은 고속철도 터널의 공사 착공을 못하게 해달라는 가처분 신청이다. 소송을 낸 건 자연물 '도롱뇽'과 '도롱뇽의 친구들'이라는 환경단체다. 당연히 법원에서는 사람이 아니면 소송법상 당사자가 될 수 없다는 법리에 따라서 각하했다.

소송은 3년 가까이 끌었고 대법원까지 갔다. 상급법원으로 가도 법원의 논리는 같았다. 도롱뇽은 사람과 같은 법적인 권리와 의무의 주체가 아니기 때문에 받아들이지 않았다. 그렇지만 환경운동가들이 대거 결합하고 대규모 국책사업을 반대하는 국민들의 지지에 힘입어 큰 이슈가 되었다.

도롱뇽 소송에서 주요한 법리 논쟁거리가 된 소송법상 당사자 능력은 근대 민주주의 법 원리가 일반적으로 정착된 곳에서는 당연한 개념이다. 과거 앙시앵레짐 시절에는 신분마다 법적 지위가 달랐기 때문에, 소송을 할 수 있는 능력을 모든 사람에게 부여하지 않았다.

외국에서도 동물을 권리의 주체로 인정받기 위한 사례들이 종종 있다. 예컨대 반려동물에게 재산을 물려주는 유언을 남기는 경우다. 아직까지 대부분의 나라에서는 인정되지 않는다. 동물의 법적 지위를 격상하려는 노력은 피터 싱어의 《동물 해방》에 논리적 기초를 두는 경우가 많다. 싱어는 동물도 인간과 같은 지각, 감각 능력을 지니고 있고 보호받을 권리를 가진다고 주장했다. 이른바 동물권이다.

동물권은 동물을 학대하지 말자는 주장보다 한걸음 더 나아간 것이다. 2020년 길고양이 작가 김하연은 크라우드 펀딩을 통해 〈나는 물건이 아니에요〉 캠페인을 진행했다. 동물이 민법상 물건으로 취급되기에 민법을 바꾸자고 제안했다.

독일은 2002년 헌법에 생명의 자연적 기반과 동물 보호 책임을 국가에 부여했다. 세계 최초의 동물권 헌법화로 보는 견해도 있는데, 일반적인 동물 학대 방지 조문으로 보는 게 적절하다. 미래 세대의 관점이라는 수식어가 있어 지속가능개발 목표로 보는 견해도 타당해 보인다.

189 서태지 저작권협회 탈퇴

서태지로 인해 한국 사회에서 저작권, 초상권, 퍼블리시티권 등의 개념이 대중적으로 널리 확산됐다.

2003년 가수 서태지는 한국음악저작권협회를 탈퇴했다. 당시까지 한국에서 가요 저작권은 하나의 협회가 독점해서 관리하고 있었다. 창작자들은 협회에 거의 의무적으로 저작권 관리 위탁을 해야 했다.

서태지는 1992년 데뷔하여 1990년대 초중반 가장 선풍적인 인기를 끈 대중가수다. 이후 20여 년간 서태지의 소송사는 한국 사회에서 유례없는 기록이 되었다. 참여연대가 1994년부터 사회운동 차원에서 공익소송을 전개한 흐름에 비견할 만하다.

서태지가 데뷔하던 해에 가진 일본 공연 실황 비디오를 무단 제작한 회사를 상대로 판매 금지 가처분 신청을 내면서 서태지의 소송사는 시작된다. 동의 없이 브로마이드나 홍보 전단에 서태지 사진을 사용한 회사도 당연히 포함되었다.

2001년 서태지는 노래 〈컴백홈〉을 패러디한 이재수에게도 소송을 냈다. 패러디는 저작권법에서 일정 정도 인정되었지만, 이 경우엔 저작권 침해로 판정됐다. 이재수의 노래는 〈컴배콤〉이었다.

서태지는 협회를 탈퇴했을 뿐만 아니라 3년 뒤에 협회를 법정에 세웠다. 탈퇴 후 협회가 징수한 저작권료를 반환하라는 소송이었다. 서태지로 인해 한국 사회에서 저작권, 초상권, 퍼빌리시티권 같은 개념이 대중적으로 널리 확산됐다고 해도 과언이 아니다.

직접 법적 절차에까지 나서지는 않았지만 서태지는 한국 대중가요의 사전심의 철폐에도 기여했다. 1995년 노래 〈시대유감〉이 사전심의에서 문제가 됐고, 서태지는 가사를 삭제하고 음반을 발매했다. 서태지의 팬들이 나서서 사전심의제도에 항의했다. 다음해 가요에 대한 사전 검열은 폐지되었다.

사실 한국 대중가요 사전심의 철폐의 주된 공은 정태춘에게 돌려야 한다. 정태춘은 1994년 이미 헌법소원을 제기한 상태였다. 정태춘은 1990년 사전 심의를 거치지 않고 앨범 〈아, 대한민국〉을 발매했다. 이 앨범은 상당히 과격(?)하게 정권과 자본을 직설적으로 비판하여 기소를 당하기도 했다. 정태춘은 1978년 대중가수로 데뷔했는데, 1990년대 이후 완전히 민중가수가 된 특이한 경우다. 당시 민중가요는 사전 검열을 거치지 않고 불법(?) 음반을 발매하였다. 집회 현장을 비롯한 별도의 소규모 유통 경로가 있었다.

하나 덧붙이면, 대중문화 셀러브리티들이 제기하는 천문학적인 액수의 이혼소송이 수시로 외신을 장식하는데 한국에서는 서태지가 거의 유일하다. 조정으로 마무리된 서태지와 이지아의 이혼소송 금액은 55억 원이었다.

190 | 노래 〈헌법 제1조〉

READ ☐ 윤민석의 민중가요 〈헌법 제1조〉는 운동세력이 오히려 헌법 조문을 근거로 권력과 자본을 비판하는 역설을 보여준다.

2004년 한국 민중가요의 대표적인 음악인 윤민석은 헌법조문을 그대로 가사로 쓴 노래를 발표했다. 〈헌법 제1조〉다. 법조문이 그대로 노래가 된, 세계적으로 유례를 찾아보기 힘든 음악이다.

민중가요는 권력과 자본을 직설적으로 비판하고 연대의 가치를 중시하는 음악을 주로 생산한다. 창작물은 대중가요가 유통되는 경로와는 다른 방식으로 보급된다. 1980년대에는 대학가마다 있던 사회과학서점과 집회 현장에서 판매됐다. 인터넷이 일반화된 이후에도 대자본 음원 사이트를 거치지 않는 경우가 많았다.

1990년대 중반 이후 나타난 인디음악과는 다르다. 인디는 소규모 자본을 보유한 회사 또는 자비로 출시하는 음반을 의미한다. 민중가요는 사회운동의 차원에서 노래를 활용한다.

내용은 대한민국 헌법 제1조 그대로다. 제1항, 대한민국은 민주공화국이다. 제2항, 대한민국의 주권은 국민에게 있고, 모든 권력은 국민으로부터 나온다. 제헌헌법부터 포함된 내용이다.

민중가요는 한국 사회의 정치적 스펙트럼으로는 당연히 왼쪽에 자리한다. 한국의 좌파는 1980년대 크게 활성화된 변혁적 대중운동의 영향으로 제도권 법을 무시하는 경향이 있었다. 〈헌법 제1조〉는 운동세력이 오히려 헌법 조문을 들고 권력과 자본을 비판하는 역설이었다. 정치세력이 헌법을 내세워 자신들의 주장을 정당화하는 시도를 헌법애국주의라고 한다.

노래 〈헌법 제1조〉 악보. ⓒ윤민석

한국에서 〈헌법 제1조〉 이전까지 헌법은 주로 우파의 전유물이었다. 민변에 대응하는 차원에서 만들어진 우파 변호사 단체의 명칭은 헌법을 생각하는 변호사 모임(헌변)이다. 세월이 흘러 2020년에는 좌우 거대 정당이 모두 헌법을 무기로 들고 나왔다.

코로나 정국에서 우파 정당인 미래통합당(현 국민의힘)은 헌법 제1조 조문을 회의장 현수막으로 사용했다. 문재인 대통령의 75주년 광복절 경축사는 '헌법 10조의 시대'를 표방했다. '개인의 인간다운 삶을 보장하기 위해 존재하는 나라'를 정부의 목표로 제시했다.

191 | 조례 무효 판결

국내 우수 농산물 구입에 대해 학교급식 지원금을 지급하는 내용의 전라북도 조례는
국제법 위반으로 무효가 되었다.

2003년 한국의 전라북도 의회는 학교급식 조례를 제정했다가 무효 판결을 받았다. 도
의회가 만든 조례는 국내 우수 농산물 구입에 대해 학교급식 지원금을 지급하는 내용이
었다.

도 교육감은 GATT 규정을 위반했다고 다시 논의하기(재의)를 요구했다. 의회는
조례 내용을 바꾸지 않고 그대로 재의결했고 소송에 들어갔다. 문제는 GATT의 내국
민 대우 조항이다. 내국민 대우는 최혜국 대우와 함께 GATT의 핵심 원칙으로 1995년
WTO가 출범한 이후에도 일관되게 적용되었다.

내국민 대우 원칙에 따르면 외국인을 자국민과, 수입 상품은 국내 상품과 동등하게
대우해야 한다. 최혜국 대우 원칙에 따르면 어느 한 나라에만 더 유리한 조치를 한 경우
(최혜국), 다른 나라에도 모두 같은 조치를 해야 한다.

전라북도 의회가 제정한 조례에 따라 우수 농산물 구입 지원금을 지급하면 국내(실
질적으로는 전라북도) 농민들이 외국보다 유리한 위치에 서게 된다. 2005년 한국 대법원
은 조례가 무효라고 판결했다.

한국 헌법에 따르면 국제법은 법률과 동일한 효력을 갖는다. 법률은 국회(의회)가 제
정하는 법이다. 지방자치 단체가 제정하는 조례가 상위법을 위반한 셈이 되어 도의원들
의 농민들에 대한 배려(?)는 집행할 수 없게 되었다.

모든 나라에서 국제법의 효력을 국내법과 동등하게 규정하지는 않는다. 북한의 경우
분야마다 다르다. 어떤 법은 국제법이 국내법보다 우위에 있고 반대인 법도 있다. 효력
을 같게 한 법도 있다.

2005년 한국의 조례 무효 판결은 오늘날 세계사적인 차원에서 국제법의 위상이 어
떠한지를 잘 보여준다. 국제법이 직접 국내법에 영향을 미치게 되었다는 점을 보여주는
상징적인 사건이다.

192 | 과거사정리법

과거사 정리는 주로 과거 독재정권이 자행한 국가폭력에 대한 진상 규명과 피해자에 대한 손해배상을 의미한다.

2005년 한국에서는 과거사정리법이 제정됐다. 정식 명칭은 '진실·화해를 위한 과거사 정리 기본법'이다. 항일독립운동, 반민주적 또는 반인권적 행위에 의한 인권 유린과 폭력·학살·의문사 사건 등을 조사하여 왜곡되거나 은폐된 진실을 밝혀내는 것이 법의 목적이다(제1조). 법에 따라 진실·화해를 위한 과거사 정리 위원회가 설치되었다.

과거사 정리는 주로 과거 독재정권이 자행한 국가폭력에 대한 진상 규명과 피해자에 대한 손해배상을 의미한다. 과거사 청산 또는 과거사 화해 같은 말도 쓰이는데, 의미 차이에 대한 의견은 아직 정리되지 않았다.

남아프리카공화국에서 아파르트헤이트가 철폐되고 진실화해위원회가 설치된 이후에는 진상이라는 말보다는 진실이 더 많이 쓰이는 경향을 보인다. 한국의 경우 과거사에 대한 진상 규명을 요구할 때는 책임자 처벌을 함께 요구하는 경우가 많았다. 남아프리카공화국의 진실화해위원회는 과거 백인 정권의 아파르트헤이트 시절 폭력과 부당한 처사를 고백한 가해자를 처벌하지 않고 사면하는 원칙을 채택했다.

과거사정리법 제정 이전에는 사건별로 과거 정권에서 자행된 국가폭력 사건에 대한 진상 규명과 피해 보상 요구가 진행됐다. 5.18보상법(1990), 5.18민주화운동법(1995), 거창사건법(1996), 4·3사건법(2000), 노근리사건법(2004), 삼청교육피해자법(2004) 등이 있다.

피해자와 유족들이 요구하는 진상 규명과 배상을 위한 법이 만들어지까지는 지난한 노력과 세월이 소요됐다. 4월혁명 이후 진상 규명 요구가 본격 제기된 거창학살 사건의 경우 관련 법(거창사건 등 관련자의 명예회복에 관한 특별조치법)은 1996년에야 제정됐다.

과거사정리법 이후에도 개별 사건에 대한 과거사 정리를 위한 여순사건법(2022) 등이 제정됐다. 5.18과 관련해서는 기존의 법 외에 5·18진상규명법(2018)이 추가로 제정되었다.

과거사정리법은 국가폭력 이외에도 진실과 화해의 대상을 상당히 확대했다. 항일독립운동과 반反대한민국 세력의 테러·인권유린과 폭력·학살·의문사는 물론 주권 수호와 국력 신장에 노력한 해외동포들의 활동도 포괄했다.

193 │ 중국 물권법

사회주의를 유지하는 중국은 일련의 법을 통해 자본주의국가의 법 체제를 대폭 수용했다.

중국은 2007년 물권법을 제정하여 사유재산 보호를 명시했다. 3년 앞서 이미 헌법에 사유재산권 보호를 명기한 바 있다. 이전에는 1986년 제정된 민법통칙에서 재산권을 규정했다.

앙시앵레짐에 맞서 민주주의혁명 과정에서 소유권 절대 사상이 정립된 지 1세기도 되지 않은 시점에 사회주의이론은 토지 같은 주요 생산수단의 사유화를 부인했다. 사실 수천 년 동안 개인의 소유권을 절대적으로 보장해주는 체제는 어디에도 존재하지 않았다. 동서양을 막론하고 종교의 영향력이 강력했기에 그런 사상 자체가 용납되기 힘들었다. 모두 군주의 소유물이었다. 여기에는 심지어 사람도 포함됐다.

현실 사회주의국가들은 공장의 기계는 국유화했고, 토지는 협동화했다. 법적으로는 여전히 농민들의 소유였지만, 처분을 금지했고 사용과 수익은 국가가 광범위하게 관여했다. 중국의 1949년 혁명은 같은 길을 걸었다.

중국은 다른 사회주의국가들처럼 인민들의 힘을 총동원해 경제를 발전시키려 했다. 대약진운동(1958)이다. 그렇지만 실패로 끝났고, 1978년부터 개혁개방의 길을 걸었다. 익히 아는 대로 중국의 개혁개방은 대성공이다. 21세기 초엽부터 미국과 대등한 G2 반열에 올랐다는 평가가 나왔다.

1904년에 태어나 중국 공산당에 초창기부터 관여한 등소평은 흑묘백묘론을 내세웠다. 쥐만 잘 잡으면 고양이 색깔은 상관없다는 생각이다. 선부론도 붙었다. 먼저 일부 사람들이 부자가 되게 한다는 발상이다.

2001년부터 중국 자본가들은 공산당에 입당할 수 있게 됐다. 자본가를 타도하고 탄생한 사회주의국가에서 다시 생겨난 자본가들이 공산당과 양립하고 있다. 전통적인 사회주의이론과는 완전히 배치된다.

반세기에 걸친 변화는 중국이 과연 사회주의인지 의문을 제기했다. 중국은 1993년 사회주의 시장경제를 헌법에 명시했다. 중국이 개혁개방 이후 걸어온 길대로 사회주의가 시장경제와 함께 가는 체제임을 법적으로도 명확하게 했다.

1997년부터는 일국양제 실험에도 들어갔다. 커진 국력 덕분에 수 세기 전 제국주의 침략 때 빼앗긴 땅을 모두 반환받았다. 1997년 홍콩, 1999년 마카오가 반환됐는데, 기존의 자본주의체제를 인정하면서도 중국 국가의 통치권에 들어갔다.

선부론은 균부론(고르게 잘 살자)과 녹묘론(환경을 고려하자)으로 바뀌긴 했지만, 흑묘백묘론의 기본 기조는 바뀌지 않았다.

2006년 개정한 파산법도 특기할 만하다. 사회주의는 노동자의 국가를 표방한다. 이에 따라 과거 파산법은 노동자의 임금을 먼저 변제했다. 그런데 개정한 파산법은 근대 민주주의 법 원리와 동일하게 채권자의 권리를 우선한다. 채권자의 권리를 우선 보장하는 법리는 소유권 절대 사상의 반영이다.

중국은 1990년대부터 수많은 시장경제 법률을 제정했다. 계약법, 대외무역법, 상업은행법, 외국인투자기업법 등이다. 1992년부터 제정된 해상법, 회사법(1993), 어음수표법(1995) 등은 상법을 민법에서 독립시켰다. 일반적인 자본주의국가와 같은 법 체제다.

법 규범으로 거의 완전한 자본주의 경제를 담아낸 중국의 미래는 과연 어떻게 될까? 단일국가지만 세계 인구의 1/4을 차지하기 때문에 중국의 향방은 앞으로 세계사의 큰 흐름을 좌우할 가능성이 크다.

현실 사회주의국가를 탄생시킨 소련은 체제를 전환하여 시장경제를 받아들였다. 불완전하지만 정치적으로도 민주주의 시스템을 채택했다. 자본주의국가들도 민주주의가 발전하는 과정에서 사회주의적 요소를 많이 도입했다. 양자는 결국 같은 방향으로 가고 있는 셈일까?

아직 중국에서 정치적인 민주화를 추진하는 세력의 힘은 미약하다. 학계에서는 현재의 중국이 민주주의보다 우월한 체제라고 주장하는 이론을 지속적으로 내놓고 있다. 어쩌면 인류가 당면한 법의 미래는 중국의 선택에 달려 있는지도 모른다.

국민참여재판

국민참여재판은 소송을 비롯한 법 절차에 시민이 참여해야 한다는 사상을 반영한다.

2008년 한국에서도 영미법계에서 일반적인 배심제와 유사한 국민참여재판 제도가 시행되었다. 배심원 구성 방식이나 제반 절차는 같지 않다. 배심원의 결정을 판사들이 그대로 따라야 한다는 규정도 없다.

일반적으로 배심원제의 기원은 12~13세기 즈음 영국으로 본다. 세월이 흘러 형사재판의 경우 유무죄 여부는 배심원들이 결정하고 판사가 형량을 부여하는 방식이 정착되었다.

배심제의 기원을 고대 로마법에서 찾기도 한다. 고대 그리스 소크라테스의 예에서 볼 수 있듯이 수백 명의 시민 대표자들이 참여하여 재판을 열기도 했다. 하지만 근대 이후 배심원제와는 많이 달라 직접적인 기원이라고 할 수는 없다.

사실 영미법계를 제외하면 비법률전문가가 재판 결과를 좌지우지할 수 있는 영향력을 갖도록 인정하지 않는 편이다. 대륙법계 국가들도 배심제를 도입한 적이 있지만 대체로 참심제를 채택하거나 법관들만 결정하도록 한다. 사회주의국가에서도 대륙법계의 영향으로 참심제가 일반적이다. 참심제는 보통 2인의 비법률가가 참여한다.

국민참여재판의 도입은 의미가 크다. 소송을 비롯한 법 절차에 시민이 참여해야 한다는 사상을 반영하는 상징적인 사건이다. 한국에 서구법이 도입된 지 한 세기가 지나서 채택되었다.

정보통신기술이 발전하면서 실시간으로 시민들의 의견을 수렴하는 다양한 방법이 고안되었다. 2017년 문재인 정부는 국민청원 홈페이지를 상설화했다. 20만 명 이상이 같은 의견을 표하는 경우 고위 관계자가 직접 의견을 표명하도록 제도화했다.

청와대의 국민청원 홈페이지는 미국 백악관을 벤치마킹했다. 오바마 대통령 시절인 2011년 'We The People'이라는 명칭으로 시행했다. 트럼프 대통령이 폐지했다.

195 | 다문화가족지원법

READ ☐ 다문화가족지원법과 북한이탈주민법은 비슷한 내용이 많지만, 전제하는 철학은 차이가 크다.

2008년 한국은 다문화가족지원법을 제정했다. 다문화가족의 삶의 질 향상과 사회통합을 목적으로 한다. 각종 지원 정책과 함께 다문화가족에 대한 이해 증진을 위한 조치도 취하도록 했다. 사실 인구 비중으로 한국은 이민자들의 나라라고 하기 어렵다. 그렇지만 선진 민주주의 국가들의 다문화 관련 법리들이 동시대적으로 적용됐다.

한국은 분단으로 인해 북한에서 내려온 주민들에 대한 법 제도는 일찍부터 존재했다. 현행법인 북한이탈주민법은 1997년에 제정되었다. 다문화 관련 법보다 10여 년 빠르다.

1990년대 중후반 북한의 경제위기 이후 지금까지 수만 명의 북한인들이 남으로 내려왔다. 사실 내려왔다기보다는 대부분 중국이나 태국처럼 다른 나라를 거쳐 들어왔다. 인구가 많아지면서 새로 마련한 법이 북한이탈주민의 보호 및 정착지원에 관한 법률(북한이탈주민법)이다. 다문화가족지원법과 북한이탈주민법은 비슷한 내용도 많지만 전제로 하고 있는 철학은 차이가 크다. 북한이탈주민에 대해서는 다문화와 관련된 논의도 적용되지만, 같은 민족으로서 통일을 예비하는 관점이 추가된다.

서구 국가들에서는 다문화 이슈와 관련하여 멜팅 팟(용광로)과 샐러드 그릇의 논쟁이 있었고 법 규범에도 반영되어 있다. 전자는 동질의 문화를 만들어가자는 주장이고, 후자는 각자의 문화가 공존해야 한다는 주장이다. 20세기 초중반까지는 용광로 이론이 우세했지만, 현재는 샐러드 그릇 이론이 역전했다.

196 | 법교육지원법

2008년 법교육지원법이 제정되고 법 교육 테마파크 시설인 솔로몬로파크가 설립되었다.

2008년 법교육지원법이 제정됐다. 학교 법 교육과 함께 사회 법 교육을 체계적으로 지원하는 내용을 담고 있다. 같은 해에 솔로몬로파크라는 명칭으로 전시관 겸 체험관 기능을 하는 법 교육 테마파크 시설이 설립됐다. 2016년에는 부산에도 생겼다. 2002년부터 법무부는 법 교육을 본격적으로 추진하기로 결정한 바 있다.

전문 법률가 양성 이외에 일반 시민을 대상으로 법을 가르치는 일은 어느 나라에서나 필요하다. 이미 다양한 방식으로 진행되어왔다. 그렇지만 법 교육이라는 개념은 미국을 제외하고는 잘 쓰지 않는다.

법학 교육, 법률 교육 같은 유사 개념과 법 교육의 차이에 대해 아직 컨센서스는 형성되지 않았다. 원론적으로는 준법 교육과는 다르다는 견해가 일반적이지만, 구체적으로 실행되는 법 교육의 내용을 살펴보면 차이가 명확하지 않다.

'솔로몬'이 포함된 법 교육 테마파크 시설 명칭도 흠을 지적할 수 있다. 솔로몬의 재판은 오늘날과 같은 민법이 제대로 확립되기 전, 고대의 지혜로 볼 수 있다. 그렇지만 근대 민주주의 법 원리의 관점에서는 타당하다고 보기 어렵다.

공교롭게도 법교육지원법 이후 주제별 가치 교육을 지원하도록 하는 법이 다수 제정됐다. 환경교육진흥법(2008), 식생활교육지원법(2009), 경제교육지원법(2009), 산림교육의 활성화에 관한 법률(2011), 인성교육진흥법(2015), 국민안전교육진흥기본법(2016)

솔로몬로파크 메인 캐릭터인 해태(해치), 해돌이와 해순이. ©솔로몬로파크

등이다.

한국의 법 교육이 앞으로 꾸준히 지속될 수 있을까? 법 교육을 전문으로 연구하는 학자들 사이에서도 원칙과 범위 등에 대한 내용적 합의가 부족하다. 교육 내용이 법의 영역을 벗어나 정치 교육, 인권 교육, 시민 교육 등과 중첩되는 문제도 있다. 법 교육이란 개념이 태동한 미국도 사실 아직까지 그 개념이 일반적으로 받아들여지지는 않는다.

아직까지는 법 교육의 대가로 크게 알려진 사람이나 명저가 나오지 않은 상태다. 관련 학회로는 한국법교육학회(2006)와 한국법과인권교육학회(2008)가 있다. 민간단체로는 자녀안심하고학교보내기운동국민재단 산하의 한국법교육센터(2005)가 있다. 모두 대중적인 파급력은 그리 크지 않다.

효행 장려 및 지원에 관한 법률(2008)이 제정되던 해, 강원도 양구군의회는 효도조례를 제정했다. 정식 명칭은 '양구군 어르신 봉양수당 지급에 관한 조례'다. 줄여서 봉양수당 조례라고도 한다.

조례 내용은 단출하다. 80세 이상 어르신을 모시고 사는 주민에게 매월 일정 금액을 지원한다. 금액은 크지 않다. 어르신이 2명이면 3만 원, 1명이면 2만 원이다. 농촌 인구 구성으로 봤을 때 노부모를 모시고 사는 노인들에게 소액이라도 나랏돈을 지급하자는 뜻이다.

이 조례를 가정 내 도덕적 영역으로만 여겨졌던 부모 봉양 문제를 국가 행정기관의 제도적 영역에 포함시킨 최초의 사례로 평가하는 적극적인 시각이 있다. 고령화 사회의 도래에 따른 법의 대응으로 상당히 긍정적인 평가다. 일부 다른 지자체로 확산되기도 했지만 그리 많지는 않았다.

맬서스가 《인구론》(1798)을 낸 이후 인구 추이에 따라 각종 정책이 수립되거나 수정되었다. 21세기로 넘어오면서 미디어에서 주요한 담론의 하나로 등장한 고령화도 마찬가지다. 지자체는 물론 중앙정부 차원에서 출산장려정책과 같은 다양한 법의 변화가 따랐다.

효행 장려 및 지원에 관한 법률은 세부 내용은 다르지만 넓게 보아 효를 진작하기 위한 법이다. 통과되지는 않았지만 부모공경법, 불효자 먹튀 방지법 같은 법안은 수시로 국회에 제출되고 있다.

장수한 노인들에게 수당을 지급하도록 한 조례도 같은 맥락으로 볼 수 있다. 강원도의 경우 이미 2006년에 장수노인수당 지급 조례를 제정하여 시행하고 있었다. 85세 이상 노인들에게 월 2만 원씩 지급하도록 했다.

2018년 부산에서 제정된 교통안전증진조례는 성격은 다소 다르지만 고령화에 대한 또 다른 법의 대응이다. 다른 연령대보다 높은 고령 운전자들의 교통사고율을 감안하여 자발적으로 운전면허를 반납하도록 유도했다. 운전면허 자진 반납제는 일본에서 1998년에 도입된 바 있다.

198 | PC운동

READ ☐ 올바른 표현으로 법적 문구를 수정하기 위한 움직임이 활발하다.

1957년 제정된 전염병예방법의 명칭이 2010년에 감염병예방법으로 바뀌었다. 전염병은 비전염성 감염병을 포괄하지 못하기 때문이다. 엄밀한 의학 용어의 쓰임에 따른 셈이다. 어떤 나라들은 여전히 전염병이라는 말을 쓰기도 한다.

관련 학계의 이론 발전에 따른 법에서 쓰는 말의 변화는 자연스럽다. 세상이 어떤 형태로든 바뀌기 때문에 규범도 적절한 개념을 담아낼 필요가 있다. 1980년대 이후에 미국에서 시작된 PC운동(Political Correctness, 정치적 올바름)의 영향을 받았다.

PC운동은 성과 인종, 종교나 성적 지향, 직업 등 이유를 불문하고 차별이 없는 언어 사용을 지향한다. 예컨대 폴리스'맨'과 체어'맨'은 폴리스'오피서'나 체어'퍼슨'으로, 니그로는 아프리칸아메리칸으로 바꿔야 한다는 것이다.

긍정적인 성과에도 불구하고 한편으로 지나친 PC는 오히려 새로운 불관용이라는 주장도 있다. 움베르토 에코가 대표적이다. 원래 중립적인 의미의 말이 PC로 인해 차별의 언어로 전락했다는 지적도 있다.

어쨌든 법적 표현을 수정하기 위한 움직임은 상당히 활발하다. 특히 해당 표현이 부정적인 의미나 뉘앙스를 가질 때 긍정적인 언어로 바꾸려고 한다.

장애자는 장애인이 되었고 간호원은 간호사가 되었다. 더 나아가 장애우를 주장하는 경우도 많지만 아직 반영되지는 않았다. 사람뿐만 아니라, 애완동물도 반려동물이 되었다.

1987년 제정된 모자복지법은 2003년 모부자복지법이 되었다가 5년 뒤 한부모가족지원법이 된다. 모자복지법은 민주화 이후 복지정책이 확대되면서 홀로 자녀를 키우는 여성에게 도움을 주려는 법이다. 남성도 있을 수 있기에 관련 규정이 연이어 바뀌었다.

월남귀순자도 북한이탈주민으로 바뀌었다. 북한이탈주민이라는 용어는 법 제정 전후 특히 논란이 많았다. 탈북자, 탈북민, 자유이주민, 새터민처럼 정치적 스펙트럼에 따라 다양한 말을 제시했다.

법조문은 아니지만 2007년 검찰은 성폭력 범죄 공소장의 표현을 바꾸었다. 일반적으로 써오던 '욕정을 못 이겨' 또는 '욕정을 일으켜'라는 표현이 '강간하기로 마음먹고'가 되었다. 가해자가 어쩔 수 없어서 강간을 저질렀다는 뉘앙스에 대해 여성단체가 문제를 제기했기 때문이다.

199 | 자본의 미스터리

데 소토는 개신교의 직업윤리만이 자본주의를 발전시킬 수 있다는 막스 베버의 주장을 반박했다.

선진국에서도 여전히 내부의 가난과 불평등 문제가 존재한다. 미국 뮤지컬 〈렌트〉는 예술을 하고 싶지만 임대료를 내지도 못할 정도로 가난한 청년들의 삶을 그린다. 등장인물 대부분이 성소수자이거나 에이즈 환자지만, 소수자의 차별로만 한정할 주제는 아니다. 서유럽의 복지국가 시스템은 전 세계로 확산되었지만 문제가 근원적으로 해결될 기미는 거의 없다. 오히려 1980년대에는 복지국가의 부작용을 지적하는 신자유주의론이 많은 나라 국민들의 지지를 받았다.

현실의 가난과 불평등 이슈는 어떻게 서구 자본주의가 발전할 수 있었는가라는 물음과 연결된다. 제러드 다이아몬드는 서구 문명의 발전을 《총, 균, 쇠》의 관점에서 분석하여 유명해졌다. 반면 2003년 페루중앙은행 총재를 역임한 에르난도 데 소토는 법의 관점에서 이 문제를 해명하려고 시도했다.

데 소토는 ILD(자유와 민주주의를 위한 위원회)를 설립하고 오늘날 가난에 대한 가장 효과적인 투쟁 중 하나를 이끌어온 인물로 평가된다. 공교롭게도 수백 년 전 남미를 침략한 스페인 탐험가와 이름이 같다.

막스 베버는 1920년 간행된 《프로테스탄트 윤리와 자본주의 정신》에서 개신교의 직업윤리관이 자본주의 발전의 동력이라고 주장했다. 데 소토의 《자본의 미스터리》는 서구인들만 그런 직업윤리를 가질 리 없다고 반박한다.

데 소토가 볼 때 차이점은 재산권의 자본화가 법으로 확립되어 있는가 여부다. 서구에서는 명확하게 확립된 소유권에 기하여 토지나 집을 담보로 자본을 만들어 사업을 시작할 수 있다. 반면 제3세계 나라들에서 토지나 집은 그저 자산으로 머물러 있기만 한다. 또한 법적 규제가 많기 때문에 불법적인 자산 보유도 상당하다. 죽은 자본이다.

데 소토의 분석처럼 가난과 불평등 문제를 해결하는데 법이 유용한 역할을 할 수 있을까? 가난한 나라들에 대한 일단의 진실은 담고 있을지 모른다. 빈곤의 극복은 앞으로도 인류가 계속 해결해야 할 과제이며, 법이 어떤 역할을 해야 할지에 대해서도 고민이 필요하다.

200 | 〈강남스타일〉 CC라이선스

카피레프트는 이미 형성된 지식에 기반을 두고 생성되는 지식재산을 한 개인이나 기업의 소유로만 두어서는 안 된다는 사상이다.

카피레프트는 1984년 미국에서 소프트웨어를 누구나 자유롭게 쓰도록 하자는 제안에서 시작됐다. 공헌자로는 리처드 스톨먼과 자유소프트웨어 연합 GNU 프로젝트가 있다.

카피레프트는 지식재산권에 대한 저작자의 권한 인정이 필요하다는 점을 전적으로 부인하지는 않는다. 그렇지만 이미 형성된 지식에 기반을 두고 생성되는 지식재산을 한 개인이나 기업의 소유로만 두어서는 안 된다는 사상이다.

카피레프트의 개념은 한국에는 1990년대 중반 소개되었다. 사실 한국에서도 저작권법은 이미 1957년부터 제정되어 있었다. 그러나 오랜 세월 시민들에게 발견되지 않았다. 1980년대까지 미국 뮤지컬이나 팝송을 임의로 번안하여 버젓이 공연에 올리거나 음반을 만들어 팔았다.

위키피디아처럼 처음부터 카피레프트 방식에 따라 운영되는 지식재산도 있다. 위키피디아는 다수의 사람들이 참여하여 제작하는 인터넷 백과사전이다. 누구나 새로운 내용을 올릴 수 있고 기존 내용을 수정할 수 있다.

카피레프트를 법제화하기는 쉽지 않다. 개념이 생성된 지 얼마 되지 않았고, 저작자들의 자발적인 공유 동의를 국가가 강제하기 어렵기 때문이다.

크리에이티브 커먼즈 라이선스(CC라이선스)는 이러한 어려움을 해결하려는 시도 중 하나다. 창작자가 자신의 창작물에 대해 일정한 조건을 제시하고 이에 따르는 경우에 대해서는 일일이 허락받을 필요 없이 사용할 수 있도록 한다.

유튜브의 많은 영상은 기존 영상을 편집하여 만들어진다. 유튜브는 이용자들이 올리는 영상에 CC라이선스 여부를 표기하도록 한다. CC라이선스 여부에 따라 기존 영상이 아예 게시되지 않도록 하거나 원 저작권자에게 수익이 돌아가도록 했다.

2012년 싸이의 〈강남스타일〉은 세계적으로 선풍적인 인기를 끌었다. 성공 요인의 하나로 카피레프트를 든다. 싸이는 음원을 이용한 패러디 영상을 허용했다. 〈강남스타일〉은 CC라이선스를 음반 마케팅에 적극 활용한 사례라고 할 만하다.

201 무죄 구형

임은정 검사는 과거사 재심 사건에서 상부의 결재 없이 무죄를 구형해 검사동일체 원칙을 흔들었다.

2012년 한국의 임은정 검사는 윤길중 재심 사건에서 무죄를 구형했다. 무죄 구형이라는 돌출행동(?)은 크게 논란이 되었다. 과거사 사건에서 검찰은 대체로 구형 자체를 하지 않는, 이른바 백지 구형이 관행이었기 때문이다.

임은정은 징계를 받았고 결국 행정소송까지 내서 바로잡았다. 사실 임은정의 무죄 구형이 처음은 아니었다. 같은 해 민청학련 재심 사건에서도 무죄를 구형한 바 있다. 그런데 당시에는 상부의 결재를 받았고 이번에는 그렇지 않았다.

임은정의 승소는 검찰사에서 특기할 만하다. 검찰은 동일체 원칙이 말해주듯이 일사분란한 지휘명령체계를 특징으로 한다. 이 사건은 검사가 비록 검찰조직에 속해 있더라도 자신의 소신에 따라 행동할 수 있는 가능성을 열었다고 할 수 있다. 임은정은 이후에도 검찰을 떠나지 않고 내부에서 검찰 개혁을 위해 분투했다.

윤길중이 간사장을 맡았던 진보당과 민청학련은 모두 한국의 민주화운동에 한 획을 그은 조직이다. 진보당은 이승만 정권 시절 사형장의 이슬로 사라진 조봉암이 당수였다.

윤길중은 이후 혁신계열의 사회대중당 소속으로 국회의원이 됐고, 박정희 정권 시절에도 야당 정치인의 길을 걷다가 1980년대에는 신군부와 함께 했다. 친일 행적으로 인해 《친일인명사전》(민족문제연구소, 2009)에 등재된 파란만장한 인물이다.

민청학련은 전국민주청년학생총연맹의 줄임말로 1970년대 민주화운동을 대표한다. 1974년 내란죄 등의 혐의로 구속 기소된 사람이 180명에 이른다. 무려 8명이 사형선고를 받았다. 2000년대 들어 민청학련 사건에 대한 재심이 진행됐다.

민청학련 사건 당시 변호사 강신옥은 변론을 하다가 법정 구속되었다. 세계 사법사를 통틀어 유례없는 일이었다. 변호 당시 강신옥은 "피고인석에서 그들과 같이 재판을 받고 싶은 심정"이라고 말했다.

202 | 평화헌법 해석 변경

일본 우익들은 보통국가론을 내세우며 평화헌법을 비정상으로 보고 헌법을 개정하려고 한다.

일본 헌법은 1947년 5월에 시행되고 한 차례도 개정되지 않았다. 헌법 제정 당시는 2차 대전이 끝나고 미국이 일본을 점령한 상태였다. 천황과 관련된 첫 8개 조문에 이어 제9조는 근대 민주주의 헌정사에서 유례없는 내용을 규정했다.

일본 헌법 제9조는 전쟁을 비롯한 무력행사를 영구히 포기한다고 규정했다. 또한 육해공군이나 그 밖의 전력도 보유하지 않고 국가의 교전권도 인정하지 않는다. 과거 일본은 권리는 보유하지만 행사하지는 못한다고 해석했다. 자국을 지키기 위한 필요한 최소한의 범위에서만 군사력을 동원할 수 있다고 보았다. 직접 공격당했을 때만 반격한다는 전수방위專守防衛 원칙이다. 그나마도 군대가 아니라 자위대라고 불렀다. 집단적 자위권(동맹이 공격당했을 경우 반격하는 권리)은 당연히 인정되지 않았다.

그런데 2014년 일본 정부의 새로운 해석은 이렇다. "일본과 밀접한 관계에 있는 나라에 무력 공격이 발생해 일본의 존립이 위협받고, 국민에게 명백한 위험이 있는 경우 최소한의 실력행사는 헌법상 허용된다." 일본은 다음 해부터 일련의 안보법제를 도입하기 시작했다.

보통국가론은 오자와 이치로 같은 우익 인사들이 내놓은 견해다. 평화헌법은 점령 상태에서 제정되었기에 비정상으로 본다. 근대국가 체제를 뛰어넘어 국가가 지향해야 할 평화헌법의 첫 모델이라는 적극적인 평가는 일본에서 소수에 불과하다.

평화헌법은 앞으로 법의 역사에서 어떤 평가를 받게 될까? '한때 국력이 약하던 시절 점령국가의 특이한 헌법', 보통국가론자들의 평화헌법 폄훼 노력이 성공하는 경우다. 평화헌법에 대한 적극적인 평가가 더 세를 얻으면 이렇게 된다. '근대국가 체제 이후 구축된 새로운 미래형 헌법의 모델.'

2014년부터 3년 연속 평화헌법은 노벨평화상 후보로 선정되었다. 노벨평화상을 수상하면 보통국가를 지향하는 일본 주류세력의 평화헌법 폄훼 시도는 다소라도 제동이 걸릴 터이지만, 난망해 보인다.

203 | 동의대사건법

동의대사건법은 공무를 수행한 경찰관과 전투경찰순경을 대상으로 하는 법이라는 점에서 과거 다른 사건들과 형평성이 문제가 되고 있다.

동의대는 부산에 있는 대학이다. 민주화이후인 1989년, 시위대가 학생 체포에 항의하여 사복경찰을 감금하였다. 진압 과정에서 화재가 발생하고 경찰관 7명이 사망했다. 진압의 적정성과 화재 원인 등에 대해서는 아직까지 논란이 있다.

2002년 동의대사건에 관련된 학생운동가 46명이 민주화운동 관련자로 인정받았다. 순직 경찰관 유족들은 명예가 훼손되었다며 헌법소원을 냈지만 받아들여지지 않았다. 민주화운동 관련자 인정과 헌법재판소의 각하 결정 역시 사회적으로 논란이 많았다.

헌법재판소가 각하한 이유는 학생운동가들에 대한 민주화운동 관련자 인정 여부와 유족들의 명예 훼손은 관련이 없다고 보았기 때문이다. 이미 순직 경찰관은 국가유공자로 사회적 예우를 받고 있다는 점도 고려되었다.

그런데 2012년 동의대사건법이 제정됐다. 정식 명칭은 '동의대 사건 희생자의 명예회복 및 보상에 관한 법률'이다. 상당히 이례적인 법이다. 특정 사건과 관련된 군인과 경찰의 명예회복과 보상을 위한 법이 따로 없었기 때문이다.

한국은 전투나 훈련 같은 직무 집행 중 손해를 입어도 군인과 경찰의 손해배상 청구가 상당히 제한된다. 1960년대 박정희 정권 시절부터 관련 법을 만들었고, 나중에는 헌법 조문으로 삽입했다. 유사한 방식과 관점으로 제정된 법은 6.25전쟁 납북피해 진상규명 및 납북피해자 명예회복에 관한 법률(2010) 정도가 유일하다.

동의대사건법은 과거 다른 사건과의 형평성 문제도 있다. 경찰과 군인 희생자들이 향후에 유사한 법을 지속적으로 요구하는 경우 어떻게 대처해야 하는가? 무산되긴 했지만, 2010년에 이미 제2연평해전 희생자들을 전사자로 예우하는 특별법이 발의된 바 있다.

직무 수행 과정에서 발생하는 군인과 경찰의 희생과 관련해서는 경찰원호법(1951), 군사원호보상법, 군사원호대상자고용법(1961)을 필두로 하여 일찍부터 다양한 법이 제정되어 있다.

박정희 정권 시절 군인과 경찰의 국가 배상 청구를 제한한 데는 당시 수만 명의 군인들을 베트남으로 파병한 사정이 관련 있다. 법률에 미리 정해놓은 보상 이외에 계속 소송이 제기됐을 때 감당하기 힘들었을 것이다.

204 | 간통죄 폐지

2015년 한국에서 간통죄가 폐지됐다. 간통은 법의 비동시성을 보여주는 대표적인 사례다. 서구 민주주의 국가에서 간통죄는 폐지된 지 오래다. 과거에는 처벌하는 나라가 많았다. 봉건 유산이 강고하게 남아 있거나 종교적 경건성이 강한 곳에서는 여전히 국가가 관여한다.

일부 국가에서는 여전히 이른바 명예 살인이 자행되고 있다. 명예 살인은 간통뿐만 아니라 순결을 잃은 여성을 남성 가족들이 살해하더라도 법적으로 처벌하지 않는 것이다. 가족의 명예를 더럽혔을 때는 응징해도 된다는 명칭부터 민주주의 법 원리의 관점에서는 도저히 이해하기 어렵다.

명예 살인이 용인되는 나라들도 법적으로 허용하는 경우는 많지 않다. 이슬람 교리상으로도 당연히 인정되지 않는다. 기독교 국가인 아르메니아, 알바니아도 역시 허용되지 않는다. 희생자 수는 유엔인구기금에 따르면 연간 대략 5000명으로 추산된다. UN 인권위원회는 2000년 명예 살인 실태보고서를 작성한 바 있다.

한국의 간통죄 폐지도 쉽지는 않았다. 1990년, 2001년, 2008년, 헌법재판소는 연이어 합헌 결정을 내렸다. 간통죄가 합헌이라는 논거로 가정생활의 유지·보장 의무, 가정을 보호하는 법적 장치 같은 표현이 등장했다. 2015년에는 성적 자기결정권과 사생활의 비밀 자유 침해가 주된 논거가 되어 위헌론이 우세했다.

프랑스는 한때 여성만 처벌하는 불평등 조항이 존재했다. 한국도 과거에는 여성은 다 처벌했지만 남성은 관계를 맺은 여성이 유부녀일 때만 처벌했다.

민형사 책임의 구분 같은 복잡한 법적 논의는 법률 전문가들만의 리그에 머물러 있는 경우가 많다. 간통죄가 폐지되어도 이혼이나 손해배상 청구처럼 민사적 책임을 물을 수 있는데, 이에 대한 오해에서 비롯된 불필요한 논란이 많았다.

205 | 난민법

| 한국은 아시아에서 최초로 난민법을 제정하였다.

유럽과 미국에서는 대중예술인들의 정치적 메시지 표명이 상당히 활발하다. 예컨대 존 레논의 〈이매진〉 같은 노래는 1971년에 발표됐고 미국 빌보드 앨범 차트에서 1위를 하기도 했다. 창작 활동뿐만 아니라 성명서나 시위를 통해 직접 정치운동에 참여하기도 한다. 반면 한국에서는 일종의 금기와도 같다. 정치 갈등이 첨예해 굳이 연루되지 않으려는 자발적인 측면도 있다.

2019년 한국의 톱 배우 정우성은 집권여당이 개최한 정책 콘서트에 참여했다. 유엔난민기구 친선대사 자격이었다. '예멘 난민 신청자가 대한민국에 가져온 것들'이라는 주제로 발표했다. 대중예술인으로서 흔치 않은 움직임이었다.

한 해 전 한국은 이른바 예멘 난민 혐오 사태로 몸살을 앓았다. 제주도에 500명의 예멘인들이 한꺼번에 난민 신청을 했기 때문이다. 청와대 국민청원 홈페이지에 난민 신청 허가를 폐지하라는 청원이 올라왔다. 무려 70만 명이나 동의했다.

한국은 근현대사에서 오늘날의 기준으로 난민과 외국인 혐오에 해당하는 비극을 많이 겪었다. 일제에 항거하거나 6.25 전후 이념 갈등으로 많은 사람들이 디아스포라 신세가 됐다. 1923년 관동대지진 때는 수많은 재일 한국인들이 살해당하기도 했다.

한국에서 난민법은 2013년 제정됐다. 이미 1994년부터 난민 신청을 받아왔다. 관련 국제법도 당연히 적용된다. 그런데도 대규모 난민의 등장으로 미디어에 대서특필됐고, 혐오의 목소리가 넘쳐났다.

한국의 난민법은 아시아에서는 처음이다. 한국의 민주주의 발전 단계를 잘 보여주는 법이다. 광범위한 난민 반대 여론 또한 한국의 현재를 잘 보여준다. 배타적 민족주의가 아닌 열린 민족주의를 지향해야 한다는 목소리가 상식으로 받아들여지지만, 구체적인 현실에서는 여전히 우려스러운 게 많다.

국제적으로 난민을 보호하려는 노력은 난민의 지위에 관한 1951년 난민협약으로 첫 열매를 맺었다. 1967년 난민의정서에서는 인정 범위를 넓혔다. 1951년 협약은 유럽의 난민만 보호 대상으로 하고 있었다. 2차대전 직후 동유럽에서 떠나온 사람들이 주된 관심사였기 때문이다.

206 | 미투

성폭력 피해자들이 피해 사실을 공개적으로 드러내는 힘겨운 움직임은 미투 이전에도
있었다.

미투는 SNS에 자신이 당한 성범죄를 공개하는 캠페인이다. 미국 영화배우 알리사 밀라
노가 2017년 10월 15일 처음 시작했다. '#Me_Too'는 나도 피해자라는 뜻으로 SNS에 붙
이는 해시태그다.

수만 명의 사람들이 성범죄 피해자임을 공개하는 데 동참했다. 주변에 얼마나 많은
피해자가 있는지 경각심을 불러일으키자는 제안에 공감했기 때문이다. 나중에는 아픔
에 함께 하겠다는 위드유(#With_You) 운동도 나타났다.

미투 캠페인은 SNS의 확장성으로 인해 순식간에 세계적으로 확산됐다. 한국도 예외
는 아니다. 한국 미투의 촉발 계기는 2018년 서지현 검사의 성추행 폭로다. 이후 연예계
와 정치계를 비롯해 '굵직한' 인물들이 미투 가해자로 지목 받았다.

사실 성폭력 피해자들이 피해 사실을 공개적으로 드러내는 움직임이 미투가 처음은
아니다. 한국의 경우 이미 1993년의 이른바 우 조교 사건이 유명하다. 우 조교는 서울대
학교 화학과 신 모 교수에게 성희롱을 당했다고 대자보를 붙였다. 신 교수가 명예훼손
으로 고소하고 우 조교도 정식으로 소송을 냈다. 재판은 무려 6년이나 이어졌다.

1심, 2심의 결과가 달랐고 여성단체가 대거 결합하는 등 큰 논란이 되었다. 대법원에
서 최종 판결로 성희롱이 인정됐고 손해배상을 하도록 했다. 우 조교 사건이라는 명칭
도 적절하지 않으며 신 교수 성희롱 사건으로 불러야 한다는 주장이 제기됐다.

피해자의 직업이나 과거 행적 때문에 성폭력 피해자가 오히려 문제 여성으로 몰리는
일이 여전히 비일비재하다. 미국도 마찬가지여서 1973년 강간피해자보호법Rape Shield
Law은 사건과 무관한 내용을 수사, 재판 과정에서 수집할 수 없도록 제한했다.

한국 형법은 1995년까지 '강간과 추행의 죄' 대신 '정조에 관한 죄'라고 표현했다. 과
거 판례 중에는 보호받을 가치가 있는 정조와 그렇지 않은 정조를 구분하기도 했다. 예
컨대 성매매 업종에 종사하는 여성은 후자에 해당한다. 유사한 논리로 배우자에 대한
강간죄가 인정되기까지도 오랜 피, 땀, 눈물이 필요했다.

207 | 대의민주주의 강화 특위

스웨덴 예테보리대학 민주주의 연구소가 제안한 대의민주주의 강화를 위한 보고서는
민주주의의 도입, 정착, 심화, 발전을 고민하는 모든 나라에서 참고할 만하다.

별로 알려지진 않았지만 2016년 스웨덴에서 민주주의와 관련한 의미 있는 보고서가 나
왔다. 대의민주주의 강화를 위한 특별위원회(특위)가 제출한 보고서다.

스웨덴은 흔히 복지 강국 정도로만 알려져 있다. 한국에서는 굳이 스웨덴에 대해서
더 알려고 하지 않는 경우가 많다. 그저 핀란드, 노르웨이 등과 함께 두루 북유럽으로 통
한다. 정식 국호가 스웨덴왕국이며 입헌군주국이라는 점도 모르는 이들이 많다.

북유럽에서는 여름마다 민주주의 축제가 열린다. 1968년 스웨덴에서 시작됐다. 사
민당 소속 올로프 팔메 장관은 여름휴가 기간에 시민들을 만나면서 정치 연설을 했다.
점차 미디어와 시민단체가 결합하면서 민주주의 포럼이 된다. 1980년대가 되면 다른
정당들도 참여하기 시작한다.

보고서는 크게 7가지 내용을 제안한다. 국민발의제도 활성화, 지역전자투표제도 활
용은 직접민주제 요소로 대의제를 보완하자는 내용이다. 정책 결정 전 절차로 국민과의

스웨덴 알메달렌 민주주의 포럼 2013. ©Joseve05a

대화를 반드시 시도하고, 원하는 국민들은 서면으로 의사 표시를 할 수 있도록 하는 내용도 있다. 그 외에 실질적으로 18세에 선거를 경험할 수 있도록 지방선거 연령을 16세로 낮추는 방안, 국민대표의 대표성을 강화하기 위한 노력, 특정 로비 그룹의 선거 개입 차단 등의 내용이 있다.

보고서는 당연히 스웨덴의 상황에 기초하고 있지만, 민주주의의 도입, 정착, 심화, 발전을 고민하는 모든 나라에서 참고할 만하다.

스웨덴 예테보리대학 민주주의 연구소는 민주주의가 온전한 제도로서 기능할 있는 전제로 7가지를 제시한다. 민주주의 앞에 자유, 평등, 선거, 참여, 다수, 숙의, 협의를 붙인다. 유럽에서 일반화된 사회민주주의는 빠져 있다.

최근 들어 공론장에서는 숙의민주주의가 수시로 등장한다. 아직 숙의민주주의의 정의에 대해 완전히 합의된 견해는 없다. 대체로 다수결 투표와 여론조사를 보완하기 위해 전문가와 시민들을 두루 참여시켜 논의하는 절차를 포함한다.

법의 미래

과연 앞으로 법의 미래는 어떻게 될까? 이 물음은 과연 앞으로 인류 사회에서 민주주의가 어떻게 전개될지에 대한 전망과 궤를 같이한다. 사실 같은 말이라고 해도 지나치지 않다.

민주주의혁명 이전 앙시앵레짐 시절에는 군주의 말이 곧 법이었다. 민주주의 시대에는 민주적 절차를 통한 국민의 대표가 법을 만든다. 국민의 대표로 의회를 내세웠다. 민주주의혁명 이후, 민주주의는 일반적으로 대의민주주의를 의미했다.

민주주의혁명 이후 법은 민주와 인권과 평화를 핵심 가치로 한다. 종교적 또는 국가적으로 그 어떤 거창한 목적도 개인의 자유와 권리 보장에 우선하지 않는다. 그렇지만 아직은 철학적 전제 또는 이상적 지향일 뿐이다.

대의민주주의가 정착하는 데도 한 세기 이상 걸렸다. 아직 대의민주주의를 받아들이지 못하는 곳도 많다. 민주주의가 정착한 곳에서는 숙의민주주의를 비롯해 민주주의의 문제점과 대안을 논하는 현상이 일상이 됐다.

대의민주주의를 완전히 부정하며 더 나은 민주주의를 실현하려고 했던 시도도 있었다. 하지만 현실 사회주의국가들은 대부분 민주주의로 체제 전환했다. 때로 민주주의는 민주주의의 이름으로 민주주의를 파괴하기도 했다.

자본주의 시장 경제의 미래에 대한 전망과 함께 민주주의의 미래는 오늘날 인류의 지성들에게 근본적인 화두다. 세계사의 긴 시간적 흐름을 놓고 보면 민주주의는 예외적 현상이다. 고대 그리스 시절 잠깐, 최근 수백 년 동안 잠깐 경험했을 뿐이다.

20세기 전체주의와 현실 사회주의와 대결에서 서구의 민주주의 진영이 승리한 듯이 보인다. 그렇지만 과연 현대의 민주주의가 고대 그리스의 전철을 밟아 몰락하지 않으리라는 보장은 그 어디에도 없다.

법은 사실 그 자체로 민주적이거나 인권적이거나 평화적이지는 않다. 법치주의는 앙시앵레짐을 벗어나는 과정에서는 혁명적인 역할을 했지만, 곧 형식적 법치주의로 악용되었다.

법이 과연 앞으로도 자유의 확대, 평화의 진전, 풍요의 증대를 실현하는 방향으로 가게 될까? 법의 미래는 오늘 우리가 흘리는 피, 땀, 눈물에 달려 있다.

001 법의 발생

요약 | 법은 국가의 의사이다. 국가라는 정치형태가 생겨나면서 법이 발생하였다.

키워드_ 국가, 법, 공법과 민법, 진나라

002 국가의 기원

요약 | 국가의 기원에 관해 모든 사람의 사회계약에 의한 것이라는 견해와 지배계급의 필요에 따라 나타났다는 견해가 대립한다.

키워드_ 사회계약설, 홉스, 로크, 루소, 근대국가, 민주주의혁명, 마르크스주의, 엥겔스

003 아스트라이아 VS. 해태

요약 | 그리스 로마 신화 정의의 여신 아스트라이아, 중국 초나라 때부터 법과 정의의 상징으로 쓰인 해태는 형법 위주의 고대 법 관념을 잘 보여준다.

키워드_ 정의, 법 관념, 디케, 유스티치아, 마아트

004 함무라비법전

요약 | 메소포타미아 문명에서 만들어진 함무라비법전은 사적인 복수나 지나친 형벌은 금지한다는 점에서 최소한의 인권을 보호하고자 한 의미가 있다.

키워드_ 수메르 문명, 탈리오 법칙, 법신수사상

005 팔조법금

요약 | 고조선의 팔조법금은 생명과 재산을 존중하는 형법으로, 민사상 손해배상이 포함된다는 점에서 흥미롭다.

키워드_ 고조선, 민사배상

006 십계명

요약 | 종교 규범이지만 오랫동안 법 규범으로도 작동된 고대의 십계명은 살인, 절도, 간통을 금기하는 보편적인 내용을 담고 있다.

키워드_ 종교규범, 유대인, 모세, 정교일치

007 솔로몬의 재판

요약 | 솔로몬의 재판은 그의 지혜를 보여준다는 평가를 받아왔으나, 현대 민주주의 법 관념과는 괴리가 있다

키워드_ 솔로몬, 법률관계, 유대왕국, 민사소송, 솔로몬로파크, 법 교육

008 캄비세스 재판

요약 | 페르시아 제국의 캄비세스 재판은 공정성의 가치를 일깨워준다.

키워드_ 캄비세스2세, 페르시아 제국, 이란, 오타네스, 시삼네스의 가죽, 다비드

009 십이표법

요약 | 고대 로마 시기 법을 일반에게 알리는 일은 당연한 상식이 아니었다.

키워드_ 로마제국, 유스티니아누스, 칙법휘찬, 법률 공표, 함무라비법전

010 시민법 VS. 만민법

요약 | 로마법은 로마 시민에게 적용된 시민법과 정복 지역에 적용된 만민법으로 구성되었다.

키워드_ 성문법, 불문법, 로마법, 자연법, 키케로, 울피아누스

011 소크라테스 재판

요약 | 소크라테스는 청년들의 타락을 조장하고 국가가 공인하지 않은 신을 신봉했다는 죄목으로 유죄 판결을 받아 사형에 처해졌는데, 일종의 배심원 재판이었다.

키워드_ 배심원 재판, 소크라테스, 플라톤, 과두제, 민주제, 소피스트, 절대진리

012 악법도 법이다

요약 | 악법도 법이라는 말은 소크라테스가 하지 않았을뿐더러 그 의미가 왜곡되어 후세에 알려졌다.

키워드_ 소크라테스, 울피아누스, 오다카 도모오, 준법정신, 독재, 실질적 법치주의, 적법절차, 형식적 법치주의

013 법가

요약 | 법사상을 체계적으로 정리한 가장 오래된 문헌은 법가의 저작들이다.

키워드_ 춘추전국시대, 제자백가, 상앙, 이사, 한비자, 진, 중국 통일

014 한비자

요약 | 법가를 서구 민주주의 법사상의 형식적 법치주의 이론과 비교해보면, 성문법에 의거해 통치해야 한다는 점과 인간을 악하게 보는 철학적 전제는 유사하다.

키워드_ 술치, 법치, 세치, 성문법, 오두, 형벌, 형식적 법치주의, 영구평화론, 마키아벨리

015 율령 반포

요약 | 삼국시대 율령의 반포는 한반도에서 법이 일찍이 체계적으로 정비되었음을 보여주는 사례다.

키워드_ 율령, 고이왕, 소수림왕, 법흥왕, 당육전, 율령격식, 당률, 대명률

016 로마법대전

요약 | 고대의 법 중에서 오늘날까지 가장 큰 영향을 미치는 로마법은 유스티니아누스 대제 시절에 체계적으로 집대성되었다.

키워드_ 유스티니아누스 대제, 구칙법휘찬, 50인의 결정, 학설휘찬, 법학제요, 개정칙법휘찬, 신칙법, 울피아누스, 대륙법

017 당률

요약 | 당률은 이후 명률로 이어졌고 한반도와 베트남, 동아시아에 영향을 미쳤다.

키워드_ 형법, 명률, 흥덕형률, 경국대전, 당률소의, 명법과, 율학 취재

018 이네법전

요약 | 게르만법은 로마법과 함께 서구 유럽 국가 법의 원형이 되었다.

키워드_ 프랑크왕국, 대륙법, 영미법, 로마법

019 프랑크왕국 교회법전
요약 | 프랑크왕국에서 교회법전을 통해 교회법의 첫 공포가 이루어진 이후 세속법과 교회법은
서로 영향을 주면서 발전했다.
키워드_ 교회법, 세속법, 프랑크왕국, 카논법, 주교제도, 교회재판소, 속죄제도, 교회보호권

020 그라시아노 법령집
요약 | 교회법 통일의 첫걸음을 내딛었다고 평가받는 《그라시아노 법령집》은 이후 다른 교회법
들의 편찬 모델이 되었다.
키워드_ 교회법, 그라시아노, 카논법 대전

021 볼로냐대학의 법학 교육
요약 | 서양에서 체계적인 법학 교육의 기원은 볼로냐대학이 열었다.
키워드_ 볼로냐대학, 이르네리오, 프리드리히1세, 대학의 자유, 로마법대전

022 명법과
요약 | 동양에서도 일찍부터 법에 대한 교육이 진행되었으며, 과거제 도입 이후에는 법 교육을
받은 관리를 선발하였다.
키워드_ 명법업, 율업, 율과, 율학, 국자감, 형률학과, 잡과, 《경국대전》, 광종, 율령박사

023 손변의 재판
요약 | 고려 시대 유산은 균분상속이 일반적이었음을 보여주는 이 재판은 솔로몬의 재판에 필
적하는 지혜로운 판결을 담았다.
키워드_ 손변, 유산, 균분상속, 민법, 유류분, 솔로몬

024 분재기
요약 | 고려와 조선의 분재기에는 토지나 가옥, 노비에 대한 상속 원칙이 포함되어 있다.
키워드_ 분깃문서, 화회문기, 별문기, 조리

025 마그나카르타
요약 | 1215년 영국의 존왕은 귀족들의 요구에 굴복해 귀족의 권리를 보장하는 문서에 서명하
였다. 이것이 오늘날 민주주의의 기원으로 평가되는 마그나카르타다.
키워드_ 영국, 존왕, 청교도혁명, 명예혁명, 고대 그리스

026 옥스퍼드대자문회의
요약 | 마그나카르타를 인정하지 않으려 했던 영국의 헨리3세에 대항하여 설치된 옥스퍼드대
자문회의는 오늘날 민주주의 의회의 기원으로 평가받는다.
키워드_ 영국, 헨리3세, 시몽 드 몽포르, 모범의회, 신분제 의회

027 대명률
요약 | 명나라의 법률인 대명률은 조선의 태조 이성계가 모든 범죄 판결 시에 적용하라는 교서
를 내리면서 조선 형법의 기본이 되었다.
키워드_ 형법, 행정법, 주원장, 율령직해, 당률, 이성계, 정도전, 대명률직해, 능지처사

028 형조

요약 | 한민족 역사상 가장 오래 존속된 사법기관이라 평가할 만한 형조는 조선 시대에 형법을 관장하던 관청이었다.

키워드_ 전법사, 언부, 형부, 의형대, 영고, 제가평의회, 율학청, 전옥서, 좌우포청, 의금부, 강상죄, 법무아문, 법부

029 무원록

요약 | 동양은 일찍부터 법의학이 발달하여 이를 수사에 활용하였다.

키워드_ 원나라, 왕여, 세종, 신주무원록, 증수무원록언해, 법의학, 세원록, 검험, 형증, 법물

030 신문고

요약 | 논란의 여지는 있지만 신문고는 과거 백성들의 법 현실을 어느 정도 짐작케 해준다.

키워드_ 태종, 계신도, 등문고, 의금부당직청, 민본주의

031 수령칠사

요약 | 조선 시대에도 지방관에게 요구되는 자질이나 능력이 무엇인지 규정한 법이 있었다.

키워드_ 최직지, 조선왕조실록, 춘향전, 성이성 실화, 목민심서

032 부민고소금지법

요약 | 조선의 법 원칙은 유학적 관점에서 만들어졌는데, 부민고소금지법이 대표적이다.

키워드_ 세종, 허조, 경국대전, 대명률, 고존장, 성리학

033 종모법

요약 | 과거의 법은 신분제 질서를 벗어나지 못하는 한계가 있었다.

키워드_ 세종, 노비, 노예, 종부법, 8조금법, 노비안검법, 외거노비, 솔거노비, 갑오개혁

034 삼심제

요약 | 《경국대전》에 명시된 삼심제는 현대 민주주의 형법과는 다르지만 신분제하에서도 인권을 보호하려던 시도라는 점에 의의가 있다.

키워드_ 세종, 민본주의, 관찰사, 차사원, 검증, 의금부

035 경국대전

요약 | 《경국대전》은 조선의 헌법이라고 할 수 있다.

키워드_ 민법, 형법, 헌법, 행정법, 이성계, 정도전, 경제육전, 조선경국전, 속대전, 대전통편, 대전회통

036 양법미의

요약 | 《경국대전》을 편찬하면서 견지한 양법미의라는 인식은 당시 조선의 성리학 이상, 성인군자의 통치라는 지향을 반영한다.

키워드_ 양법미규, 성리학, 공자, 주나라, 성인군자, 철인정치, 법 규범

037 국조오례의

요약 | 근대 이전 동서양 모두 법 위에 종교 또는 유교가 있었고, 중국 문화권의 경우 법보다 예가 우선했다.

키워드_ 유교, 예주법종, 예치, 조리, 덕치, 예송논쟁, 강희맹, 두씨통전

038 토르데시야스조약

요약 | 토르데시야스조약은 근대 이전의 국제법으로 오늘날까지 영향력을 미치고 있다.

키워드_ 법, 조약, 국내법, 국제법, 베스트팔렌조약, 토르데시야스 경계선, 선점의 법리

039 민본주의

요약 | 민주주의는 개인주의에 기반하고 민본주의는 사회를 이해관계가 일치된 하나의 공동체로 본다는 점에서 철학적 전제가 근본적으로 다르다.

키워드_ 민주주의, 사간원, 언론, 개인주의, 공동체주의, 동학, 인내천, 성군, 세종, 철인정치, 민유방본, 성학십도, 천민합일사상, 경민사상

040 서원향약

요약 | 향약의 일반화는 조선의 통치 이데올로기인 성리학이 전 사회로 깊숙이 확산되었음을 의미한다.

키워드_ 민본주의, 이이, 해주향약, 이황, 성학십도

041 산송

요약 | 산송은 묘지 소송으로 풍수사상을 반영해 16세기 이후 많아졌다. 분묘기지권은 관습법이라는 이유로 최근까지도 법원에서 일관되게 인정받고 있다.

키워드_ 경국대전, 풍수지리, 금장, 투장, 용호수호, 분묘기지권

042 송사소설

요약 | 조선 시대 재판을 다룬 〈춘향전〉, 〈장화홍련전〉, 〈아랑의 전설〉, 〈망부석 재판〉 등은 민사재판에서 훌륭한 사또(관리)를 원하는 당시의 지향을 반영한다.

키워드_ 공안소설, 춘향전, 장화홍련전, 아랑의 전설, 망부석재판, 팽공안, 민법

043 토끼의 재판

요약 | 호랑이가 자신을 구해준 나그네를 오히려 잡아먹으려고 하자 토끼가 구해준다는 내용의 전래동화는 당시 백성들이 가진 관리들에 대한 바람을 반영하고 있다.

키워드_ 전래동화, 사또, 지방관, 목민심서, 효, 충

044 마르탱 게르의 재판

요약 | 1560년 프랑스 툴루즈 법원에서 있었던 마르탱 게르의 재판을 통해 동양보다 서양에서 민법과 소송법이 좀 더 발달했음을 알 수 있다.

키워드_ 장 드 코라스, 툴루즈 법원, 법사학, 뒤마

045 베니스의 상인 재판

요약 | 〈베니스의 상인〉 재판에 대한 묘사를 통해 서양에서는 계약을 중심으로 하는 민법이 이미 16세기에 상당히 발달했음을 알 수 있다.

키워드_ 셰익스피어, 민사적 사고, 민법, 채권, 담보

046 왕권신수설

요약 | 왕은 신의 대리인이고 왕권에는 제한이 없으며 왕은 신 앞에서만 책임을 진다는 왕권신수설은 오늘날의 시각으로는 저열해 보이지만 서양사에서 진보적인 역할을 하기도 했다.

키워드_ 제임스1세, 필머, 가부장권론, 보쉬에, 성서정치학, 군주주권론, 교황, 가톨릭체제

047 낭트칙령

요약 | 종교개혁 이후 기존의 지위를 위협받은 가톨릭은 개신교를 탄압했고, 이후 100여 년 동안 종교전쟁이 발생하였다. 결국 낭트칙령으로 개인의 종교 자유가 인정되었다.

키워드_ 종교개혁, 종교전쟁, 위그노전쟁, 수장령, 통일령, 관용령, 영국국교회, 신교자유법, 밀라노칙령

048 네덜란드 동인도회사 설립

요약 | 1602년 설립된 네덜란드 동인도회사는 세계 최초의 주식회사로 식민지 경영을 담당했다.

키워드_ 동인도회사, 특허장, 주식회사, 식민지, 노스규제법, 동양척식회사법, 네덜란드, 영국

049 메이플라워서약

요약 | 1620년에 메이플라워호를 타고 떠난 청교도들은 플리머스에 도착하여 식민지에 본국과는 독립적인 정부 수립을 약속하는 계약을 체결했다.

키워드_ 월터 롤리, 로아노크섬, 버지니아, 토머스 스미스, 제임스타운, 자치의회, 메이플라워호, 청교도, 플리머스, 사회계약론

050 전쟁과 평화의 법

요약 | 네덜란드의 법학자 그로티우스는《전쟁과 평화의 법》을 출간하여 자연법의 관점에서 국제법을 체계화하였다.

키워드_ 그로티우스, 사회계약론, 자연법, 국제법, 자유해론, 해양자유론, 공해자유

051 권리청원

요약 | 영국의 시민혁명의 〈권리청원〉은 왕의 의도와는 상관없이 군주도 법 아래 있다는 원칙이 확고하게 정립된 문서가 되었다.

키워드_ 에드워드 코크, 찰스1세, 마그나카르타, 청교도혁명

052 갈릴레오 재판

요약 | 갈릴레오의 재판은 종교적 세계관의 충돌을 다뤘다.

키워드_ 갈릴레오 갈릴레이, 프톨레마이오스, 천동설, 코페르니쿠스, 지동설, 브루노 재판, 로베르트 벨라르미노 추기경

053 종교재판

요약 | 가톨릭의 종교재판은 개신교를 억제하기 위한 하나의 방편이었는데 화형, 마녀재판처럼 광기어린 잔혹한 형벌로 치달아 가톨릭의 흑역사가 되었다.

키워드_ 왈도파, 아리우스파, 성무회의, 신앙교리회의, 그레고리오9세, 신앙과 양심의 자유, 마녀재판

054 금서

요약 | 특정한 도서의 발행과 배포를 금지하는 일은 가톨릭뿐만 아니라 다른 종교도 마찬가지였으며, 현대에도 국가적인 차원에서 금서를 지정하는 경우가 있다.

키워드_ 금서성성, 검열, 트리엔트공의회, 분서갱유, 정감록

055 베스트팔렌조약

요약 | 가톨릭과 개신교 간의 종교전쟁은 베스트팔렌조약으로 마무리되었는데, 국제법과 근대 국가 체제의 본격적인 기원으로서 의미가 크다.

키워드_ 종교전쟁, 30년전쟁, 루터파, 아우크스부르크화의, 신성로마제국, 보헤미아 반란, 페르디난트2
세, 영토국가, 국제법

056 청교도혁명

요약 | 영국에도 명예혁명 이전에 프랑스대혁명과 유사한 청교도혁명이 일어나 군주와 의회가
격돌했다.

키워드_ 올리버 크롬웰, 찰스1세, 찰스2세, 지명의회, 왕정복고, 통치장전, 호국경

057 항해조례

요약 | 항해조례는 해운과 무역에 관한 법률로 중상주의 경제 원리에 의거하고 있다.

키워드_ 항해법, 중상주의, 보호무역, 곡물법, 아담 스미스 국부론, 자유방임주의 경제사상, 노동가치설,
자유무역

058 짐이 곧 국가다

요약 | 교회의 절대적 지배를 벗어나 각 지역마다 군주가 중심이 되는 근대국가 체제가 확고히
자리 잡았다.

키워드_ 루이14세, 태양왕, 절대권력, 절대왕정, 부르주아, 콜베르, 베르사유궁전, 궁정 에티켓, 프롱드의
난, 볼테르, 근대국가 체제

059 런던재건법

요약 | 1666년 런던에서 대화재가 발생하여 도시의 상당 부분이 파괴되면서 런던재건법이 만들
어졌다.

키워드_ 런던 대화재, 사설소방대, 벽돌, 푸딩 레인 거리, 가톨릭구제법

060 길드홀

요약 | 길드는 중세 유럽 상공업자들의 조직으로 11~12세기에 일반화되었는데 국가의 법과는
구분되는 엄격한 자치규범을 적용했다.

키워드_ 상인 길드, 수공업자 길드, 마스터, 도제, 한자동맹

061 베헤모스

요약 | 홉스는 자연 상태에서 사람들이 서로 싸운다고 보고, 투쟁 상태를 종식시키기 위해 리바
이어던 역할을 하는 국가가 필요하다고 보았다.

키워드_ 홉스, 루소, 사회계약론, 리바이어던, 천부인권론, 왕권신수설, 자연 상태, 자연권, 자연법, 청교
도혁명

062 토리당과 휘그당

요약 | 영국의 토리당과 휘그당은 창립 이후 정당정치로 나아갔으며, 근대 정당의 기원으로 평
가받는다.

키워드_ 요크공, 제임스2세, 명예혁명, 자유당, 보수당, 노동당, 비버리지 사회보장제도, 정당정치, 입헌군
주제

063 인신보호법

요약 | 인신보호법은 형사재판에서 범죄자도 사법부의 판단을 받을 권리가 있다는 사상이 반영
되어 있다.

키워드_ 영장제도, 헤비어스 코퍼스, 마그나카르타, 특별재판소, 형사소송법, 동물권

064 펜의 헌법

요약 | 1682년 펜은 퀘이커교의 관용 원칙을 상당 부분 반영한 《펜실베이니아의 정치체제》를 집필했는데, 미국 건국 헌법의 모델이 되었다.

키워드_ 윌리엄 펜, 퀘이커교, 펜실베이니아, 양심의 자유, 인두권 제도, 필라델피아

065 로이즈 커피하우스

요약 | 1687년 문을 연 로이즈 커피하우스는 주로 선원들의 교류 모임 장소로 쓰였는데 이곳에서 근대적 보험으로서 해상보험이 태동했다.

키워드_ 로이즈 리스트, 해상보험, 런던로이즈보험회사, 생명보험, 핼리의 생명표, 상법

066 권리장전

요약 | 국민의 권리와 의무에 영향을 미치는 사항은 의회가 제정한 법률에 따라야 한다는 원칙은 명예혁명을 통해 확립됐고 오늘날 민주주의 국가의 확고한 원칙으로 자리 잡았다.

키워드_ 명예혁명, 입헌군주제, 윌리엄, 메리, 신민의 권리와 자유를 선언하고 왕위계승을 정하는 법률

067 통치론

요약 | 민주주의 법철학에서 소유권의 불가침성은 매우 중요한데, 로크는 노동을 통한 소유권도 자연법으로 본 점이 특기할 만하다.

키워드_ 로크, 명예혁명, 섀프츠베리, 홉스, 인간지성론, 소유권, 필머, 왕권신수설

068 세일럼 마녀재판

요약 | 유럽에서 마녀사냥은 15세기부터 광범위하게 벌어졌으며, 1782년 아인나겔티 사건이 마지막으로 기록되어 있다.

키워드_ 마녀재판, 아서 밀러, 시련, 아인나겔티 사건, 코튼 매더, 인크리스 매더, 획일주의, 편견

069 칙허장

요약 | 칙허장(특허장)은 중세 서양에서 국왕이 발부한 허가증으로 대학, 길드, 도시 등에 자치권을 거의 영구적으로 부여한 문서이다.

키워드_ 자치권, 케임브리지대학, 테인타운, 회사법

070 금난전권

요약 | 조선의 자본주의 발전이 미약했음을 보여주는 사례로 금난전권이 있다.

키워드_ 네덜란드, 튤립 버블, 자본주의, 시전, 전안제도, 사농공상, 정조

071 앤여왕법

요약 | 영국에서는 1710년 앤여왕법이 시행되면서 저작권이 보호되기 시작하였다.

키워드_ 저작권법, 밀러 대 테일러 사건, 인쇄특권제도, 마신느 대 바질 소송, 베른협약, 지적재산권, 카피레프트

072 법의 정신

요약 | 근대 민주주의 법사상에서 삼권분립이 일반화된 데에는 몽테스키외의 저서 《법의 정신》이 영향을 크게 미쳤다.

키워드_ 몽테스키외, 삼권분립, 폴리비오스, 혼합정체, 만민법, 정치법, 시민법, 귀납적 방법, 풍토, 인문

289

073 백과전서

요약 | 백과전서는 신 중심 가치관에서 벗어나 이성에 입각해 항목을 서술했으며, 루소, 볼테르처럼 뛰어난 계몽사상가들이 대거 참여했다.

키워드_ 박물지, 황람, 고사촬요, 유서, 지봉유설, 성호사설, 브리태니커 백과사전, 루소, 볼테르, 칸트, 계몽사상

074 옥스퍼드대학 영국법 강의

요약 | 1753년 옥스퍼드대학에서 윌리엄 블랙스톤이 영국법 강의를 시작했고 블랙스톤의 견해는 당시 영국의 위상 덕에 전 세계로 퍼졌다.

키워드_ 윌리엄 블랙스톤, 영국법 주해, 영법석의, 영미법계, 대륙법계, 성문법, 미란다 원칙, 판례법, 불문법, 보통법, 형평법, 마그나카르타

075 왕은 잘못을 저지를 수 없다

요약 | 윌리엄 블랙스톤은 왕의 무오류성을 영국 헌법의 필수적인 원칙이라고 설명했다.

키워드_ 영국법 주해, 왕의 무오류성, 교황무류성, 법치주의, 군주주권론, 면책특권, 주권면제, 국민주권론

076 인간 불평등 기원론

요약 | 루소는 《인간 불평등 기원론》에서 인민주권과 자연상태를 주장하였는데, 사회주의 또는 공산주의 사상과 일맥상통한다.

키워드_ 루소, 사회계약론, 에밀, 프랑스혁명, 엥겔스, 볼셰비키혁명

077 빵이 없으면 케이크를!

요약 | 프랑스혁명 이전 앙시앵레짐의 부패와 사치를 상징하는 인물로 가장 유명한 마리 앙투아네트에 대해 잘못 알려진 것도 있다.

키워드_ 프랑스대혁명, 7월혁명, 2월혁명, 파리코뮌, 나폴레옹전쟁, 앙시앵레짐, 마리 앙투아네트, 루소, 고백록, 사마충

078 범죄와 형벌에 관하여

요약 | 이탈리아의 법학자 체사레 베카리아가 1764년에 발표한 《범죄와 형벌에 관하여》는 근대 형법학의 기본이 되었다.

키워드_ 형법, 체사레 베카리아, 범죄와 형벌, 죄형법정주의

079 토머스 페인의 《상식》

요약 | 미국 독립에 큰 영향을 미친 문헌이 토머스 페인의 《상식》이다.

키워드_ 미국 독립선언, 민주공화제, 독립전쟁, 프랑스혁명

080 서얼허통절목

요약 | 서양에서 신분제가 철폐되는 흐름으로 가고 있던 동안 조선에서도 신분제 차별이 완화되고 있었다.

키워드_ 신분차별, 평등, 홍길동전, 적서차별, 서자, 얼자, 허균, 유재론, 규장각, 이덕무, 유득공, 박제가, 갑오개혁

081 김계손 형제 살인 사건

요약 | 동양에서 부모의 원수를 갚는 경우에는 일반적인 살인죄와 달리 취급했다.

키워드_ 형벌권, 강제집행권, 복수, 결투, 김계손, 김경손, 예기, 춘추, 서경, 대명률, 속대전, 김은애, 신여척

082 프랑스대혁명

요약 | 프랑스혁명 과정에서 신분제가 타도되고 앙시앵레짐의 기득권을 누리던 상층계급이 단두대에서 처형되었다.

키워드_ 혁명, 신분제, 프랑스 인권선언, 라파예트, 지롱드당, 입헌군주정, 로베스피에르, 공포정치, 테르미도르 반동, 공화정, 황제정, 파리 코뮌, 노동자 계급

083 프랑스 인권선언

요약 | 프랑스대혁명 과정에서 수립된 국민의회는 모든 인간이 자유롭고 평등한 권리를 가지고 태어났음을 천명한 인권선언을 선포했고, 2년 뒤 프랑스 헌법에 그대로 채택되었다.

키워드_ 인간과 시민의 권리 선언, 라파예트, 자유권, 일반의지, 공권력

084 프랑스혁명에 관한 성찰

요약 | 영국의 에드먼드 버크는 1790년 프랑스대혁명을 비판적으로 성찰하고, 보수주의를 정치사상으로 정립하는 책을 출판했다.

키워드_ 좌파, 우파, 진보, 보수, 에드먼드 버크, 보수주의, 자유, 민주주의, 가치, 포스트모더니즘

085 1791년 수정헌법

요약 | 미국은 독립을 선포하면서 인류 최초로 왕이 없는 시대를 열었다.

키워드_ 메이플라워서약, 민주주의, 파리조약, 연방헌법, 수정조항, 수정헌법, 권리장전, 자유권적 기본권

086 노예무역 폐지 결의안

요약 | 영국의 윌버포스는 기독교의 복음주의 정신에 충만하여 노예제 폐지에 앞장섰으며 1792년에 그의 노예무역 폐지 결의안이 영국 의회를 통과했다.

키워드_ 노예제도, 윌버포스, 삼각무역, 퀘이커교도, 클라크슨, 노예해방령

087 영구평화를 위하여

요약 | 칸트는 《영구평화를 위하여》를 출간하여 세계적 규모에서 영구평화의 법적 상태를 이룩하려면 어떤 조건이 필요한지 논했다.

키워드_ 30년전쟁, 대독일주의, 소독일주의, 비스마르크, 칸트, 영구평화론, 세계공민법, 세계정부, 생 피에르, 루소, 국제연맹, 국제연합, 민주적평화론

088 마버리 대 매디슨 사건

요약 | 민주주의 국가들은 의회가 제정한 법률에 대한 사법부의 심사를 기본적으로 인정한다.

키워드_ 권력 분립, 입법부, 사법부, 판례, 존 마셜, 공화파, 연방파, 법원조직법, 대법원

089 나폴레옹 법전

요약 | 로마법은 시민혁명 이후 나폴레옹 법전으로 체계화되었으며, 전 세계로 확산되어 오늘날 세계 각국의 다양한 법의 뿌리가 되었다.

키워드_ 나폴레옹법전, 함무라비법전, 유스티니아누스법전, 민법전, 상법, 형법, 민사소송법, 형사소송법,

민법 3원칙, 근대민족국가, 포르탈리스

090 곡물법

요약 | 민주주의 시대 이후의 법의 역사를 가장 단순화하면 부르주아지의 이해관계를 보장하는
법과 이에 맞서는 법의 대립으로 볼 수 있다.

키워드_ 부르주아지, 곡물법, 콥덴, 브라이트, 반곡물법동맹, 보호무역, 자유방임주의, 산업자본

091 흥부의 매품팔이

요약 | 아시아에서도 점차 자본주의 요소가 성장하고 노동자들도 조금씩 증가하는데, 이러한
시대 상황을 반영한 문학이 <흥부전>이다.

키워드_ 부르주아지, 자본주의, 흥부, 경영형 부농, 임노동자, 매품팔이, 날품팔이

092 미주리 타협

요약 | 미국의 노예제 폐지는 산업혁명의 진전에 따라 본격화된 공업 중심 산업자본가들과 농
촌 부르주아지들의 대결을 반영한다.

키워드_ 노예제, 임금노동자, 미주리주, 메인주, 미국노예폐지협회, 윌리엄 개리슨, 프레더릭 더글러스,
남북전쟁, 수정헌법

093 먼로주의

요약 | 19세기 유럽 제국주의에 맞서 약소국은 통상 수교 거부 정책을 실시했고, 미국은 먼로주
의를 주창했다.

키워드_ 제국주의, 불평능조약, 그로티우스, 통상 수교 거부 정책, 먼로주의, 자유무역론, 영미전쟁

094 차티스트운동

요약 | 민주주의가 발전하고 있었지만 보통선거가 시작되기까지는 엄청난 희생과 노력이 필요
했다.

키워드_ 노동자계급, 정치운동, 선거권, 차티스트, 인민헌장, 보통선거권, 비밀투표, 에멀린 팽크허스트,
여성 참정권, 에밀리 와일딩 데이비슨, 사회주의

095 현대로마법체계

요약 | 근대법학의 발전은 독일에서 본격화되었다.

키워드_ 근대 법학, 프리드리히 사비니, 역사법학파, 법적 확신, 상법학, 레빈 골트슈미트, 개념법학, 란트
법, 비스마르크, 독일 통일, 독일민법전

096 자베르를 위한 변명

요약 | 빅토르 위고의 소설 《레미제라블》에 나오는 자베르는 오늘날까지도 냉혹한 공권력의 대
명사이자 잔혹한 법 집행자로 자리매김하고 있다.

키워드_ 빅토르 위고, 레미제라블, 장발장, 1832년 시민혁명, 공권력

097 솔페리노의 회상

요약 | 앙리 뒤낭이 출간한《솔페리노의 회상》은 국제적십자운동이라는 위대한 캠페인으로 이
어졌으며, 국제법의 근본 원칙에 반영되었다.

키워드_ 앙리 뒤낭, 국제적십자운동, 국제법, 빈민 구호, 나폴레옹3세, 프랑스-오스트리아 전쟁, 적십자
조약, 노벨평화상, 국제인도법

098 인도 총독부 법무관

요약 | 영국 법사학 고전으로 평가받는 헨리 제임스 메인의 《고대법》은 법률이 어떻게 발전해왔
는지에 대한 역사적 통찰을 다뤘다.

키워드_ 헨리 제임스 메인, 고대법, 촌락공동체, 레귤레이팅법, 노스규제법, 간디, 영국 연방

099 8시간 노동제

요약 | 국제노동자협회에서 1866년에 처음으로 8시간 노동제의 법제화를 요구했다. 같은 해 미
국노동총동맹이 8시간 노동제를 내걸고 벌인 파업에서 많은 희생자가 나왔는데 이를 추
모하여 노동절로 국제적으로 기리게 되었다.

키워드_ 노동자계급, 정치운동, 사회주의 운동, 마르크스, 엥겔스, 국제노동자협회, 제1인터내셔널, 제2인
터내셔널, 제3인터내셔널, 코민테른, 노동절, 노동법, 단결권, 단체교섭권, 단체행동권, 복지법, 경제법

100 사쓰마-조슈 동맹

요약 | 사카모토 료마는 일본도 서양과 같은 근대국가 체제로 전환되어야 한다고 믿고 사쓰마-
조슈 동맹을 체결했다.

키워드_ 사쓰마번, 조슈번, 막번체제, 에도 막부, 봉건제도, 사카모토 료마, 폐번치현, 근대국가, 대정봉
환, 메이지 유신

101 자유민권운동

요약 | 위로부터의 개혁이 실시된 일본에서는 자유민권운동 같은 움직임이 있었지만 민주주의
세력의 힘은 미약했다.

키워드_ 아래로부터의 개혁, 위로부터의 개혁, 나카에 조민, 민약론, 민선의원 설립 건백서 사건, 흠정헌
법, 엔제츠카, 엔카

102 납본 제도

요약 | 저작권을 인정받기 위해 출판물을 의회도서관에 제출하도록 한 납본 제도는, 전 세계로
확산되었다.

키워드_ 의회도서관, 저작권법, 검열, 출판법, 알렉산드리아도서관, 규장각, 수도원, 도서관법, 공공도서
관, 필라델피아도서관조합

103 권리를 위한 투쟁

요약 | 예링은 법과 정의를 위한 투쟁을 시민의 의무로 설정했다.

키워드_ 예링, 권리를 위한 투쟁, 역사법학, 개념법학, 목적법학

104 자유론

요약 | 밀은 《자유론》에서 시민적 자유 또는 사회적 자유의 의미를 강조했다.

키워드_ 다수의 횡포, 나치즘, 현실사회주의, 민주주의, 사상, 양심, 토론

105 미터법조약

요약 | 19세기 후반 국제적인 도량형을 통일하려는 미터법조약이 체결되었다.

키워드_ 국제법, 미터법, 나폴레옹법전, 야드파운드법, 프랑스대혁명

106 범죄인론

요약 | 형법학에서 범죄의 원인과 관련하여 롬브로소가 선구적인 업적을 일궜지만 오늘날 인정

하기 어렵다.

키워드_ 형법, 죄형법정주의, 무죄추정원칙, 적법절차, 실증주의, 형법학, 체사레 롬브로소, 골상학, 범죄학

107 실증주의적 범죄관

요약 | 범죄의 원인에서 개인의 자유의사를 중시하는 견해와 환경이나 사회구조를 중시하는 견
해는 크게 대립된다.

키워드_ 형법학, 생물학적 결정론, 심리학적 결정론, 사회적 결정론, 범죄관, 엔리코 페리

108 가족, 사유재산, 국가의 기원

요약 | 법과 국가에 대한 사회주의자들의 견해는 마르크스보다 엥겔스에 더 의존한다.

키워드_ 자본주의, 도시, 계급, 마르크스, 엥겔스, 사회주의, 사적 유물론, 상부구조, 하부구조, 노동당, 사
민주의

109 일부일처제

요약 | 시대와 장소를 불문하고 대부분의 사회에서는 일부일처제를 당연시한다.

키워드_ 페미니즘, 집단혼, 단혼제, 일부일처제, 가부장제, 여성운동, 인류학, 루이스 모건, 축첩제도

110 헌법연구서론

요약 |《헌법연구서론》은 영국법의 전통인 법의 지배를 학술적으로 집대성하였다.

키워드_ 다이시, 오스틴, 분석법학, 독일 법학, 법의 지배, 법치주의

111 베른조약

요약 | 지식재산권과 관련된 첫 국제법은 1866년 체결된 베른조약이다.

키워드_ 저작권, 뒤마, 위고, 국제문예협회, 만국저작권보호동맹조약, 유네스코, 세계저작권협약, 산업재
산권, 파리조약, 세계무역기구, TRIPs, 내국민 대우, 최혜국 대우

112 도스법

요약 | 미국에서는 아메리카 원주민과 유럽 이주민의 충돌 문제가 심각하게 발생해 여러 법이
만들어졌다.

키워드_ 개척, 아메리카 원주민, 운디드니전투, 이주법, 세출법, 도스법, 보호구역, 인디언보호국

113 셔먼법

요약 | 셔먼은 당시 엄청난 규모로 성장하여 미국의 국가경제를 좌지우지하던 스탠더드 오일을
앙시앵레짐의 군주와 같은 존재로 보았다.

키워드_ 노동법, 복지법, 경제법, 사회법, 국제노동기구, 베버리지 보고서, 셔먼법, 독점, 반독점법, 스탠
더드 오일, 클레이튼법, 규제

114 독일행정법

요약 | 독일에서 공법 이론이 발전했는데, 행정법의 마이어, 헌법의 켈젠, 슈미트, 스멘트 등은
오늘날까지도 큰 영향력을 미치고 있다.

키워드_ 공법 이론, 행정법, 오토 마이어, 한스 켈젠, 루돌프 스멘트, 칼 슈미트, 실증주의, 통합주의, 결단
주의, 국가학, 국법학, 관방학, 게오르크 옐리네크, 국가법인설

115 플래시 대 퍼거슨 판결

요약 | 인종 문제는 미국이 해결해야 할 주요한 과제였지만, 차별을 금지하는 법은 쉽게 완성되

지 못했다.

키워드_ 인종 차별, 노예해방선언, 수정헌법 13조, 짐크로우법, 연방민권법, 민권운동

116 단발령

요약 | 단발령에 대한 반발은 외세의 강압 아래 어정쩡하게 위로부터 추진된 개혁에 대한 거부였다.

키워드_ 단발령, 고종, 유교, 갑오개혁, 을미개혁, 을미의병, 효경, 신체발부

117 대한제국 성립

요약 | 제국주의의 각축 속에서 조선은 1897년 대한제국으로 국호를 변경하고 중국의 지배를 완전히 벗어났음을 법적으로 선언했다.

키워드_ 사대교린, 만국공법, 청일전쟁, 러일전쟁, 강화도조약, 불평등조약, 입헌군주제, 독립협회, 전제군주제, 을사늑약

118 변법자강운동

요약 | 중국은 유학을 새롭게 해석해 서양의 법률과 제도를 적극적으로 받아들이고자 개혁을 시도했다.

키워드_ 신해혁명, 공화정, 쑨원, 위안스카이, 군벌, 국민당, 공산당, 광서제, 캉유웨이, 대동서, 양무운동, 중체서용

119 카스트라토 금지

요약 | 민주주의의 진전에 따라 인권의식이 발전하면서 신체에 대한 직접적 훼손을 법으로 금지하게 되었다.

키워드_ 카스트라토, 궁형, 카를로 브로스키라, 클레멘스9세, 환관, 인권의식, 트랜스젠더, 변희수 하사

120 보성전문학교

요약 | 보성전문학교는 민간 역량으로 서양의 근대 법학을 교육한 첫 사례로 유럽의 근대 민주주의 법 원리가 이후 다른 나라들에 어떻게 확산되어 갔는가를 잘 보여준다.

키워드_ 고려대학교, 법관양성소, 관비 유학생, 함태영, 이준, 유길준, 블룬칠리, 대한국제, 공법회통, 법학협회잡지

121 헤이그평화회의

요약 | 우리 역사에서 뼈아픈 기억인 헤이그 평화회의는 국제법의 역사로 보면 평화의 확보라는 관점에서 중요한 조약들을 상당수 체결했다.

키워드_ 국제법, 국제분쟁, 평화적 해결 원칙, 러시아, 니콜라이2세, 볼세비키 혁명, 국제사회, 군축회의

122 조선민사령

요약 | 식민지 시절 조선에는 일본법이 그대로 적용되었고 해방 이후에도 상당 기간 이어졌다.

키워드_ 한일병합조약, 식민지, 을사늑약, 한일기본조약, 의용민법, 홍범14조, 민법전

123 신로마교회법전

요약 | 근대국가 체제가 국가법을 기본으로 하면서, 가톨릭 교회법은 순수하게 종교 본연의 사항을 관장하게 된다.

키워드_ 세속법, 국가법, 교회법, 교황청, 가톨릭교회 법전, 라테란협정, 바티칸 시국, 바티칸공의회, 아조

124 조선태형령

요약 | 일본은 식민지 조선에서 허울뿐인 민주주의 법 원리도 적용하지 않았다.

키워드_ 조선민사령, 조선태형령, 대명률, 형전, 태형, 오형, 개황률, 여형, 의형, 비형, 궁형, 묵형, 민주주의 형법관, 민주주의 법 원리, 인권침해

125 민족자결주의

요약 | 19세기 먼로주의를 고수하던 미국은 제1차 세계대전 이후 민족자결주의를 내세운다.

키워드_ 윌슨, 먼로주의, 파리강화회의, 독립, 식민지, 패전국

126 치안유지법

요약 | 1925년 일본은 천황제를 전복하려고 하거나 사유재산제를 부인하는 경우에 처벌하는 치안유지법을 제정하였는데, 식민지 조선에 적용해 독립운동가들을 탄압했다.

키워드_ 소련, 천황제, 사유재산제, 불령선인, 사상범, 예방구금

127 샤리아법 폐지

요약 | 오스만제국을 이은 터키는 1926년 이슬람 신앙에 따른 가족법인 샤리아법을 폐지하고 2년 뒤에는 이슬람을 국교로 지정했던 헌법도 개정했다.

키워드_ 오스만투르크, 터키 공화국, 케말 파샤, 청년투르크당, 샤리아법, 서구화, 세속주의

128 피오렐로 라과디아의 판결

요약 | 20세기 전반기 피오렐로 라과디아의 판결은 민주주의 시대 사람들이 법에 대해 어떠한 바람을 갖고 있는지 잘 보여준다.

키워드_ 뉴욕, 미담, 자선, 캠페인, 마피아, 퀸스 공항

129 니어 대 미네소타주 재판

요약 | 영미법에서 언론의 자유는 자유롭게 출판하되 책임은 져야 한다는 원칙이었는데, 자유의 범위가 지속적으로 확대되었다.

키워드_ 새터데이프레스, 공중도덕보호법, 에반스 휴즈, 뉴욕타임스, 마틴 루터 킹, 명예훼손, 민사소송, 자유, 책임

130 독일 이데올로기

요약 | 1930년대 소련이 펴낸 마르크스의 《독일 이데올로기》는 사회주의 사상에서 국가와 법에 대한 중요한 통찰을 담고 있다.

키워드_ 마르크스엥겔스레닌연구소, 마르크스엥겔스 전집, 유물론, 관념론, 인륜, 변증법, 전체주의, 법철학 강요, 국가, 시민사회

131 바이마르공화국

요약 | 1차대전이 끝나고 혁명이 성공하면서 독일은 공화정이 되었고 새 헌법이 공표되었는데, 지금까지도 가장 발전된 수준이었다는 학자들의 평가가 많다.

키워드_ 1차대전, 국민의회, 사회국가, 복지국가

132 수권법

요약 | 히틀러의 나치는 합법적인 방식으로 극우 전체주의를 완성하는데, 이를 가능하게 한 법

적 장치가 1933년 제정된 수권법이었다.

키워드_ 히틀러, 나치, 극우 전체주의, 수권법, 민족과 국가의 위난을 제거하기 위한 법률, 총통, 제3제국, 5.16쿠데타, 국가재건최고회의, 12.12쿠데타, 국가보위입법회의

133 합법률적 불법

요약 | 독일 법철학자 라드부르흐는 나치 시대의 법을 불법으로 규정했다.

키워드_ 나치즘, 군국주의, 프랑크푸르트 학파, 라드부르흐, 불법국가론, 실질적 법치주의, 방어적 민주주의, 시민 정치 교육

134 순수법학

요약 | 켈젠의 의도와 달리 순수법학론은 나치 독일의 합법률적 불법에 활용되었다.

키워드_ 한스 켈젠, 법단계설, 근본규범, 헬렌 실빙, 유기천

135 스탈린 헌법

요약 | 스탈린 헌법은 마르크스주의 법 이론을 수정하고 제국주의의 위협이 없어질 때까지는 국가와 법이 오히려 강화되어야 한다는 내용을 담았다.

키워드_ 레닌, 스탈린, 일국사회주의, 트로츠키, 영구혁명, 정복된 영토, 브레즈네프 헌법

136 무기대여법

요약 | 미국이 2차대전 중 제정한 무기대여법은 2세기 가까이 이어져온 미국의 고립주의를 깬 법적 장치였다.

키워드_ 먼로주의, 자살특공대, 고립주의, 중립법, 루스벨트, 캐시앤캐리법, 미국방어증진법, 2차대전

137 카이로선언

요약 | 2차대전 중 강대국들이 수시로 모여 논의하고 발표한 선언들은 이후 국제법의 기초가 되었다.

키워드_ 2차대전, 카이로회담, 모스크바회담, 얄타회담, 공동선언, 국제법, 얄타체제, 몰타회담

138 뉘른베르크전범재판

요약 | 2차대전 종전 이후 뉘른베르크전범재판과 도쿄재판이 진행되어 전범을 처벌하였다.

키워드_ 뉘른베르크, 도쿄, 전범, 국제형사재판소, 보스니아 내전, 르완다 내전

139 토지개혁법령

요약 | 신생 사회주의국가들은 대부분의 토지를 일단 농민들에게 나눠주는 정책을 실시하여 농민들의 지지를 얻은 후 점차 집단화하는 과정을 밟았다.

키워드_ 토지개혁, 인민민주주의, 농업 집단화, 토지개혁법령, 무상몰수 무상분배, 국유화

140 맥아더 헌법

요약 | 일본 헌법은 2차대전 후 맥아더 점령 시절 제정되어 지금까지 적용되고 있는데, 군국주의자들은 비정상으로 보고 폐기하려고 한다.

키워드_ 세계 경찰, 마셜 플랜, 민주적 개조, 평화헌법, 자위대

141 카스트제도 철폐

요약 | 1947년 인도에서 카스트제도가 법적으로 금지되었지만, 이는 오늘날까지도 여전히 인도의 정체성을 규정하며 때로는 법보다 우월한 지위에 있다.

키워드_ 브라만, 크샤트리야, 바이샤, 수드라, 다리트, 트리발, 인권, 유엔인권보호증진소위원회

142 **아파르트헤이트**

요약 | 아파르트헤이트 철폐는 법적·실질적 평등을 이루기 위한 20세기 후반의 대표적인 노력 사례다.

키워드_ 남아프리카공화국, 분리, 인종 차별, 넬슨 만델라, 흑백 연합 정부, 진실과 화해 위원회, 과거사 청산, 에드윈 캐머런

143 **대한민국 정부 수립**

요약 | 건국절, 임시정부 법통에 관한 논란은 정부 수립의 성격과 국가에 대한 견해 차이에서 비롯된다.

키워드_ 대한민국 임시정부, 건국절, 법통, 3요소설

144 **분단**

요약 | 분단으로 인해 한반도에서는 국가와 정부의 성격과 관련한 법적 논의가 다른 나라와는 다르게 전개됐다.

키워드_ 대한민국, 조선민주주의인민공화국, 북괴, 반국가단체, 특수관계론, 국제법, 남북기본합의서

145 **국가보안법**

요약 | 한국에서는 과거 독재정권 시절 국가보안법을 악용하여 야당과 재야 민주화세력을 탄압한 후과가 너무 크게 남았다.

키워드_ 치안유지법, 반공, 반공법, 독재정권, 민주질서수호법

146 **태극기와 인공기**

요약 | 대한민국은 대한제국의 태극기를 국기로 계속 채택한 반면, 북한은 새로운 국기를 제정했다.

키워드_ 대한제국, 남홍색공화국국기, 박영효, 태극도형기, 주역, 공산주의, 태극기부대

147 **헌법해의**

요약 | 대한민국 헌법을 기초한 유진오의 《헌법해의》를 비롯해 많은 법학 서적들이 간행되면서 법학 교육이 본격화되었다.

키워드_ 유진오, 제헌헌법, 독일법, 일본법, 법 원리, 균점권, 영토 조항

148 **유엔군**

요약 | 유엔군은 유엔 설립 초창기에 제반 사항이 충분히 검토되지 않은 상태에서 조직되었고, 합법성 논란이 여전히 있다.

키워드_ 6.25, 국제연합, 세계정부, 대서양헌장, 연합국선언, 안전보장이사회, 거부권

149 **한미상호방위조약**

요약 | 한미상호방위조약에 따라 주한미군 주둔에 대한 국제법적 근거가 구비되었다.

키워드_ 한미동맹, 작전통제권, 한미연합사령부, 북대서양조약기구, 미일안보조약, 조중우호협력상호원조조약

150 **여성법률상담소**

요약 | 여성법률상담소의 활동은 2차 대전 이후 독립한 나라들에서 근대 민주주의 법 원리가 어

298

떻게 국민대중 속으로 확산되어 가는지를 잘 보여준다.

키워드_ 이태영, 한국가정법률상담소, 법률구조, 대한법률구조공단, 혼인신고 캠페인, 여성운동, 서민화, 생활화

151 울펜덴 보고서

요약 | 영국의 울펜덴 보고서는 가족제도와 관련하여 법 규범의 근간을 새롭게 정립하는 중요한 원칙을 담고 있다.

키워드_ 가족법, 인권, 동성애, 계간죄, 시민동반자법

152 신사회운동

요약 | 신사회운동이 지향하는 많은 가치들이 다양한 법으로 만들어지고 있다.

키워드_ 자유, 노동운동, 울펜덴 보고서, 인권운동, 여성운동, 민권운동, 68혁명, 캠페인, 학벌철폐운동, 양심적 병역 거부

153 법의 날

요약 | 미국은 5월 1일 노동절에 맞서고자 같은 날을 준법을 강조하는 법의 날로 제정했다.

키워드_ 법의 날, 재판소구성법, 노동절, 대한독립촉성노동총연맹, 조선노동조합전국평의회, 대한노총, 한국노총, 근로자의 날

154 레이디 채털리 재판

요약 | 포르노그래피에 대한 법적 단죄는 민주주의가 발전한 서구 사회에서도 오랫동안 강력한 지지를 받아왔다.

키워드_ 채털리 부인의 사랑, 포르노그래피, D. H. 로렌스, 펭귄출판사, 음란저작물금지법, 마광수, 즐거운 사라, 자유부인, 음란성과 포르노그래피에 관한 대통령 위원회, 성범죄

155 아이히만 재판

요약 | 나치의 학살 만행에 대한 법적 청산은 공소시효를 적용하지 않는다는 원칙은 국제법에 적용되었다.

키워드_ 뉘른베르크전범재판, 한나 아렌트, 악의 평범성, 공소시효, 국제법률가회의, 전쟁범죄 및 반인도적 범죄에 대한 시효부적용에 관한 협약

156 007

요약 | 영화 007 시리즈는 국외 비밀작전을 벌인 정보요원에게 법적 책임을 지우지 않는다는 법을 바탕으로 한다.

키워드_ 영화 007, 살인면허, 비밀정보국법, 킬 리스트, CIA, 프라하의 봄, 정보기관, 중앙정보부

157 미란다 재판

요약 | 강간범 미란다에 대한 재판 과정에서 실체법을 위반했어도 적법한 절차를 거쳐야 한다는 법 원리가 확고히 정립됐다.

키워드_ 미란다 원칙, 형사절차, 변호인 조력권, 진술 거부권, 자백, 적법절차, 절차법, 실체법

158 국제인권규약

요약 | 1948년 세계인권선언이 발표되고 18년 뒤에 유엔은 국제인권규약을 채택했다.

키워드_ 세계인권선언, 유엔, 생존권, 사회권, 자유권, 인권외교, 카터, 북한인권법, 홍콩인권법, 내정간섭

159　우주조약

　요약 | 우주 개발 경쟁에 따라 우주조약이 체결되었는데, 과거의 해양법과는 달리 평화 원칙에
　　　의거했다.

　키워드_ 냉전, 스푸트니크호, 아폴로11호, 우주공간평화이용조약, 해양법, 공유 원칙, 영유권, 우주3조약,
　우주구조반환조약, 우주손해배상조약, 우주물체등록조약

160　남극조약

　요약 | 남극조약은 남극에 대한 영유권이 인정되지 않는 국가에도 평화적 이용 권리를 부여
　　　했다.

　키워드_ 영토권, 영유권, 스콧, 아문젠, 평화적 이용, 탐사, 핵실험, 세종과학기지, 협의당사국

161　NPT

　요약 | NPT는 1967년 1월 이전에 핵을 보유한 5개국에 대해서만 기득권을 인정했다.

　키워드_ 핵무기, 탄도 미사일, 원자탄, 국제원자력기구, 대륙간탄도미사일, 핵우산, 한미 미사일 지침

162　가정의례준칙

　요약 | 가정의례준칙은 20세기 중후반 신생국에서의 서구 법 제도와 전통 규범 사이의 괴리를
　　　잘 보여준다.

　키워드_ 민속의 날, 관혼상제, 허례허식, 표준의례, 음력설, 양력설

163　근로기준법 화형식

　요약 | 전태일의 분신 항거 이후 근로기준법은 현실의 법이 되기 시작했다.

　키워드_ 전태일, 노동운동, 분신항거, 조영래, 전태일 평전, 근로기준법

164　준법투쟁

　요약 | 준법투쟁은 법을 준수하여 단체행동권을 행사하는 쟁의의 수단이었다.

　키워드_ 형식적 법치, 사회주의적 법치주의, 실질적 법치주의, 단체행동권, 쟁의행위, 노동법

165　정의론

　요약 | 롤스는 최대 다수의 최대 행복을 비판하면서 불평등한 배분이 정의롭다고 평가받으려면
　　　최소 수혜자에게 유리해야 한다고 주장했다.

　키워드_ 정의, 합목적성, 법적안정성, 평균적 정의, 배분적 정의, 울피아누스, 공리주의, 제레미 벤덤, 롤
　스, 로버트 노직

166　사회주의헌법

　요약 | 1972년 북한은 최고지도자 김일성의 인식에 따라 완전히 재해석한 사회주의이론인 주체
　　　사상에 기반을 둔 새 헌법을 채택했다.

　키워드_ 북한, 조선민주주의인민공화국 사회주의헌법, 사회주의혁명, 인민민주주의혁명, 주체사상, 헌법
　편제, 전문, 총칙, 조문, 스탈린 헌법, 정복된 영토, 강령

167　성장의 한계

　요약 | 환경의 중요성이 점차 국제적 이슈로 부상하면서 로마클럽은 <성장의 한계>를 발간했
　　　고 이후 여러 국제법이 만들어졌다.

　키워드_ 침묵의 봄, 레이철 카슨, 로마클럽, 람사르협약, 지속가능한 개발, 밀레니엄개발목표, 지속가능

개발목표, 공해방지법, 환경부, 환경운동연합, 지속가능발전기본법

168 수형자 판결
요약 | 1972년 독일에서는 교도소에 수감된 수형자들에 대해서도 임의의 서신 검열을 금지하는
　　　판결이 있었다.
키워드_ 오토 마이어, 행정법, 일반권력관계, 특별권력관계, 기본권 제한, 울레

169 사법살인
요약 | 인혁당 연루자에 대한 사형 집행은 '사법 암흑의 날'로 선포될 정도의 법의 이름을 빌린
　　　독재정권의 횡포였다.
키워드_ 인민혁명당, 국제법학자회, 사법 암흑의 날, 재심, 무죄

170 헬싱키수뇌회담
요약 | 1975년 헬싱키수뇌회담은 2차대전 후 유럽의 전후 문제를 공식 종결하고 평화와 인권에
　　　서 큰 진전을 이룬 국제법을 탄생시켰다.
키워드_ 헬싱키선언, 냉전, 체제 전환, 안보협력정상회의, 파리헌장, 유럽안보협력기구, 유럽연합

171 불법 문화재 반환 촉진
요약 | 1974년 유네스코 불법 문화재 반환 촉진 정부 간 위원회가 결성되었지만 아직 갈 길이
　　　멀다.
키워드_ 제국주의, 유네스코 불법 문화재 반환 촉진 정부 간 위원회, 문화재 불법 반출입과 소유권 양도
의 금지와 예방 수단에 관한 협약, 헤이그 협약, UNIDROIT, 병인양요, 외규장각 의궤, 마크롱

172 반테러법
요약 | 반테러법은 패권과 제국의 미국을 보여주는 대표적인 법이다.
키워드_ 제국주의, USA PATRIOT Act, 국제 테러리즘 보고서, 테러지원국, 북한, 대한항공기 폭파 사건,
UN 안보리 제재 결의안, 내정 간섭, 인권 침해, 테러방지법

173 몬테고베이조약
요약 | 유엔 해양법 조약은 유럽 중심의 국제법에서 질적인 변화가 시작되었음을 보여준다.
키워드_ 자메이카, 유엔해양법조약, 영해, 12해리, 배타적경제수역, 국제해양법재판소, 박춘호, 태풍, 프란
치스코

174 국제개발법기구
요약 | 한국은 경제개발 과정에서 적극적으로 법을 활용했다.
키워드_ 개발의 국제법, 개발의 권리에 관한 선언, 국제개발법기구, 경제개발계획, 사채 동결, 금융실
명제

175 장발 단속 폐지
요약 | 민주화 이후 1988년 경범죄처벌법이 개정되면서 장발과 미니스커트 단속 근거 규정이
　　　삭제되었다.
키워드_ 경범죄처벌법, 장발, 미니스커트, 퇴폐, 학생인권조례, 두발 규제, 인권

176 토지공개념
요약 | 자본주의국가에서도 공공의 복리를 감안해서 토지의 소유권을 인정해야 한다는 공개념

원칙은 점차 일반적으로 채택된다.

키워드_ 토지개혁, 농지개혁, 소유권, 공공복리, 공개념 원칙

177 지강헌 인질극

요약 | 지강헌은 죽기 전 "유전무죄 무전유죄"를 외쳤는데 TV 생중계로 보고 있던 많은 국민들이 공감대를 표했다.

키워드_ 인질극, 유전무죄 무전유죄, 전두환, 전경환, 5공 비리, 전통적 규범인식, 마르크스주의, 종교

178 민주주의법학연구회

요약 | 민주법연은 과학적이고 민주적인 법학을 자임하고 기성의 보수적인 법학계와 차별화를 시도하면서 한국 법학의 발전에 기여했다.

키워드_ 민주화, 진보, 민주사회를 위한 변호사 모임, 인권변호사, 학술운동, 해석법학, 국순옥

179 사형폐지의정서

요약 | 1989년 사형폐지의정서가 채택되었지만 사형제에 대한 논란은 여전하다.

키워드_ 사형제, 생명권, 유럽인권조약 제6의정서, 베카리아, 범죄와 형벌, 부관참시, 육시, 앰네스티

180 공익소송

요약 | 참여연대는 법을 활용한 공익소송과 입법운동을 전개했다.

키워드_ 참여연대, 경실련, 시민운동, 공익소송, 노령수당, 노인복지법, 시민단체, 입법운동, 공익

181 정보공개법

요약 | 지방의회를 먼저 움직여 조례를 만들고 국회 차원의 법률 제정까지 이끌어내는 시민운동도 활발해졌다.

키워드_ 부천, 담배 자판기 설치 금지 조례, 청주, 행정정보공개조례, 정보공개법, 지방자치제, 조례, 법률, 알 권리

182 정의봉

요약 | 김구 암살범 안두희를 살해한 박기서는 자신의 행위를 정의의 실현이라고 주장했다.

키워드_ 안두희, 박기서, 정의봉, 린치, 사형, 자력구제

183 노사정위원회

요약 | 외환위기를 극복하는 과정에서 한국은 유럽식 노사정 협력기구 모델을 받아들여 1998년 노사정위원회를 설립했다.

키워드_ 국제통화기금, 구제금융, 외환위기, 노사정위원회, 바세나르협약, 사회경제협의회, 민주노총, 거버넌스 이론

184 바이센테니얼 맨

요약 | 기술의 발달은 언제나 법의 변화를 동반한다.

키워드_ 정보화, 기술의 발달, 법의 변화, 로봇 3원칙, 바이센테니얼 맨, 지능형 로봇 개발 및 보급 촉진법, 지능형 로봇윤리헌장, 손해배상책임의 법리, 자율주행차시대, 법적 책임

185 4대 남북경협합의서

요약 | 남북 간 체결된 합의서의 성격을 조약으로 볼 것인지에 대한 견해 대립이 팽팽하다.

키워드_ 남북대화, 법적 효력, 남북합의, 국회 비준, 조약, 신사협정

186 특수관계

요약 | 특수관계론에 따르면 북한은 반국가단체이면서 동시에 통일을 위한 대화와 협력의 동반자이다.

키워드_ 남북관계, 남북출입사무소, 영토조항, 국가보안법, 통일

187 안락사법

요약 | 아직 안락사를 허용하는 법제는 많지 않다.

키워드_ 네덜란드, 안락사, 존엄사망법, 디그니타스 병원, 미 비포 유, 적극적 안락사, 소극적 안락사, 존엄사, 연명의료, 뇌사

188 도롱뇽 소송

요약 | 동물의 법적 지위를 인간과 동일하게 격상하려는 움직임이 다각도로 전개되고 있다.

키워드_ 도롱뇽 소송, 소송법상 당사자 능력, 동물권

189 서태지 저작권협회 탈퇴

요약 | 서태지로 인해 한국사회에서 저작권, 초상권, 퍼블리시티권 등의 개념이 대중적으로 널리 확산됐다.

키워드_ 서태지와 아이들, 한국음악저작권협회, 판매 금지 가처분, 패러디, 저작권, 초상권, 퍼블리시티권, 시대유감, 사전심의제도, 헌법소원, 정태춘

190 노래 〈헌법 제1조〉

요약 | 윤민석의 민중가요 〈헌법 제1조〉는 운동세력이 오히려 헌법 조문을 근거로 권력과 자본을 비판하는 역설을 보여준다.

키워드_ 윤민석, 민중가요, 집회, 인디, 헌법애국주의, 민변, 헌변

191 조례 무효 판결

요약 | 국내 우수 농산물 구입에 대해 학교급식 지원금을 지급하는 내용의 전라북도 조례는 국제법 위반으로 무효가 되었다.

키워드_ 학교급식, 지원금, GATT, WTO, 내국민 대우, 최혜국 대우, 법률, 조례

192 과거사정리법

요약 | 과거사 정리는 주로 과거 독재정권이 자행한 국가폭력에 대한 진상 규명과 피해자에 대한 손해배상을 의미한다.

키워드_ 국가폭력, 진실, 화해, 진상 규명, 책임자 처벌, 배상

193 중국 물권법

요약 | 사회주의를 유지하는 중국은 일련의 법을 통해 자본주의국가와 같은 법 체제를 대폭 수용했다.

키워드_ 물권법, 사유재산 보호, 재산권, 민법통칙, 국유화, 협동화, 개혁개방, 등소평, 흑묘백묘론, 사회주의 시장경제, 일국양제, 선부론, 균부론, 파산법

194 국민참여재판

요약 | 국민참여재판은 소송을 비롯한 법 절차에 시민이 참여해야 한다는 사상을 반영한다.

키워드_ 배심제, 형사재판, 참심제, 국민청원 홈페이지

195 다문화가족지원법

요약 | 다문화가족지원법과 북한이탈주민법은 비슷한 내용이 많지만, 전제로 하는 철학은 차이가 크다.

키워드_ 북한이탈주민법, 다문화, 멜팅 팟, 샐러드 그릇

196 법교육지원법

요약 | 2008년 법교육지원법이 제정되고, 법 교육 테마파크 시설인 솔로몬로파크가 설립되었다.

키워드_ 솔로몬로파크, 테마파크, 가치교육, 환경교육진흥법, 한국법교육학회, 한국법교육센터

197 효도조례

요약 | 고령화 사회의 도래에 따른 법도 만들어지고 있다.

키워드_ 효행 장려 및 지원에 관한 법률, 봉양수당조례, 고령화 사회, 맬서스, 인구론, 출산장려정책, 장수노인수당 지급 조례, 교통안전진흥조례

198 PC운동

요약 | 올바른 표현으로 법적 문구를 수정하기 위한 움직임이 활발하다.

키워드_ 전염병예방법, 감염병예방법, 아프리칸아메리칸, 움베르토 에코, 반려동물, 한부모가족지원법, 북한이탈주민

199 자본의 미스터리

요약 | 데 소토는 개신교의 직업윤리만이 자본주의를 발전시킬 수 있다는 막스 베버의 주장을 반박했다.

키워드_ 가난, 불평등, 렌트, 복지국가 시스템, 에르난도 데 소토

200 〈강남스타일〉 CC라이선스

요약 | 카피레프트는 이미 형성된 지식에 기반을 두고 생성되는 지식재산을 한 개인이나 기업의 소유로만 두어서는 안 된다는 사상이다.

키워드_ 카피레프트, 리처드 스톨먼, GNU, 지식재산권, 저작권, 리눅스, 위키피디아, 패러디, 유튜브

201 무죄 구형

요약 | 임은정 검사는 과거사 재심 사건에서 상부의 결재 없이 무죄를 구형해 검사동일체 원칙을 흔들었다.

키워드_ 임은정, 윤길중, 진보당, 민청학련, 재심, 검찰동일체 원칙

202 평화헌법 해석 변경

요약 | 일본 우익들은 보통국가론을 내세우며 평화헌법을 비정상으로 보고 헌법을 개정하려고 한다.

키워드_ 평화헌법, 자위대, 집단적 자위권, 9조, 보통국가론, 오자와 이치로

203 동의대사건법

요약 | 동의대사건법은 공무를 수행한 경찰관과 전투경찰순경을 대상으로 하는 법이라는 점에서 과거 다른 사건들과 형평성이 문제가 되고 있다.

키워드_ 순직, 경찰, 군인, 경찰원호법, 군사원호보상법, 군사원호대상자고용법, 베트남 파병

204 간통죄 폐지

요약 | 간통죄는 법의 비동시성을 보여주는 대표적 사례다.

키워드_ 비동시성, 명예 살인, 유엔인구기금, 위헌, 성적 자기결정권, 사생활, 손해배상, 민사적 책임

205 난민법

요약 | 한국은 아시아에서 최초로 난민법을 제정하였다.

키워드_ 정우성, 유엔난민기구 친선대사, 예멘, 혐오 사태, 국민청원, 배타적 민족주의, 열린 민족주의, 난민협약, 난민의정서

206 미투

요약 | 성폭력 피해자들이 피해 사실을 공개적으로 드러내는 힘겨운 움직임은 미투 이전에도 있었다.

키워드_ 성범죄, 알리사 밀라노, SNS, #Me_Too, #With_You, 해시태그, 서지현 검사, 성희롱, 강간피해자 보호법

207 대의민주주의 강화 특위

요약 | 스웨덴 예테보리대학 민주주의 연구소가 제안한 대의민주주의 강화를 위한 보고서는 민주주의의 도입, 정착, 심화, 발전을 고민하는 모든 나라에서 참고할 만하다.

키워드_ 스웨덴, 올로프 팔메, 민주주의 포럼, 국민발의제도, 지역전자투표제도, 대의제, 국민과의 대화, 예테보리대학 민주주의 연구소, 자유, 평등, 선거, 참여, 다수, 숙의, 협의

연표

BC 4000~3000(경)	4대 문명의 발생
BC 3000	수메르
BC 2333	고조선 건국
BC 2333?	요순시대
BC 2000(경)	크레타 문명(그리스신화)
BC 1750(경)	함무라비법전
BC 1600	중국, 상 왕조 시작
BC 13세기(경)	십계명, 고대 이집트 왕국 람세스 2세
BC 1100(경)	고조선 8조금법
BC 1046	상 왕조 멸망
BC 912	솔로몬왕 사망
BC 8세기	로마사 시작
BC 8세기	헤시오도스, 《신통기》
BC 770	주, 뤄양 천도(동주시대, 춘추시대 개막)
BC 530	페르시아제국, 캄비세스2세 등극
BC 490	마라톤전투
BC 450	로마, 12표법
BC 479	공자 사망
BC 483(미상)	부처 사망
BC 403	전국시대 개막
BC 399	소크라테스 사망
BC 347	플라톤 사망
BC 350(경)	중국 진나라, 상앙의 개혁(변법)
BC 330	알렉산더, 페르시아 정벌
BC 233	한비자 사망
BC 221	진의 중국 통일
BC 206	한나라 건국
BC 99	사마천 궁형
BC 43	키케로(자연법 주장) 사망
30	예수 사망
105	채륜, 종이 발명

2세기	울피아누스, '악법도 법이다'
228	울피아누스 사망
3세기	백제 고이왕 율령 반포
4세기	고구려 소수림왕 율령 반포
313	로마제국, 기독교 공인(밀라노칙령)
325	니케아공의회, 아리우스파 이단 규정
392	로마제국, 기독교 국교화
395	로마제국 분열
6세기	중국 과거제도 실시
520	신라 법흥왕 율령 반포
527	유스티니아누스 로마 황제 등극
529	《구칙법휘찬》 편찬
531	《50인의 결정》 편찬
533	《학설휘찬》 편찬
533	《법학제요》 편찬
534	《개정칙법휘찬》 편찬
547	트리보니아누스 사망
565	《신칙법》 편찬
582	개황률(수나라, 궁형 폐지)
6세기 말	수나라 율령 정비 완성
618	당 건국
622	메디나에서 첫 이슬람 공동체
624	당률 정비
652	《당률소의》 편찬
675	신라, 삼국 통일
7세기 말	프랑크 왕국, 《이네법전》 편찬
8세기	서양에 종이 전파
731	비유럽 출신 교황 그레고리오3세
738	《당육전》 편찬
774	《프랑크왕국 교회법전》 공포
8세기 후반	《두씨통전》 편찬
9세기 말	샤리아법 체계화
907	당 멸망
956	노비안검법
958	고려, 과거제 도입
10세기 후반	독일 브레멘 상인, 오토1세로부터 특권 부여
11세기 초	《여씨향약》
1017	고려, 명법과 실시

1066	테인타운 칙허장
1088	볼로냐 대학 개교｜《로마법 연구》
1127	고려, 국자감에 형률학과 설치
1140(경)	이르네리우스 사망
1140(경)	《그라시아노 법령집》
1158	프리드리히1세 칙령, 볼로냐대학에 독립적인 지위 부여
1184	왈도파, 이단 판정
1215	마그나카르타
1220(경)	손변의 재판
1231	케임브리지대학 칙허장
1233	그레고리오9세 교황, 종교재판 교서
1258	시몽 드 몽포르, 옥스퍼드대자문회의 개최
1289	안향, 성리학을 고려에 도입
1295	옥스퍼드대자문회의, 모범의회로 발전
1298	고려, 사헌대를 사헌부로 개칭
1302	프랑스, 삼부회 개최
1341	왕여, 《무원록》
1349	런던 특별행정구역 시티, 길드에서 의원과 시장 선출
1356	한자동맹 결성
1368	주원장, 《율령직해》 공포
1368	명 건국
1375	고려, 수령5사
1389	대명률 개정｜고려, 전법사를 형조로 명칭 변경
1392	조선 건국, 사헌부 설치, 대명률 적용 교서
1395	《대명률직해》 간행
1397	대명률 개정｜《경제육전》 제정
1401	조선, 신문고 설치
1406	수령칠사
1409	최직지 파면
1414	종부법
1415	후스 처형｜서얼금고령
1420	부민고소금지법
1421	세종, 사형수에 삼심제 도입
1426	금화도감
1430	세종, 《당률소의》를 율학 취재 시험과목으로 반영
1432	종모법
1440	조선, 《신주무원록》
1453	동로마제국 멸망
1466	《경국대전》 완성

1471	《신묘대전》
1474	《갑오대전》 | 《국조오례의》
1476	《성화보》
1481	《금화도감》 법제화
1485	《을사대전》
1492	콜럼버스, 신대륙 발견 착각
1494	토르데시야스조약 | 콜럼버스, 몬테고베이 상륙
1498	자크 루이 다비드, 〈캄비세스의 재판〉 그림
15세기 후반	베트남, 홍덕형률 제정
15-16세기	독일, 로마법 계수
15세기 말	눈을 가린 정의의 여신(아스트라이아) 형상화 시작
1504	연산군, 언문 도서 분서
1506	토르데시야스조약, 교황 승인
1510	몬테고베이, 에스파냐 전초기지
1510년대	코페르니쿠스, 지동설 주장
1517	루터 95개조 반박문 | 앤여왕법 | 베네치아 저작권법
1530	브라질 지역, 포르투갈 식민지 | 에스파냐령 아메리카 대륙 원주민 노예화 금지법
1534	영국, 수장령
1542	로마 종교재판소 설치
1549	영국, 통일령 공포
1546-1563	트리엔트공의회
1554	《고사촬요》
1555	아우크스부르크화의
1560	마르탱 게르의 재판
1564	교황 비오 4세, 금서목록 규정
1568	이황, 《성학십조》
1571	이이, 《서원향약》 | 교황청 금서성성, 금서목록 발행
1585	월터 롤리, 아메리카 대륙에 첫 식민지(버지니아) 개척
1587	베로아, 《왕권론》
1598	제임스 1세, 〈자유로운 군주국의 진정한 법〉(왕권신수설) | 낭트 칙령 | 《베니스의 상인》 출판
1600	버클리, 《왕권론》 | 영국 동인도회사 설립 | 브루노 화형
17세기	《교회법대전》 편찬
17세기	디오니시우스 고토프레두스, 《로마법대전》 명명
1602	네덜란드 동인도회사 설립
1606	토머스 스미스, 버지니아 회사 설립

1607	암행어사 성이성(〈춘향전〉 모티프)
1607	제임스타운 건설
1609	그로티우스,《자유해론》
1610	보넘 사건
1613	《칠서지옥》
1616	코페르니쿠스 저술, 금서로 지정
1619	제임스타운에서 아메리카대륙 첫 의회 개최
1620	메이플라워 서약
1622	프랑스 로마법학자 디오니시우스 고토프레두스 사망
1624	버지니아 회사 특허장 폐지
1625	그로티우스,《전쟁과 평화의 법》
1630	요한 하인리히 알스테드,《일곱 가지의 서로 다른 백과사전》
1632	갈릴레오,《두 가지 주요 우주체계에 대한 대화》
1633	갈릴레오 재판
1636	스웨덴 항해조례	하버드대학교 설립
1640	청교도혁명
1642	필머,《가부장권론》
1643	일본 대명소방대
1648	프롱드의 난	베스트팔렌조약
1649	찰스1세 처형
1651	크롬웰, 항해조례 발표	홉스,《리바이어던》
1653	루이14세, 〈밤의 발레〉에 태양신으로 출연	크롬웰, 통치장전 공포, 호국경 취임
1655	몬테고베이, 영국에 점령
1658	크롬웰 병사
1660	영국 곡물법
1661	루이14세 즉위
1666	런던 대화재	런던재건법
1668	홉스,《베헤모스》
1669	한자동맹 마지막 의회
1676	용호수호 인정
1677	런던 대화재 기념비
1679	보스턴 소방대	토리당, 휘그당 창립	인신보호법
1682	펜,《펜실베이니아의 정치 체제》
1684	영국 보험업계, 사설 소방대 조직	매사추세츠, 식민지 특허장 철회
1685	루이14세, 낭트칙령 폐기	제임스2세 즉위
1687	로이즈 커피하우스 오픈
1688	명예혁명	교황 클레멘스9세, 여성 음악 공부 금지령
1689	영국, 관용령	로크,《통치론》
1690	로크,《인간지성론》

1691	플리머스 식민지, 매사추세츠 식민지에 병합
1692	세일럼 마녀재판
1693	윌리엄앤드메리대학 설립
1696	《로이즈 리스트》 발간
17세기 후반	사회계약설	예송논쟁
1705	전안 제도 설시
1709	보쉬에, 《성서정치학》
1710	앤여왕법
1715	루이14세 사망
1727	퀘이커, 노예무역을 허용할 수 없는 관행이라고 선언
1731	프랭클린, 필라델피아도서관조합 설립
1735	존 피터 젱어, 선동죄로 기소
1746	《속대전》 발간
1748	몽테스키외, 《법의 정신》
1749	루소, 디종 아카데미 당선, 〈학문 및 예술에 관한 논고〉
1753	윌리엄 블랙스톤, 《옥스퍼드대학 영국법 강의》	루소, 디종 아카데미 낙선
1755	루소, 《인간 불평등 기원론》	마리 앙트와네트 출생
1762	에퀴터블생명보험회사 설립
1764	베카리아, 《범죄와 형벌》
1765	윌리엄 블랙스톤, 《영국 법률에 대한 논평》
1766	루소, 《고백록》
1768	브리태니커 백과사전
1771	조선, 신문고 부활	로이즈 협회 설립
1772	하틀리, 노예무역 폐지 결의안 제출	페인, 《간접세 관리들의 문제》
1773	영국, 노스규제법
1776	페인, 《상식》	미국 독립 선언	규장각 설치
1777	서얼허통절목	성조기 채택
1781	미국 헌법규약
1782	아인나겔티 사건, 마지막 마녀사냥
1783	파리조약, 미국 독립 승인
1784	칸트, 《계몽이란 무엇인가》
1785	《대전통편》 발간
1786	버지니아 신교자유법	클라크슨, 《노예제도·인간매매론》
1787	미국 연방헌법 제정
1788	김계손 형제 살인 사건
1789	프랑스 대혁명 촉발	미국 헌법 효력 발생	미국 사법령	프랑스 왕실도서관, 국민도서관으로 변경	벤덤, 《도덕과 입법의 원리서설》
1790	버크, 《프랑스혁명에 관한 성찰》	울스턴크래프트, 《인간의 권리 옹호》	프랑스 삼

색기 국기 제정

1791	금난전권 폐지	프랑스 공화정 수립	페인, 《인간의 권리》	미국 첫 수정헌법
1792	윌버포스의 노예무역 폐지 결의안
1794	로베스피에르 처형
1795	칸트, 《영구평화를 위하여》
1797	페인, 《토지 분배의 정의》
1798	맬서스, 《인구론》
1799	조지 워싱턴 사망	네덜란드 동인도회사 해산	프랑스, 미터법 국가 표준 법령	나폴레옹, 이탈리아 카스트라토 금지
1800	미국 의회도서관 설립
19세기 초	〈흥부전〉
1801	조선, 공노비 해방	존 마셜 미국 대법원장 임명
1802	덴마크, 노예무역 금지
1803	마버리 대 매디슨 사건
1804	나폴레옹법전 공포	나폴레옹, 황제 즉위
1806	신성로마제국 붕괴
1807	영국, 미국, 노예무역 폐지
1811	파리 소방대
1812	영미전쟁
1815	메테르니히 체제(빈 체제)	영국 곡물법
1818	정약용, 《목민심서》	성조기 디자인 법안
1819	미주리 타협
1821	헤겔, 《법철학 강요》
1823	먼로주의
1828	앙리 뒤낭 출생
1829	영국, 가톨릭구제법
1830	영국 토리당, 보수당으로 변신	프랑스 7월혁명	미국 인디언이주법
1831	음악 저작권 인정	몬테고베이 크리스마스 봉기
1832	영국 선거법 개혁
1833	영국, 동인도회사의 무역 독점권 폐지	미국노예제폐지협회 결성
1835	존 마셜 미국 대법원장 사망
1837	매사추세츠주 도서관법
1838	서인도 제도 노예해방령	차티스트운동
1839	오스만제국, 탄지마트 개혁
1840	사비니, 《현대로마법법체계》	프랑스, 미터법 강제 시행 법령	캐나다, 영국 최초 자치 식민지
1842	아편전쟁
1843	베를린 소방대

1846	영국, 곡물법 폐지
1847	라이베리아 건국
1848	프랑스 노예제 폐지 | 프랑스 2월혁명 | 마르크스·엥겔스, 《공산당선언》
1849	영국, 항해조례 폐지
1851	미국 인디언 세출법
1852	예링, 《로마법의 정신》
1853	나폴레옹 3세, 파리 개조 명령
1854	페리 제독, 일본 개항
1856	페리, 《페리 제독 일본 원정기》
1957	미 대법원, 흑인은 연방법원에 소송낼 권리가 없다고 판결
1858	영국, 인도를 국왕 직접 통치로 전환 | 오스만제국, 동성애 처벌 삭제
1859	밀, 《자유론》
1861	메인, 《고대법》 | 인도 형법 제정 | 이탈리아 통일 | 미국 남북전쟁
1862	메인, 인도 총독부 법무관 | 빅토르 위고, 《레미제라블》 | 뒤낭, 《솔페리노의 회상》
1863	국제적십자사 창립 | 미국, 노예해방선언
1864	골트슈미트, 《상법요강》 | 국제적십자조약 체결 | 국제노동자협회
1865	《대전회통》 발간 | 미국, 노예해방 | 미국 수정헌법 13조
1866	8시간 노동제 법제화 강령 | 병인양요
1867	마르크스, 《자본론》
1868	미국 수정헌법 14조 | 블룬칠리, 《근대국제법》
1870	통일 이탈리아, 로마 점령 | 프랑스 제3공화국 | 미국 수정헌법 15조 | 미국 의회도 서관 납본제도 | 스탠더드 오일 설립 | 조지아, 러시아의 지배 | 미국, 로스쿨도입
1871	파리 코뮌 | 독일 통일 | 메인, 《촌락공동체》 | 신미양요
1872	예링, 《권리를 위한 투쟁》
1875	국법원 대개혁 | 미터법조약
1876	영국, 동인도회사 해산 | 강화도조약 | 롬브로소, 《범죄인론》 | 짐크로우법 | 오스만 투르크, 헌법 제정
1877	예링, 《법의 목적》
1878	국제문예협회
1881	한스 켈젠 출생 | 신사유람단, 〈일본 사법성 시찰기〉 | 케말 파샤 출생
1882	루돌프 스멘트 출생 | 조미수호통상조약
1883	파리조약(산업재산권 국제조약) | 태극기 조선 국기 제정
1884	엥겔스, 《가족, 사유재산, 국가의 기원》
1885	다이시, 《헌법연구서론》 | 이토 히로부미, 일본 초대 총리대신
1886	베른협약 | 미국 노동자 총파업 시위(노동절 유래) | 마이어, 《프랑스행정법이론》
1887	도스법
1888	칼 슈미트 출생
1889	제2인터내셔널 | 국제노동절 선포 | 독일 도서관 설립운동 | 청년투르크당 결성
1890	운디드니 학살 | 셔먼법

1892	영국 공공도서관법
1893	뉴질랜드, 세계 최초 여성 참정권 인정
1894	갑오경장으로 형조가 법무아문으로 개편	청일전쟁	환관제도 폐지	홍범14조
1895	법무아문, 법부로 변경	마이어, 《독일행정법》	단발령	법관양성소 설립	일본 관비유학생 파견	재판소구성법
1896	《독일민법전》 공포	플래시 대 퍼거슨 판결	독립협회
1897	대한제국
1898	변법자강운동	제1차 헤이그평화회의
1899	대한국국제
1900	영국, 노동당 창립	옐리네크, 《일반국가학》
1901	함무라비법전(돌기둥) 발견
1902	대한제국, 미터법 도입
1903	카스트라토 금지
1904	러일전쟁	등소평 출생
1905	가쓰라–태프트 회담	을사늑약	장지연, <시일야방성대곡>	피의 일요일 사건	특수상대성이론	보성전문학교 설립	양정의숙 설립
1906	핀란드 여성 참정권 인정	루스벨트 노벨평화상
1907	제2차 헤이그평화회의
1908	일본, 동양척식회사법 제정	가톨릭, 종교재판소를 성무회의로 개칭	보성전문, 《법학협회잡지》 발간	터키 청년투르크당 혁명	영국, 남극 영유권 주장
1909	대한제국 출판법
1910	여성의날 선포	한일병합조약
1911	스탠더드 오일 분할	중국 민주주의혁명
1912	조선민사령	조선태형령
1913	에밀리 와일딩 데이비슨, 여성참정권 요구하며 영국 국왕 앞으로 돌진
1914	클레이튼법	1차 세계대전
1915	식민지 조선, 축첩 폐지
1917	일본, 척식 관련 법 개정	볼셰비키혁명	《신로마교회법전》	〈러시아 내 모든 민족의 권리선언〉
1918	가톨릭, 새 교회법	독일혁명	니콜라이2세 처형	조지아 독립 선포	소련 헌법 제정
1919	제3인터내셔널	이탈리아 형법 초안	ILO 설립	바이마르 공화국	3.1운동	대한민국 임시정부
1920	미국 여성 참정권 인정	소련, 조지아 침공	베버, 《프로테스탄트 윤리와 자본주의 정신》
1922	법관양성소, 경성법학전문학교로 개편	어린이날 제정
1923	독일, 반독점법	터키공화국	혼인신고제도 도입	관동대지진
1924	스탈린 집권	소련, 헌법 개정

1925	일본, 치안유지법
1926	터키, 샤리아법 폐지
1927	엔리코 페리, 《정치가로서의 무솔리니》
1928	엔리코 페리, 《이탈리아 파시즘과 베니토 무솔리니의 업적》	국제연맹총회, <국제분쟁의 평화적 처리 일반의정서>	터키, 이슬람 국교 조항 삭제	《채털리 부인의 사랑》 첫 출판
1929	라테란협정
1930	로베르트 벨라르미노 추기경, 성인으로 시성	피오렐로 라과디아 판결
1931	니어 대 미네소타주 재판
1932	《독일 이데올로기》, 소련에서 출판	유진오, 보성전문학교 법 강의
1933	독일, 수권법	히틀러, 수상 임명	뉘른베르크에서 나치 전당대회
1934	케말 파샤, 아타튀르크 성 부여	켈젠, 《순수법학》
1935	팔레비 왕조, 이란으로 국호 변경	뉘른베르크법
1936	스탈린 헌법	조선사상범보호관찰령
1937	레오니드 마씬드 무용 저작권 소송
1939	미국, 캐시앤캐리법
1941	진주만 공습	미국, 무기대여법	대서양헌장	조선사상범예방구금령
1942	노이만, 히모스-나치즘의 구조와 실제	베버리지 보고서	연합국선언	로봇 3원칙
1943	카이로선언
1944	브레턴우즈협정
1945	칼 포퍼, 《열린 사회의 그 적들》	히틀러 자살	나치 활동 금지 법률	뉘른베르크전범재판	얄타회담, 포츠담선언	원자탄 투하	한반도 분단	UN 설립	IMF 설립	네덜란드, 노동재단 설립
1946	유기천 경성법학전문학교 형법학 교수	도쿄전범재판	북한, 토지개혁법령	이태영, 서울대 법대 입학	대한독립촉성노동총연맹	UN 원자력위원회	IBRD 설립	프랑스, 사회국가원리 헌법 반영
1947	일본, 반독점법	새 이탈리아 헌법	GATT	마셜 플랜	맥아더헌법(평화헌법)	인도, 카스트제도 철폐
1948	대한민국 헌법 공포	대한민국 정부 수립	조선민주주의인민공화국 수립	국가보안법 제정	미국, 경제협력법	영국, 반독점법	아일랜드, 영연방 탈퇴	아파르트헤이트	유진오, 헌법기초위원	유엔, 한반도 유일 합법 정부 대한민국 결의	반민족행위특별조사위원회(반민특위)	세계인권선언
1949	중국 공산당 내전 승리	NATO 결성	하라로프스크 전범재판	유진오, 《헌법해의》	심헌상, 《형법총론》	소련 원자탄 실험	독일, 사회국가원리 헌법 반영
1950	주유순, 《상법총칙강의》, 《회사법강의》	황산덕, 《법철학》	6.25	유엔군 조직	네덜란드 사회경제협의회 설립
1951	미일안보조약	유럽석탄철강공동체	경찰원호법	난민협약
1952	세계 저작권 협약	백한성, 《민사소송법석의》	대한변호사협회
1953	한미상호방위조약	김증한, 《서양법제사》	대한국제법학회논총	근로기준법 제정

1954	브라운 대 토피카 판결	전시 문화재 보호에 관한 헤이그 협약
1955	캄보디아, 왕제 사회주의
1956	박덕배, 《사회법서설과 노동법》	심태식, 《노동법》	여성법률상담소	켄 쿠퍼, 《알 권리》
1957	미국변호사협회, 러니미드에 마그나카르타 기념관 설립	올펜덴 보고서	소련, 스 푸트니크1호 인공위성 발사	남극조약	국제원자력기구	전염병예방법	저작권법
1958	대한민국 민법 공포	미국 법의 날 제정	대한노총, 3월 10일을 노동절로 제정	대 약진운동	유엔해양법회의	중국군, 북한 지역에서 철수
1959	요한 23세, 교회법전 개정 결정	《채털리 부인의 사랑》 기소
1960	미터법 관련 법령 공포	민법 시행
1961	국가재건최고회의	반공법 제정	조중우호협력상호원조조약, 조소우호협력상호 원조조약	아이히만 재판	중앙정보부 창설	미국, 군비규제군축청 설립	군사원 호보상법, 군사원호대상자고용법	남극조약 발효
1962	007 1편 〈살인번호〉 개봉	버마 불교 사회주의	카슨, 《침묵의 봄》	자메이카 독립	국가유공자 및 월남귀순자 특별원호법
1963	이준 시신 고국 운구	노동절, 근로자의 날로 명칭 변경	한나 아렌트, 《예루살렘의 아이히만》	미란다 체포
1964	미국 연방민권법	한국 법의 날 제정	국제법률가회의, 모든 국가들에 나치 처벌 의무 선언	공해방지법	한일회담 반대 학생시위
1965	가톨릭, 성무회의를 신앙교리회의로 개칭	한일기본조약
1966	미국 연방대법원, 미란다 원칙	국제인권규약	문화대혁명
1967	우주조약	일본 비핵3원칙	EC	난민의정서
1968	전쟁범죄에 관한 국제조약	68혁명	음란성과 포르노그래피에 관한 대통령 위원 회	전쟁범죄 및 반인도적 범죄에 대한 시효부적용에 관한 협약	프라하의 봄	로 마클럽 결성	스웨덴의 올로프 팔메, 북유럽 민주주의 축제의 기원
1969	이슬람회의기구	북한 '사상혁명, 기술혁명, 문화혁명' 주창	아폴로11호 달 착륙	가정의례준칙	박정희 3선 개헌
1970	NPT	전태일, 근로기준법 화형식	문화재 불법 반출입과 소유권 양도의 금지와 예방 수단에 관한 협약
1971	안보리 상임이사국, 대만에서 중국으로 교체	롤스, 《정의론》	람사르협약	핀란 드, 뇌사 법제화	노래 〈이매진〉
1972	7.4남북공동성명	북한, 사회주의헌법 채택	〈성장의 한계〉	독일, 수형자 판결	오키나와 일본 반환
1973	멸종위기에 처한 동식물보호협약	장발, 미니스커트 단속 법제화(경범죄처벌법)	피터 싱어, 《동물 해방》	미국, 강간피해자보호법
1974	노직, 《무정부, 국가 그리고 유토피아》	민청학련 사건	강신옥, 민청학련 사건 변 론 중 법정 구속
1975	미국, 미터전환법	킬링필드	인민혁명당 사형 집행(사법 암흑의 날)	헬싱키선언
1976	국제인권규약 발효	마오쩌둥 사망

1977	브레즈네프 헌법	한국 가족법 개정
1978	한미연합사령부 설치	유네스코 불법 문화재 반환 촉진 정부 간 위원회	비이탈리아 출신 교황	중국 개혁개방
1979	이란, 호메이니 이슬람 혁명	한미 미사일 지침	미국, 테러 행위를 차단하고 예방하기 위한 적절한 수단을 제공하여 미국을 단결시키며 강하게 만드는 법(반테러법)
1980	한국, 반독점법	국가보위입법회의	반공법 폐지
1981	북한, 국제인권규약 가입	중국공산당, 〈역사에 관한 중요 결의〉
1982	해양법에 관한 유엔 협약(몬테고베이조약) 채택	한국공해문제연구소	바세나르 협약
1983	가톨릭 새 교회법 공포	마드리드 합의	유럽인권조약 제6의정서
1984	망원동 수재 사건	리처드 스톨먼, 자유소프트웨어 연합 GNU 프로젝트
1986	북한, 환경보호법	민속의 날	정의실현법조인회(정법회)	중국 민법통칙 제정
1987	대한민국 새 헌법, 재산권 공공복리 적합 원칙 채택	대한법률구조공단 설립	한국 민주화	노동자 대투쟁	오존층 파괴물질에 관한 몬트리올 의정서	모자복지법
1988	유럽 대학 대헌장 채택	한국, 남극에 과학기지 완공, 남극조약특별협의회 협의당사국 지명	미국, 미터전환법 강화	미국, 북한을 테러지원국으로 지정	장발 단속 근거 규정(경범죄처벌법) 삭제	지강헌 인질극	청년변호사회(청변)	민주사회를 위한 변호사모임(민변)
1989	몰타회담	한국 가족법 개정	덴마크, 동성애자 결합에 결혼한 동일한 법적 효력	영화 〈뮤직박스〉	음력설을 설날로 지정	바젤협약	민주주의법학연구회 창립	사형폐지의정서	경실련 창립	동의대사건
1990	독일 통일	다국적군, 이라크-쿠웨이트전 개입	한국, 국제인권규약 가입	파리 헌장	정태춘, 〈아, 대한민국〉 발매	5.18보상법	영화 〈단지 그대가 여자라는 이유만으로〉
1991	남북기본합의서	남북 유엔 동시 가입	마광수, 《즐거운 사라》 외설 시비로 구속	캄보디아 내전 종식	청주시 행정정보 공개 조례	지방자치제 부활
1992	1차 구동독 불법행위 청산법	기후변화에 관한 국제연합 기본협약	생물다양성협약	전경환 사면 복권	부천 담배 자판기 설치 금지 조례 제정	서태지, 공연실황 비디오 무단 제작사 소송	중국 해상법	제1차 구동독불법행위청산법	정주영, 공산당 허용 공약
1993	구 유고 국제형사재판소 재소	2차 구동독 불법행위 청산법	중국 헌법, 사회주의 시장경제 명시	중국 회사법	제2차 구동독불법행위청산법	신 교수 성희롱 사건 (우조교 사건)
1994	아파르트헤이트 철폐	참여민주사회와 인권을 위한 시민연대 결성	근로자의 날, 5월 1일로 변경	환경부 설치	EU	몬테고베이조약 발효	서법협 부활	오리건주 존엄사망법	고려대 법과대학 학생회, 국가보안법 폐지일을 법의 날로 제안	한미연합사령부, 평시 작전통제권 한국 이양
1995	WTO 출범	르완다 국제형사재판소	유럽안보협력기구	도난 또는 불법 반출된

문화재의 국제적 반환에 관한 UNIDROIT 협약 | 민주노총 조직 | 단체장 선거 부활 | 서태지, 〈시대유감〉 가사 삭제 발매 | 중국 어음수표법 | 5.18특별법(5.18민주화운동법) | 정조에 관한 죄를 강간과 추행의 죄로 수정 | 조소우호협력상호원조조약 중단 통보(러시아)

1996	세계 지재권 기구 저작권 조약	행정절차법	박춘호, 초대 국제해양법재판소 재판관	참여연대, 관악구청장의 노령수당 지급대상자 선정제외처분 취소소송 승소	정보공개법	거창사건 등 관련자의 명예회복에 관한 특별조치법 제정
1997	테헤란회담	한국, 미란다 원칙 도입	한국 마지막 사형 집행	IMF 구제금융 신청	중국, 일국양제	홍콩 반환	북한이탈주민의 보호 및 정착지원에 관한 법률
1998	북한, 신소청원법 채택	노사정위원회	한국, 뇌사 인정	헌법을 생각하는 변호사 모임	일본, 운전면허 자진 반납제	남아공, 진실과 화해 위원회
1999	화성 기후 궤도선 사고	건전가정의례준칙	바이센테니얼 맨	마카오 반환
2000	6.15선언	조러우호선린협력조약 체결	니콜라이2세, 러시아정교회 시성	MDGs	아시아태풍위원회, 각국 고유 태풍 명칭 제출	민주화보상법	4.3사건법
2001	뉘른베르크, 유네스코 인권상	네덜란드, 동성애자 결혼 제도	서태지, 〈컴백홈〉 패러디 소송	중국 공산당, 자본가 입당 허용	민주화기념사업회법	장사법
2002	국제형사재판소 발족	동티모르 독립	네덜란드, 안락사법	독일, 헌법에 생명의 자연적 기반과 동물 보호 책임을 국가에 부여	동의대사건 관련자 민주화운동 인정	제2연평해전
2003	대한민국, ICC 가입	송상현 ICC 초대 재판관	법의 날 4월 25일로 변경	유시민, 캐주얼 등원	유럽, 전시에도 사형제 전면 금지 의정서 채택	도롱뇽 소송	서태지, 저작권협회 탈퇴	전라북도 의회, 학교급식 조례 제정	모부자복지법	데 소토, 《자본의 미스터리》	4대 남북경협합의서 국회 비준
2004	헌재, 소크라테스의 '악법도 법이다' 교과서 수정 요청	유엔인권보호증진소위원회, 신분과 직업의 귀천에 따른 차별 철폐 결의안	미국, 북한인권법	프랑스, 품위 있게 죽을 권리 인정	윤민석, 〈헌법 제1조〉	중국 헌법에 사유재산권 보호 명기	노근리사건법	삼청교육피해자법	일제강점하 반민족행위 진상규명에 관한 특별법
2005	한국 가족법 개정	영국, 시민동반자법	인민혁명당 사건 재심	전라북도 의회의 학교급식 조례 무효 관결	한국법교육센터	친일반민족행위자 재산의 국가귀속에 관한 특별법	과거사정리법(진실·화해를 위한 과거사정리 기본법)	독도의용수비대 지원법	한국성폭력상담소, 성폭력 추방 기여 10대 사건 선정
2006	중국, 반독점법	UN 안보리 대북 제재 결의(1718호)	서태지, 저작권협회 상대 소송	하버마스 《의사소통행위이론》 표준본 출간	중국, 파산법 개정	한국법교육학회	강원도, 장수노인수당 지급 조례
2007	10.4선언	인민혁명당 재심에서 무죄 선고	반기문, UN 사무총장	중국, 물권법 제정	성폭력 범죄 공소장의 욕정 관련 표현 변경	사회적기업육성법
2008	대전 솔로몬로파크 출범	오바마, 미국 대통령 당선	지속가능발전기본법	지능형 로봇 개발 및 보급 촉진법	국민참여재판	다문화가족지원법	법교육지원법	환경교육진흥법	효행 장려 및 지원에 관한 법률	한국법과인권교육학회	양구

군, 효도조례 | 한부모가족지원법

2009	송상현, ICC 재판소장	에드윈 캐머런, 남아공 헌재 재판관	영국, 비밀정보국법에 따라 외무장관 서명 500건	UN 안보리 대북 제재 결의(1874호)	소극적 안락사 인정 첫 대법원 판결	식생활교육지원법	경제교육지원법	친일인명사전	로스쿨 도입
2010	경기도 학생인권조례	무상급식 공약	감염병예방법	6.25납북자법
2011	상법, 항공운송 편 추가	외규장각 의궤 영구 임대	서태지, 이지아와 이혼소송 조정	백악관, We The People	산림교육의 활성화에 관한 법률	동의대사건법
2012	서울시 학생인권조례	싸이, 〈강남스타일〉 CCL	임은정 검사, 과거사 재심에서 무죄 구형	동의대사건법
2013	NBC, 킬 리스트 관련 문건 보도	UN 안보리 대북 제재 결의(2094호)	비유럽 출신 교황	부마항쟁보상법	난민법
2014	아르헨티나 법원, 동물에 헤비어스 코퍼스 논리를 적용한 판결 선고	IS 국가 수립 선포	일본, 평화헌법 해석 변경	일본 평화헌법, 노벨평화상 후보
2015	사우디, 여성 참정권 인정	인성교육진흥법	간통죄 폐지
2016	한국, 북한인권법	SDGs 적용	UN 안보리 대북 제재 결의(2270호)	국민보호와 공공안전을 위한 테러방지법	프랑수아 뤼팽, 운동복 복장 의회 벌금	마샤 맥셀리, 민소매 옷 의회 연설	군인복무기본법	부산 솔로몬로파크 개관	국민안전교육진흥기본법	스웨덴 대의민주주의 강화를 위한 특별위원회
2017	박근혜 탄핵	《헌법의 약속》 한국 출판	프랑스, 아프리카 약탈 문화재 반환 약속	연명의료법	청와대, 국민청원 홈페이지	알리사 밀라노, 미투 캠페인	신고리 원전 5, 6호기의 건설 중단 여부에 관한 공론 조사	아파트 경비원 고용안정 시민회의	사법시험 폐지
2018	판문점선언	5.18진상규명법	부산, 교통안전 진흥 조례	제2연평해전 전사자로 인정	제주 예멘 난민 혐오 사태	서지현 검사, 한국 미투 촉발
2019	미국, 홍콩인권법	프랑스, 아프리카 약탈 문화재 반환 대통령 보고서	김세연 민법 개정안	정우성, 〈예맨 난민 신청자가 대한민국에 가져온 것들〉 발표
2020	변희수, 성전환으로 강제 전역 처분	한국, WTO 사무총장 도전	류호정, 캐주얼 등원	길고양이 작가 김하연, '나는 물건이 아니에요' 캠페인	문재인 대통령, 헌법 10조의 시대 광복절 경축사	미래통합당, 헌법 조문을 백드롭으로 사용	코로나19 사태
2022	여순사건법	심상정, 주4일제 복지국가 대선 공약 제시	벨기에 주4일제 도입

감사의 말

이 책은 저희가 내놓는 첫 공동작품입니다. 앞으로도 틈틈이 함께 한 공부를 세상에 내놓으려고 합니다.

한 세대의 시간을 함께 공부하고 대화해온 여러 주제 중에 첫 작품으로 법의 역사를 골랐습니다. 역사학도와 법학도가 같이 쓴다는 점이 어필하지 않을까 생각했습니다.

먼저 시대의창에 감사를 드립니다. 처음 격려의 말씀과 출판의 기회를 주신 박성훈 님, 꼼꼼하게 원고의 완성도를 높여주신 김태현 님, 멋지게 디자인해주신 양진규 님, 감사합니다. 그 외에도 많은 분들이 수고를 해주셨을 텐데, 일일이 성함도 노고도 알지 못해 죄송합니다. 지면으로 감사를 대신합니다.

집필하고 토론하는 과정에서, 아니 그 이전부터 받은 여러 주변 분들의 도움도 빠뜨릴 수 없습니다. 특히 딸과 아들은 가까이 있었기에 상당히 귀찮았으리라 생각합니다. 다들 고맙게 생각합니다.

위대한 업적을 남긴 역사와 법의 거장들에게는 송구한 마음과 함께 감사를 드립니다. 빙산의 일각만 들여다보고선 저희 기준으로 정리했습니다. 부족함이 있다면 저자들의 탓입니다.

이엽·권필 드림